SCIENTIA NOVA

eine Bibliothek des modernen wissenschaftlichen Denkens

Bisher erschienen:

Richard C. JEFFREY, Logik der Entscheidungen

Norman MALCOLM, Ludwig Wittgenstein

Oskar MORGENSTERN, Spieltheorie und Wirtschaftswissenschaft

Ernest NAGEL - James R. NEWMAN, Der Gödelsche Beweis

John VON NEUMANN, Die Rechenmaschine und das Gehirn

Hubert SCHLEICHERT, Elemente der physikalischen Semantik

Erwin SCHRÖDINGER, Was ist ein Naturgesetz?

Herman WEYL, Philosophie der Mathematik und Naturwissenschaft

Dean E. WOOLDRIDGE, Mechanik der Gehirnvorgänge

Dean E. WOOLDRIDGE, Mechanik der Lebensvorgänge

KARL H. BORCH

Wirtschaftliches Verhalten bei Unsicherheit

R. OLDENBOURG WIEN–MÜNCHEN 1969

Titel der Originalausgabe: Karl Henrik Borch, The Economics of Uncertainty. Princeton University Press, 1968

Übersetzt von Dr. Erich Hautz und Dr. Uwe Schubert

Druck R. Spies & Co., Wien

Inhaltsverzeichnis

Vorwort

Gegen Ende des Zweiten Weltkrieges veröffentlichte Feldmarschall Wavell einen Gedichtband unter dem Titel *Other Men's Flowers*. Das wäre auch ein passender Titel für dieses Buch gewesen, wenn dadurch nicht der Eindruck entstehen könnte, daß die Ökonomen einander nicht ernst nehmen.

Ich habe für dieses Buch die Resultate und Forschungen anderer Leute herangezogen, wenn ich sie nützlich fand und wenn sie in das Konzept paßten, von dem ich hoffte, daß es Anklang finden würde. Da ich nicht Japaner bin, behaupte ich nicht, daß das Arrangieren von Blumen eine Kunst ist bzw. daß es besonders nützlich ist. Trotzdem hoffe ich, daß dieses Buch den Studenten der Ökonomie von Nutzen sein wird. Ich hoffe, es kann ihnen zeigen, daß eine Anzahl von neueren Ergebnissen auf verschiedenen Gebieten der Ökonomie und anderen Sozialwissenschaften tatsächlich eine Einheit bilden. Viele junge Ökonomen scheinen von diesen Ergebnissen oft so fasziniert zu sein, daß sie den Wald vor lauter Bäumen nicht mehr sehen. Der Zweck dieses Buches soll es sein, den Leser zu überzeugen, daß die Bäume wohl überaus interessant sind, daß aber der schöne Wald das wirklich Wichtige ist. Wir leben nämlich darin.

Es ist unmöglich, ein Buch dieser Art zu schreiben, ohne einer großen Anzahl von Kollegen verpflichtet zu sein. Diese Verpflichtung ist offensichtlich, wo ich die Arbeiten anderer zitiere. An anderen Stellen ist diese Verpflichtung weniger evident, jedoch genauso vorhanden. Es gibt eine gewisse Tradition im Vortrag des Gegenstandes dieses Buches, die im Aufzählen einer Menge von Beispielen, Gegenbeispielen und paradoxen Fällen besteht, welche von geistreichen Leuten erfunden wurden, oft jedoch als Teil des Allgemeinwissens angesehen werden. Ich habe mich dieser Tradition in großem Umfange bedient, und es ist mir unmöglich, alle jene namentlich anzuführen, die erwähnt werden sollten und denen ich zu Dank verpflichtet bin.

Mein besonderer Dank gebührt jedoch Professor *Oskar Morgenstern.* Ohne seine Ermutigung über eine Reihe von Jahren wäre dieses Buch niemals entstanden. Mit seiner Arbeit ermöglichte er auch den Durchbruch, der den Weg zu jenen Ergebnissen ebnete, welche ich in diesem Buch zusammenzufassen versucht habe.

Alle anderen, denen ich besonders verpflichtet bin, glaube ich, werden ihrerseits selbst Professor *Morgenstern* zu Dank verpflichtet sein, so daß sie sicher nicht beleidigt sein werden, wenn ich ihn in dieser Weise hervorhebe.

Das Buch erreichte seine vorliegende Fassung in einer Reihe von Jahren und ist das Ergebnis von Vorlesungen, die ich an der Norwegian School of Economics and Business Administration in Bergen, an dem Institut für Höhere Studien in Wien und an der Graduate School of Business Administration of University of California in Los Angeles hielt. Ich verdanke meinen Studenten wahrscheinlich mehr, als ich glaube. Ihre Fragen und Kommentare halfen eine Menge von Problemen zu klären, die noch unklar waren, als ich sie zum erstenmal präsentierte.

Bergen, August 1966. *Karl Borch*

1 Die ökonomische Theorie bei Unsicherheit

1.1

Die ökonomische Theorie beschäftigt sich in der Hauptsache mit Entscheidungsproblemen. Wenn wir darangehen, zu untersuchen, welche Rolle die Unsicherheit in der Wirtschaftstheorie spielt, so erscheint es als selbstverständlich, mit jenem Gegenstand zu beginnen, der gewöhnlich als *Entscheidungen unter Unsicherheit* bezeichnet wird. Dieser Ausdruck ist allgemein gebräuchlich, wurde sowohl als Titel für eine Anzahl von Büchern und Artikeln als auch als Bezeichnung für Vorlesungen verwendet und kann als Stichwort in Bibliothekskarteien und Nachschlagewerken gefunden werden. Es wäre daher eventuell angebracht, dieses Buch „Entscheidungen unter Unsicherheit — mit Anwendung auf wirtschaftliche Probleme“ zu nennen. Doch aus einer Anzahl von Gründen, die in diesem Einführungskapitel noch näher besprochen werden sollen, ist der allgemeinere Titel „Die ökonomische Theorie bei Unsicherheit“ vorzuziehen.

1.2

Bei einfacheren Entscheidungsproblemen — im Geschäftsleben oder auf anderen Gebieten — nehmen wir die Umwelt als gegeben an, zumindest in wahrscheinlichkeitstheoretischer Sicht, und versuchen, die „beste“ oder „optimale“ Entscheidung zu finden.

Das klassische Beispiel ist, daß wir die Preise bzw. ihre Wahrscheinlichkeitsverteilungen als vorgegeben annehmen und dann entscheiden, wie wir disponieren sollen, um die höchstmögliche Bedürfnisbefriedigung zu erreichen. Sind wir *Produzenten*, so besteht unser Problem darin, herauszufinden, wieviel wir erzeugen müssen, um unsere Gewinne bzw. erwarteten Gewinne zu maximieren. Die unvermeidliche Frage bleibt dann: Von wem werden die Preise oder ähnliche Parameter festgesetzt? Sind sie von Gott oder von der Regierung gegeben, so können wir wenig unternehmen. Wir sind in die Defensive gedrängt, doch wissen wir immerhin, wie wir daran sind. Wir können die für uns beste Handlungsweise ermitteln — die sich unter Umständen auch als recht gewinnbringend erweisen kann.

Nehmen wir beispielsweise an, ein Bauer könne im Frühling entweder Kartoffeln oder Weizen anbauen. Nehmen wir weiter an, daß der Anbau von Kartoffeln im Falle eines trockenen Sommers das günstigste wäre, während im Falle eines feuchten Sommers der Anbau von Weizen die beste Ernte ergeben würde. Wenn wir die Beschreibung dieser Situation vervollständigen, so erhalten wir ein typisches Beispiel einer Entscheidungssituation unter Unsicherheit. Um ein solches vollständiges Modell zu bekommen, müßten wir Elemente wie die Wahrscheinlichkeitsverteilung des Regenfalls in Zentimetern und die Beziehung zwischen der Regenmenge und dem Ertrag an Kartoffeln und Weizen näher spezifizieren.

Als Lösung dieses Problems wäre denkbar, daß der Bauer auf 40% seines Bodens Weizen und auf dem Rest Kartoffeln anbauen sollte — in jedem Fall müßte er eine Entscheidung treffen, die in ähnlicher Form beschrieben werden könnte. Mit einer solchen Lösung würde er immer verhältnismäßig gut abschneiden, ohne Rücksicht darauf, was sich wirklich ereignet, und er würde sogar sehr gut abschneiden, wenn die wahrscheinlichste Situation eintreten sollte.

1.3

Werden die Preise oder andere Elemente unseres Problems von keiner höheren Stelle vorgegeben, so sind sie möglicherweise das Ergebnis von Entscheidungen, die von anderen in ähnlicher Situation befindlichen Personen getroffen wurden. In diesem Falle tritt eine grundlegende Änderung des Problems ein.

Nehmen wir zum Beispiel an, daß alle meteorologischen Voraussagen darin übereinstimmen, daß es einen trockenen Sommer geben wird. Das würde bedeuten, daß jeder vernünftige Bauer auf seinem gesamten Boden Kartoffeln anbauen würde. Würden sich nun alle Bauern so verhalten, so bestünde die Möglichkeit, daß die Preise für Kartoffeln stark fallen und der dumme — oder schlaue — Bauer, der Weizen angebaut hat, von einer allgemeinen Knappheit an Weizen profitiert. Die Entscheidung für Weizenanbau könnte in diesem Fall auf völliger Weltabgeschiedenheit oder aber auch auf Gedanken über die zukünftige Preisentwicklung beruhen.

1.4

Als ein weiteres Beispiel wollen wir annehmen, daß wir eine Summe Geldes zur Verfügung haben, die wir auf dem Aktienmarkt investieren wollen. Wir können nun die Aussichten der verschiedenen Gesellschaften studieren, ebenso wie die Kurse ihrer Aktien, und können darauf ein bestimmtes Aktienpaket als „Bestkauf" auswählen.

Wir können Methoden der höheren Mathematik und spitzfindige Argumente anwenden, um diese Entscheidung zu erreichen, und können uns für sehr klug halten. Wir dürfen jedoch nicht vergessen, daß wir notwendigerweise die Aktien von einem Verkäufer beziehen, der selbst annimmt, daß zu diesem Zeitpunkt der gegebene Preis einen Verkauf jener Aktien rechtfertigt, von denen wir glauben, daß sie den „besten" Kauf darstellen. Ist dieser Verkäufer ebenso intelligent und clever wie wir, so muß uns das zu denken geben.

1.5

Mit diesen beiden Beispielen wollten wir zeigen, daß es zwei Arten von Entscheidungsproblemen gibt und daß der Unterschied zwischen den beiden wichtig und manchmal sogar wesentlich ist. Ist es möglich, unser Entscheidungsproblem als ein *Spiel gegen die Natur* aufzufassen, so können wir die Wahrscheinlichkeitsverteilung als gegeben betrachten. Natürlich können wir versuchen, mehr Kenntnisse über die Gesetze der Natur zu erlangen, um so die Unsicherheit zu reduzieren und unsere Entscheidung damit leichter zu gestalten. Dies führt jedoch zu einem vollständig neuen Problemkomplex, den wir in diesem Buch nicht weiter besprechen werden.

Wenn wir andererseits eine Entscheidung in einer Situation treffen müssen, die durch engen *gesellschaftlichen Zusammenhang* bestimmt ist, so sind die Wahrscheinlichkeiten nicht notwendigerweise im oben definierten Sinne gegeben. Es ist nämlich möglich, daß die *Daten* unseres Problems durch Entscheidungen anderer, in ähnlicher Situation befindlicher Personen bestimmt werden. Wenn wir annehmen, daß diese Leute intelligent sind und ähnlich denken wie wir, dann wird das Problem noch schwieriger. Doch erhalten wir andererseits daraus auch wichtige Informationen, die wir bei der Lösung unseres eigenen Problems gebrauchen können.

Nehmen wir beispielsweise an, daß unser Bauer beschließt, seine Ernte zu Anfang der Saison mit einem bestimmten Insektenvertilgungsmittel zu besprühen. Er kann dadurch einen höheren Ernteertrag in Tonnen oder Bushels erhalten, ohne Rücksicht darauf, ob andere Bauern in dieser Gegend diese Maßnahme auch ergreifen oder nicht. Ob jedoch auch der Ertrag in Dollar höher sein wird, hängt von den Entscheidungen der übrigen Bauern ab.

1.6

Um dieses Problem zu illustrieren, wollen wir ein Beispiel verwenden, das von *Howard* in seinem Buch über dynamische Programmierung ([I], S. 54—59) besprochen wird. *Howard* nimmt folgende vier Elemente als gegeben an:

(I) $C(t)$ = Kosten, die der Kauf eines Autos mit dem Alter t verursacht;

(II) $T(t)$ = Eintauschwert eines Autos mit dem Alter t;
(III) $E(t)$ = erwartete Betriebskosten eines Autos mit dem Alter t, bis es das Alter $t+1$ erreicht;
(IV) $P(t)$ = Wahrscheinlichkeit, daß ein Auto mit dem Alter t das Alter $t+1$ erreicht.

Howard versucht dann jene „Eintauschpolitik“ zu bestimmen, welche die erwarteten Betriebskosten minimiert. Offensichtlich stellt eine „Politik“ in diesem Zusammenhang eine Regel dar, die uns angibt, wie wir vorgehen sollen, wenn wir ein Auto mit Alter t besitzen. Wir können entweder das Auto für eine weitere Periode behalten, oder wir können es für ein anderes Auto mit dem Alter $s=s(t)$ eintauschen. Das heißt aber, daß eine Poltik durch eine Funktion $s(t)$ für alle t definiert wird. Mathematisch präziser ausgedrückt, würde man sagen, eine Politik ist eine Projektion der Menge von Lebensaltern auf sich selbst.

1.7

Wenn $V(t,s)$ die erwarteten Gesamtkosten der Haltung eines Autos vom Alter t in einer Periode darstellen und wenn wir die durch die Funktion $s(t)$ definierte Politik akzeptiert haben, so ist leicht zu sehen, daß $V(t,s)$ folgende Differenzengleichung erfüllen muß:

$$V(t,s)=C(s)-T(t)+E(s)+P(s)V(s+1,s).$$

Die ersten beiden Ausdrücke der rechten Seite stellen die Kosten dar, die durch den allfälligen Eintausch eines Autos vom Alter t gegen ein Auto vom Alter s verursacht werden. Der dritte Ausdruck stellt die erwarteten Betriebskosten in der nächsten Periode dar, nach deren Ablauf wir mit der Wahrscheinlichkeit $P(s)$ Eigentümer eines Autos mit dem Alter $s+1$ sein werden, was durch den vierten Term zum Ausdruck gebracht wird.

Wenn gilt $t=s(t)$, d. h. kein Eintausch des Autos bei irgendeinem Wert von t stattfindet, so ergibt sich:

$$V(t,s)=E(t)+P(t)V(t+1,s).$$

Die Lösung dieses Problems stellt eine ziemlich schwierige mathematische Aufgabe dar, und in der Tat scheint es praktisch unmöglich zu sein, es durch einen solchen direkten Ansatz zu lösen. *Howards* Verdienst war es, daß er ein verhältnismäßig einfaches Verfahren entwickelte, das es uns ermöglicht, die optimale Politik in einigen wenigen Schritten zu errechnen. Der Mathematiker wird an seiner Arbeit Gefallen finden, wir wollen aber das Problem etwas anders formulieren.

1.8

In einem numerischen Beispiel nimmt *Howard* an, daß das Alter eines Autos durch eine feste Zahl von Drei-Monats-Perioden beschrieben werden könne und daß $0 \leq t \leq 40$, d. h. $P(40)=0$. Das bedeutet, daß ein Auto, das 10 Jahre alt ist, innerhalb von 3 Monaten verschrottungsreif würde. Er spezifiziert dann die vier Funktionen in 1.6 so wirklichkeitsnahe, wie es ihm möglich ist, und findet, daß folgende Strategie optimal ist:

(1) Jedes Auto, das älter als 6 Monate und weniger alt als $6^1/_2$ Jahre ist, soll behalten werden.

(2) Jedes Auto irgendeines anderen Alters soll gegen ein 3 Jahre altes Auto eingetauscht werden.

Diese Strategie ist durch folgende Funktion definiert:

$$s(t)=t \text{ für } 2<t<26,$$
$$s(t)=12 \text{ für } 0 \leq t \leq 2 \text{ und } 26 \leq t \leq 40.$$

Wirtschaftlich gesehen ist das Unsinn. Was würde die Automobilindustrie machen, wenn rational handelnde Konsumenten nur 3 Jahre alte Autos kaufen wollten? *Howard* ist sich dessen natürlich bewußt und betont, daß er das Beispiel nur diskutiere, um die Anwendung seines Algorithmus zu demonstrieren.
Wir werden in der Folge ähnliche Probleme diskutieren, im allgemeinen jedoch nicht näher auf die verschiedenen Berech-

nungsverfahren eingehen. In der Regel werden wir die Probleme von zwei Seiten her betrachten:

(I) Wir werden die grundlegenden Annahmen prüfen, die erfüllt sein müssen, um die Anwendung spezieller Techniken zu rechtfertigen.

(II) Um die Probleme ökonomisch sinnvoller zu gestalten, werden wir Umformulierungen vornehmen und diese diskutieren.

1.9

Zur Illustration des ersten Punktes wollen wir festhalten, daß die oben besprochene Lösung in der Realität durchaus sinnvoll ist, falls wir annehmen können, daß es möglich ist, die Autobesitzer in drei Klassen einzuteilen:

(I) Personen, die gern mit neuen Autos fahren, sogar wenn dies mit höheren Kosten, als zum Autofahren an sich unbedingt notwendig, verbunden ist.

(II) „Rational handelnde" Personen, deren einziges Ziel die Minimierung der erwarteten Betriebskosten ist.

(III) Personen, die deshalb mit alten Autos fahren, weil sie nicht über das nötige Kapital bzw. den erforderlichen Kredit verfügen, um auf ein neueres oder wirtschaftlicheres Modell umzusteigen.

Natürlich können wir uns einer Anzahl weiterer vernünftiger Annahmen bedienen, welche das Howard-Modell ökonomisch sinnvoller machen.

1.10

Zur Erläuterung des zweiten Punktes wollen wir sehen, wie wir das Problem umformulieren können, um es zumindest für einen Ökonomen, wenn schon nicht für einen Mathematiker, interessanter zu gestalten. Die Betriebskosten $E(t)$ und die Überlebenswahrscheinlichkeit $P(t)$ werden wahrscheinlich von rein technischen Bedingungen determiniert, d. h. also von jenen Parametern, die wir logischerweise als gegeben annehmen können. In der Wirtschaftstheorie ist es nicht immer selbstverständlich, die Preise als gegeben zu betrachten. Eine wirklichkeitsnahe ökonomische Theorie sollte erklären, wie die Preise innerhalb des Systems bestimmt werden.

Auf dem von *Howard* beschriebenen Automobilmarkt wird es einen Kampf um 3 Jahre alte Autos geben. Die glücklichen Besitzer solcher Autos werden voraussichtlich ihre Verkaufspreise erhöhen — schließlich wollen sie nicht ihr gutes altes Auto hergeben, wenn dies zu höheren Betriebskosten führt. Das würde aber bedeuten, daß die 3 Jahre alten Autos ihre besondere Stellung als offensichtlich beste Kaufobjekte verlieren würden.

Nehmen wir nun an, daß die Handelsspanne $C(t) - T(t)$ gegeben ist, zum Beispiel durch die Unkosten des Autohändlers. Dann können wir versuchen, eine Menge von Preisen, d. h. eine Funktion $C(t)$, zu finden, bei der kein Austausch von Autos mehr unsere erwarteten Betriebskosten vermindert. Das ist ein bedeutungsvolles und in der Tat klassisches Problem. Existiert eine solche Menge von Preisen und werden diese Preise als „Marktpreise" akzeptiert, so kann niemand durch Tausch gewinnen, der Markt befindet sich im *Gleichgewicht.* In den folgenden Kapiteln werden wir viele Beispiele dieser Art *statischen Gleichgewichts* diskutieren und die entsprechenden Preise bestimmen.

1.11

Statisches Gleichgewicht ist ein Konzept von beträchtlicher theoretischer Bedeutung, doch ist diese Vorstellung meistens ziemlich weit von jenen ökonomischen Situationen entfernt, die wir in der Realität beobachten können. Sogar in dem einfachen Modell von *Howard* geschieht etwas im Zeitablauf. Die Autos werden älter und einige von ihnen sogar unbrauchbar. Außerdem müssen wir annehmen, daß die neuen Automobile irgendwelchen Regeln oder Produktionsplänen zufolge auf den Markt gebracht werden. Um eine derartige Situation zu erfassen, müssen wir ein *dynamisches Modell* konstruieren, welches die Beschreibung von bedeutend mehr Variablen erfordert als ein einfaches statisches Modell.

Wenn wir beispielsweise nähere Angaben über die Altersverteilung der Autos machen, so können wir die erwartete Nachfrage nach neuen Autos als Ersatz für die auszuscheidenden in jeder folgenden Periode festlegen. Fügen wir zusätzlich „Elastizitäten" in das Modell ein, so sind wir in der Lage, die Anzahl neuer Automobile zu bestimmen, die zu einem gegebenen Preis verkauft werden können.

Normalerweise wird der Preis jedoch nicht von irgendeiner höheren Stelle vorgegeben; die Situation erfordert vielmehr eine solche Formulierung des Problems, daß sich eine funktionale Beziehung zwischen dem Preis und der Anzahl von Autos, die zu diesem Preis verkauft werden kann, ergibt. Kennt der Produzent diese Beziehung, so darf man wohl annehmen, daß er sie bei seiner Entscheidung über die von ihm anzubietende Menge benutzen wird, um sein Ziel, etwa die Maximierung des Gewinns, auf kurze oder auf lange Sicht zu erreichen.

Eine weitere realistische Annahme wäre, daß der Preis für Gebrauchtwagen von der Anzahl an neuen Autos, die auf dem Markt angeboten werden, beeinflußt werde. Aus dieser Annahme ergäbe sich jedoch, daß das Entscheidungsproblem des Autokäufers von den Entscheidungen des Produzenten abhängt, d. h. daß der Käufer in Wahrheit nicht weiß, wie er daran ist, falls er nicht die Entscheidungen des Erzeugers kennt, und umgekehrt.

1.12

Das im vorangehenden Kapitel skizzierte Modell zeigt eine für die Ökonomie und auch andere Sozialwissenschaften überaus wichtige Tatsache auf. In der Ökonomie gibt es, außer in

„degenerierten" Beispielen (Robinson Crusoe), immer zwei oder mehrere Transaktionspartner, die, sofern sie frei entscheiden können, davon überzeugt sein müssen, daß sie durch die betreffende Transaktion gewinnen. In der Ökonomie nehmen wir gewöhnlich an, daß jedermann im Sinne der Förderung seiner eigenen Interessen handelt, soweit er sie erkennen kann. Wenn wir verstehen wollen, was in der Wirtschaft vor sich geht, so müssen wir alle Transaktionspartner in unsere Betrachtung miteinbeziehen. Das gilt auch dann, wenn wir nur darauf bedacht sind, unseren eigenen Vorteil zu sehen und zu fördern. Das bedeutet wiederum, daß wir nicht jedes Entscheidungsproblem für sich allein lösen können. Wir sind vielmehr gezwungen, eine simultane Lösung der Entscheidungsprobleme aller Marktteilnehmer zu suchen.

Am besten und klarsten kommen die oben beschriebenen Wechselwirkungen wohl im *Zwei-Personen-Nullsummenspiel* zum Ausdruck, worauf wir im Kapitel 9 noch näher eingehen werden. In einem solchen Modell können wir die Handlungsweise unseres Gegners ermitteln, indem wir annehmen, daß er intelligent ist oder „rational handelt", d. h. sich so verhält, wie wir uns in ähnlicher Situation verhalten würden.

1.13

Wir haben das Wort *Transaktion* gebraucht, das sich in diesem Zusammenhang als ein sehr nützliches Schlüsselwort erweist. In der Technik und in den Naturwissenschaften ist *Prozeß* ein sehr populärer Begriff. Gewöhnlich werden die Gesetze, die einen Prozeß regieren, als gegeben angenommen, so daß das Entscheidungsproblem darin besteht, den Prozeß zu „kontrollieren" bzw. zu steuern, damit er in der von uns gewünschten Art und Weise abläuft oder, konkreter, so abläuft, daß der größtmögliche Gewinn erzielt wird.

Als Beispiel dafür betrachten wir erneut den Aktienmarkt. Wir können die Entwicklung der Aktienkurse selbstverständlich als einen „Prozeß" ansehen und versuchen, durch Kaufen und Verkaufen im Prozeßablauf auf irgendeine Weise Geld zu verdienen. Unter Umständen können wir jedoch auch dadurch gewinnen, indem wir an die Transaktionen, die hinter dem Prozeß stehen, denken. Hat eine Aktie einen Marktpreis, so muß das bedeuten, daß es eine Art von „Gleichgewicht" zwischen jenen, die verkaufen wollen, und jenen, die zu diesem Preis kaufen wollen, gibt.

1.14

Wir haben einen möglichen Zugang zu unserem Gegenstand skizziert, den wir kurz wie folgt zusammenfassen können: Ausgehend von den mehr klassischen Entscheidungsproblemen bei Unsicherheit können wir die Daten oder gegebenen Elemente betrachten und untersuchen, wie diese von anderen Transaktionspartnern bestimmt werden. Wir versuchen also die *exogenen*, d. h. jene von außen vorgegebenen Variablen in *endogene* Variable, das sind Variable, die innerhalb des Systems bestimmt werden, zu verwandeln. Wenn wir das für immer mehr Variable durchführen, so erhalten wir allgemeinere oder *geschlossenere* Modelle. Diese Modelle können als Theorien darüber aufgefaßt werden, wie sich ein System durch die Interaktion der Entscheidungen verschiedener Personen entwickelt. Das heißt, daß wir durch eine Erweiterung und Verallgemeinerung der Entscheidungsproblematik zu einer ökonomischen Theorie gelangen.

Dieser Weg mag Studenten der Betriebswirtschaftslehre natürlich erscheinen. Für Nationalökonomen kann es unter Umständen angebrachter sein, die klassische ökonomische Theorie als Ausgangspunkt zu verwenden. Diese Theorie, in der die Unsicherheit keinen Platz hat, nimmt an, daß alle Personen bei ihren Konsum-, Produktions- und Investitionsentscheidungen über vollständige Information bezüglich der Ergebnisse dieser Entscheidungen verfügen. Unsicherheit wird entweder ignoriert oder ausdrücklich „als nicht vorhanden angenommen". Es ist klar, daß die sich daraus ergebende Theorie nicht sehr realistisch und wahrscheinlich auch nicht sehr nützlich ist. Um eine wirklichkeitsnahe ökonomische Theorie zu erhalten, müssen wir die Unsicherheit einbeziehen, möglicherweise sogar als essentielles Element der Theorie.

1.15

Die moderne ökonomische Theorie und die Entscheidungstheorie stehen beide in dem Ruf, sehr „mathematisch" zu sein. Das mag seine guten Gründe haben, doch können die wichtigsten Ideen, die in diesen Theorien enthalten sind, ohne großes Wissen auf dem Gebiete der höheren Mathematik verstanden und verarbeitet werden. Was erforderlich ist, um diese Theorien zu verstehen und zu gebrauchen, ist, was *Luce* und *Raiffa* ([2], Vorwort) „jene schlecht definierte Eigenschaft: mathematische Kultur" nennen, aber auch ein gewisses Ausmaß an logischer Denkfähigkeit. Das ist eine Voraussetzung für einen guten Mathematiker, doch sind Mathematiker nicht die einzigen, die in der Lage sind, präzise zu denken — obwohl sie dies öfters behaupten mögen.
Der größte Teil an Mathematik, den wir in der Literatur über Entscheidungstheorie finden, bezieht sich auf Berechnungsmethoden, d. h. besteht in Algorithmen zur Lösung spezieller Probleme. Diese Methoden sind natürlich wichtig, besonders wenn wir die Theorie praktisch anwenden wollen, doch handelt es sich dabei um rein technische Aufgaben. Wenn wir das Problem im allgemeinen, sowie seine Hintergründe, richtig verstehen, so können wir fast immer dadurch zu einer Lösung gelangen, daß wir einen Experten zu Rate ziehen oder die entsprechende Literatur studieren.

1.16

In den folgenden Kapiteln werden wir zeigen, daß die wirklich wichtige Aufgabe darin besteht, das Problem so zu formulieren, daß es mathematisch gelöst werden kann. Um das zu erreichen, müssen wir Bescheid darüber wissen, was Mathematik bedeutet und was zu leisten sie in der Lage ist, es ist jedoch nicht notwendig, alle Details jederzeit im Kopf zu haben.

Die realen Probleme — im Geschäftsleben und in der Industrie — sind in der Regel sehr kompliziert, so daß wir gezwungen sind, sie umzuformulieren oder zu vereinfachen, bevor wir sie lösen können. Die größte Schwierigkeit besteht dabei darin, das Problem auf eine handliche Form zu reduzieren, ohne etwas dem ursprünglichen Problem Wesentliches wegzulassen.

Man hat gesagt, daß viele Methoden des Operations Research „die richtigen Antworten auf falsche Fragestellungen liefern". Die Anwendung der Mathematik im Rahmen dieser Methoden ist in der Regel perfekt, doch ist das Problem in vielen Fällen in einem solchen Ausmaß vereinfacht worden, daß es keine Beziehung mehr zu dem zu lösenden Problem des realen Lebens hat. Die Welt scheint voll von Enthusiasten zu sein, die um jeden Preis und sobald als möglich einen mathematischen Apparat anwenden wollen. Es wäre sehr oft von großem Nutzen, wenn diese Leute ihre Begeisterung dämpften und sich fragten, *was* sie berechnen wollen, anstatt des unvermeidlichen *Wie*.

1.17

Die meisten Ideen, die wir in diesem Buch diskutieren werden, haben ihren Ursprung in der *Spieltheorie*, die von *John von Neumann* und *Oskar Morgenstern* geschaffen wurde. Es mag daher geeignet erscheinen, das Kapitel mit einer ihrer Bemerkungen über den unkritischen Gebrauch der Mathematik in der Ökonomie und in anderen Sozialwissenschaften zu schließen: „Die zugrunde liegende Unsicherheit und Unwissenheit wurde nicht durch den inadäquaten Gebrauch eines machtvollen Instruments, das sehr schwierig zu handhaben ist, beseitigt" ([3], S. 4—5). In diesem Buch werden wir uns auf die zugrunde liegende „Unsicherheit und Unwissenheit" konzentrieren und versuchen, eine unnötige Anwendung jenes „machtvollen Instruments", das die Mathematik darstellt, zu vermeiden.

Bibliographie

[1] *Howard, R. A.:* Dynamic Programming and Markov Processes, The MIT Press, 1960.
[2] *Luce, R. D.* and *H. Raiffa:* Games and Decisions, Wiley, 1957.
[3] *Neumann, J. von* und *O. Morgenstern:* Spieltheorie und wirtschaftliches Verhalten, Würzburg, 1961.

2 Ökonomische Entscheidungen unter Unsicherheit

2.1

Wenn wir die Ergebnisse unserer Entscheidungen mit Sicherheit voraussagen können, dann wird das uns gestellte Problem in gewisser Hinsicht trivial. Hätten wir beispielsweise zwischen den beiden Alternativen *A* und *B* zu wählen, und brächte uns *A* mit Sicherheit $ 100.—, *B* aber $ 200.—, so würden wir uns ganz offensichtlich für *B* entscheiden, wenn wir annehmen, daß beide Alternativen mit dem gleichen Aufwand verbunden sind. Diese Feststellung erscheint uns trivial, da wir in der Ökonomie selbstverständlich annehmen, daß ein Betrag von $ 200.— einem Betrag von $ 100.— vorgezogen wird.
Der größte Teil jener Entscheidungen, bei denen die Unsicherheit eine gewisse Rolle spielt, ist nicht so einfacher Natur, doch im Prinzip können auch diese Entscheidungen auf die obige Form gebracht werden, wenn auch der damit verbundene Reduktionsprozeß unter Umständen sehr kompliziert sein kann. Wären *A* und *B* beispielsweise zwei verschiedene Produktionsmöglichkeiten, so ist es wohl leicht zu sagen, es soll so produziert werden, daß die Kosten ein Minimum sind, es ist jedoch unter Umständen sehr schwierig, das Produktionsverfahren mit den geringsten Kosten herauszufinden.

2.2

Im weiteren werden wir uns nicht mehr mit diesen Schwierigkeiten befassen, sondern wollen uns vielmehr jenen Problemen zuwenden, die sich aus der Einbeziehung des Ungewißheitsmoments ergeben. Bevor wir dies tun können, müssen wir jedoch jene Schwierigkeiten beseitigen, die für unsere weiteren Betrachtungen irrelevant sind. Dabei nehmen wir einen ganzen

Problemkreis aus unseren Untersuchungen aus, der in der *Betriebswirtschaftslehre* eine bedeutende Rolle gespielt hat, Probleme in der Tat, die den eigentlichen Kern dieses Faches ausmachen.

Wir müssen jedoch die Bedeutung unseres Tuns erkennen und wir müssen auch wissen, daß diese Art von Abstraktion, die eben im Weglassen der erwähnten Schwierigkeiten besteht, notwendig ist, um in die tiefere Problematik einzudringen. Es wäre nicht sehr sinnvoll, sich mit den Entscheidungen unter Ungewißheit zu befassen, wenn wir nicht annehmen könnten, daß wir wüßten, wie Entscheidungen bei voller Sicherheit getroffen werden. Das mag eine unrealistische Annahme sein, doch wir müssen sie zumindest einstweilig akzeptieren, um mit der Lösung der uns wirklich interessierenden Probleme voranzukommen.

2.3

Bevor wir an unsere Aufgabe herangehen, mag es ganz nützlich sein, ein klassisches Problem zu betrachten, auf das wir im weiteren noch öfters zurückkommen werden. In der ökonomischen Theorie nimmt man gewöhnlich an, daß es eine *Produktionsfunktion*

$$y = f(x_1, x_2, \ldots, x_n)$$

gibt. Wenn wir die Mengen $x_1, \ldots, x_n$ der n Produktionsfaktoren einsetzen, erhalten wir einen Output von y Einheiten des Endprodukts. Dieses Modell ist eine Abstraktion oder ein Idealbild der Realität.

Der Produzent oder Unternehmer hat nun einen „Inputvektor" oder ein n-Tupel $(x_1, \ldots, x_n)$ festzulegen. Wenn der Preis des Endprodukts p_0 und die Preise der verschiedenen Inputs $p_1, \ldots, p_n$ sind, dann beträgt der Gewinn des Produzenten

$$P = p_0 f(x_1, \ldots, x_n) - \sum_{i=1}^{n} p_i x_i.$$

Für die klassische ökonomische Theorie war die Annahme, daß der Produzent seinen Gewinn maximieren will, selbstverständlich, woraus sich für den Unternehmer das Problem ergab, jenen Inputvektor $(x_1, \ldots, x_n)$ zu bestimmen, durch den P maximiert wird. Diese Aufgabe wird bedeutungslos, wenn wir die Ungewißheit in das Modell hineinnehmen, was am einfachsten dadurch geschieht, indem wir Unsicherheit bezüglich der Preise $p_0, p_1, \ldots, p_n$ annehmen. Noch näher kommen wir jedoch der wirklichen Problematik, wenn wir annehmen, daß die Input-Output-Beziehung stochastischer Natur ist. Jeder Bauer weiß, und die meisten Ingenieure werden ebenfalls zustimmen, daß die Produktionsfunktion eine stochastische Beziehung darstellt.

2.4

Kehren wir nun zu den Ungewißheitsproblemen zurück. Wir sahen im Abschnitt 2.1, daß wir die Alternative B offensichtlich der Alternative A vorziehen, wenn B uns \$ 200.—, A \$ 100.— mit Sicherheit erbringt.

Die Situation ist nicht so klar, wenn A uns \$ 100.— mit Sicherheit bringt und B entweder \$ 500.— oder nichts, je nachdem, ob beim Werfen einer Münze Kopf oder Wappen erscheint. Klar ist hier nur, daß wir einem ganz neuen Problem gegenüberstehen. \$ 100.— mögen ein schöner Gewinn sein, doch ist das besser, als eine 50:50-Chance auf \$ 500.— zu bekommen? Es gibt keinen unmittelbar einleuchtenden Weg, dies zu entscheiden. Es scheint, als ob wir eine „individuelle Entscheidung" treffen müßten, da das Problem nicht durch Zurückgreifen auf allgemeingültige Regeln oder Prinzipien gelöst werden kann.

2.5

Um das Wesentliche der neuen Problemstellung herauszukehren, wollen wir eine etwas allgemeinere Version des Modells betrachten. Wir nehmen an, daß wir uns für eine der Alternativen $A_0, A_1, \ldots, A_n$ entscheiden müssen. Entscheiden wir wir uns für A_n, so erhalten wir

entweder \$ S_n mit der Wahrscheinlichkeit P_n
oder nichts mit der Wahrscheinlichkeit $1-P_n$.

Wir wollen annehmen, daß die beiden Funktionen S_n und P_n durch die Tabelle 1 wiedergegeben werden.

Tabelle 1

	P_n	S_n
A_0	1	0
A_1	0,9	2
A_{10}	0,5	10
A_{20}	0,33	19
A_{30}	0,25	27
A_{40}	0,20	35
A_{90}	0,10	72
A_{190}	0,05	140
A_{990}	0,01	625
A_{9990}	0,001	5.000
A_{99990}	0,0001	40.000
A_{999990}	0,00001	250.000
⋮	⋮	⋮

Die Tabelle basiert auf den Formeln

$$P_n = \frac{10}{10+n} \qquad \text{und} \qquad S_n = 10\left(\frac{n}{10}\right)^{0,9},$$

so daß wir interpolieren und extrapolieren können, wenn wir glauben, daß das die Entscheidung erleichtert.

2.6

Das einzige, was aus dieser Tabelle klar hervorgeht, ist, daß wir uns keinesfalls für A_0 entscheiden sollten, da wir durch diese Entscheidung mit Sicherheit nichts erhalten. Alle anderen

Entscheidungen geben uns die Chance, etwas zu gewinnen. Die Frage ist nun, wie weit wir in der Tabelle hinuntergehen sollten.

> Mit A_1 haben wir eine reelle Chance, \$ 2.– zu erhalten, was viel besser ist, als mit Sicherheit nichts zu bekommen. A_{10} gibt uns eine 50:50-Chance \$ 10.– zu gewinnen, ein Betrag, der dazu ausreicht, ein gutes Essen zu bezahlen oder ein Lehrbuch zu kaufen, das uns sagen kann, wie man solche Entscheidungsprobleme behandelt. A_{999990} bietet uns die, wenn auch sehr kleine, Chance, wirklich reich zu werden.

2.7

Es ist unwahrscheinlich, daß wir in der Realität einem Entscheidungsproblem dieser Art gegenüberstehen werden. Trotzdem ist es der Mühe wert, ernsthaft eine Lösung dieses Problems zu suchen und herauszufinden, wie wir in einer solchen Situation wirklich entscheiden sollten. Wenn wir solch einfache Probleme nicht behandeln können, ist es widersinnig zu behaupten, daß wir in weit komplizierteren Situationen sinnvolle Entscheidungen treffen können. Wir wollen daher die Tabelle betrachten und uns die Frage stellen: Welches Entscheidungskriterium sollen wir benutzen? Wie sollen wir entscheiden?
Die klassische Regel besagt, daß wir versuchen sollten, den *erwarteten Gewinn* oder die „mathematische Erwartung" zu maximieren. In unserem Fall würde das bedeuten, daß wir jene Alternative A_n wählen sollten, für die das Produkt $P_n S_n$ den größten Wert annimmt.
Der Erwartungswert E_n ist folgendermaßen definiert:

$$E_n = P_n S_n = \frac{100}{10+n}\left(\frac{n}{10}\right)^{0,9} = \frac{10^{1,1} n^{0,9}}{10+n}.$$

Wenn wir E_n als stetige Funktion von n betrachten und nach n differenzieren, so erhalten wir

$$\frac{\mathrm{d}E_n}{\mathrm{d}n} = \frac{10^{1,1}}{n^{0,1}(10+n)^2}\{9-0,1n\}.$$

Daraus ist leicht zu ersehen, daß E_n bei $n = 90$ sein Maximum erreicht. Das bedeutet, daß wir A_{90} wählen sollten, also jene Alternative, die uns eine 1:10-Chance gibt, \$ 72.– zu gewinnen. Aus Tabelle 1 ist jedoch keineswegs klar zu erkennen, warum gerade dies die beste Alternative sein soll; die klassische Regel der Maximierung des Erwartungswertes scheint daher völlig willkürlich zu sein. Wenn die Entscheidung nur ein einziges Mal getroffen werden soll, so können wir gute Gründe angeben, die für die Wahl einer anderen Alternative sprechen.

2.8

Die wirkliche Rechtfertigung für die Verwendung des Erwartungswertes als „Entscheidungskriterium" liegt natürlich im *Gesetz der großen Zahlen.* Wenn wir beispielsweise 10.000mal, also 30 Jahre lang jeden Tag, vor der beschriebenen Wahl stünden, so ist es „praktisch sicher", daß die konsequente Entscheidung für A_{90} uns einen Durchschnittsgewinn von $P_{90}S_{90} = 7{,}2$ und damit den größten Gesamtgewinn bringen würde. Das gilt auch unter allgemeineren Voraussetzungen. Wenn wir eine große Anzahl von Entscheidungen treffen müssen, dann handeln wir „auf lange Sicht" am besten, wenn wir immer jene Alternative wählen, die uns den größten erwarteten Gewinn erbringt.

Wann immer wir uns jedoch auf das Gesetz der großen Zahlen berufen können, sind wir berechtigt, den Ausdruck „praktisch sicher" zu gebrauchen. Das bedeutet aber, daß die Ungewißheit irgendwie verschwunden ist und daß wir wiederum jenem relativ einfachen Problem der Entscheidung unter Sicherheit gegenüberstehen, das wir in 2.1 besprochen haben. Hier wollen wir Entscheidungssituationen betrachten, in denen es nicht möglich ist, die Ungewißheit auf diese Art und Weise zu „beseitigen", ohne wichtige Aspekte des ursprünglichen Problems außer acht zu lassen. Das heißt, daß wir unsere Aufmerksamkeit solchen Situationen zuwenden werden, in denen das Gesetz der großen Zahlen keine Anwendung finden kann, wo also eine reine „*long-run*"-Betrachtung des Ergebnisses unserer Entscheidungen nicht ausreichend ist. Es ist höchst wahrscheinlich, daß gerade solche Situationen in der Praxis von großer Bedeutung sind. Nicht umsonst hat ein bekannter Nationalökonom einmal treffend bemerkt: „Auf lange Sicht sind wir alle tot."

2.9

Die Idee, daß intelligent (oder rational) handelnde Personen ihre Entscheidungen so treffen sollten, daß die mathematische Gewinnerwartung maximiert wird, geht auf die Anfänge der Wahrscheinlichkeitstheorie zurück. Das ist auch ganz natürlich, wenn man bedenkt, daß es der ursprüngliche Zweck dieser Theorie war, zu bestimmen, wie ein Spieler sich verhalten soll, um *auf lange Sicht* am besten abzuschneiden. Wenn wir die ganze Nacht beim Würfelspiel verbringen, dann mag das Gesetz der großen Zahlen von großem Nutzen sein.
Daniel Bernoulli führte bereits 1732 aus, daß die Maximierung des erwarteten Gewinns keine goldene Regel mit allgemeiner Gültigkeit darstellt. Sein berühmtes Gegenbeispiel ist das sogenannte *St. Petersburger Paradox* [1], welches durch folgendes Spiel demonstriert wird:
Eine Münze wird so lange geworfen, bis Kopf erscheint. Wenn beim n-ten Wurf zum erstenmal Kopf erscheint, so erhält der Spieler einen Preis von 2^n Dollar (Dukaten) und das Spiel ist beendet. Die Wahrscheinlichkeit, daß beim n-ten Wurf zum erstenmal Kopf erscheint, ist offensichtlich $(1/2)^n$. Daher ist der Erwartungswert

$$\sum_{n=1}^{\infty} 2^n \left(\frac{1}{2}\right)^n = \infty,$$

da es theoretisch denkbar ist, daß das Spiel unendlich lange dauert. Ein „Spiel", das uns eine Million mit Sicherheit bringt, hat einen Erwartungswert von nur einer Million. Das würde aber bedeuten, daß bei Befolgen der Regel der Erwartungswertmaximierung die Möglichkeit, das St. Petersburger Spiel zu machen, einem Betrag von einer Million Dollar vorgezogen würde. Das ist natürlich Unsinn, da wir aus der Erfahrung wissen, daß niemand derartige Entscheidungen trifft.

2.10

Kehren wir zur Tabelle 1 zurück. Wir können die Alternativen in dieser Tabelle als Lose in verschiedenen Lotterien interpretieren und haben dann jene Lotterie auszuwählen, in der wir ein Los nehmen wollen. Da es in unserem Beispiel nur einen einzigen Preis in jeder Lotterie gibt, ist es wünschenswert, eine allgemeinere Situation zu betrachten.

Wir nehmen nun folgendes Modell an. Jede Alternative A_n entspricht einer Lotterie, wobei die Preise

$$S_n^0, S_n^1, S_n^2, \ldots \qquad \text{sind.}$$

Diese Preise können mit folgenden Wahrscheinlichkeiten gewonnen werden:

$$P_n^0, P_n^1, P_n^2, \ldots, \qquad \text{wobei}$$

$$\sum_i P_n^i = 1, \qquad \text{für alle } n.$$

Im folgenden werden wir die Bezeichnungen x_i für S_n^i und $f_n(x_i)$ für P_n^i verwenden.

Wir können dann $f_n(x)$ als diskrete Wahrscheinlichkeitsverteilung betrachten; d. h. $f_n(x_i)$ ist die Wahrscheinlichkeit, einen Preis x_i in der Lotterie n zu gewinnen.

Unsere Problemstellung lautet nun: Wir haben eine Menge von Lotterien. Jedes Element A_n dieser Menge wird durch eine Wahrscheinlichkeitsverteilung $f_n(x)$ repräsentiert. Wir sollen dann das „beste" Element dieser Menge auswählen, d. h. jene Lotterie, in der wir ein Los erwerben wollen.

Im Beispiel in Abschnitt 2.5 gibt es in jeder Lotterie nur zwei Preise, so daß die Wahrscheinlichkeitsverteilungen, welche die Lotterien repräsentieren, nur in zwei Fällen von Null verschiedene Werte annehmen:

$$f_n(S_n) = P_n,$$
$$f_n(0) = 1 - P_n.$$

2.11

Wir können nun folgende Feststellungen machen:

1. Die Entscheidung ist nicht trivial. Wenn wir die Wahl zwischen einem Zehn-Dollar-Schein und einem Zwanzig-Dollar-Schein haben, so nehmen wir klarerweise den Zwanzig-Dollar-Schein. Hier, in diesem allgemeineren Fall, ist es nicht klar, welches Los wir nehmen sollen.
2. Jedes Entscheidungsproblem bei Unsicherheit kann im Prinzip auf diese Form gebracht werden, d. h. aus einer Menge von verfügbaren Wahrscheinlichkeitsverteilungen soll die beste ausgewählt werden. Die dazu notwendige Transformation kann aber sehr schwierig sein, vielfach wird sie in der Praxis unausführbar sein. Möglicherweise ist die genaue Wahrscheinlichkeitsverteilung nicht bekannt, wovon wir jedoch vorläufig absehen wollen.

Wir wollen das Beispiel eines Geschäftsmannes betrachten, der in einer komplizierten Situation bei Vorherrschen verschiedener

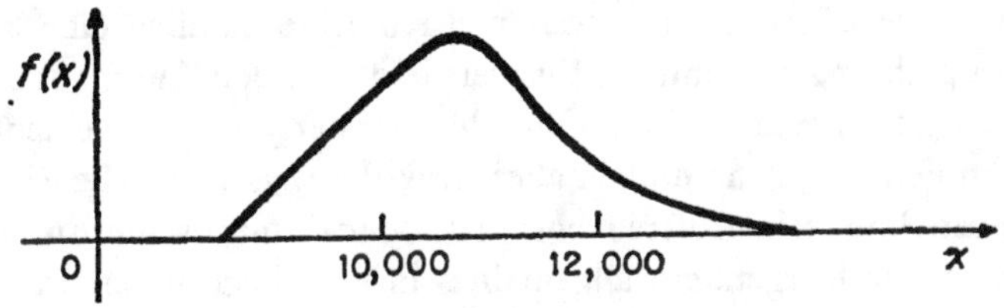

Abbildung 1

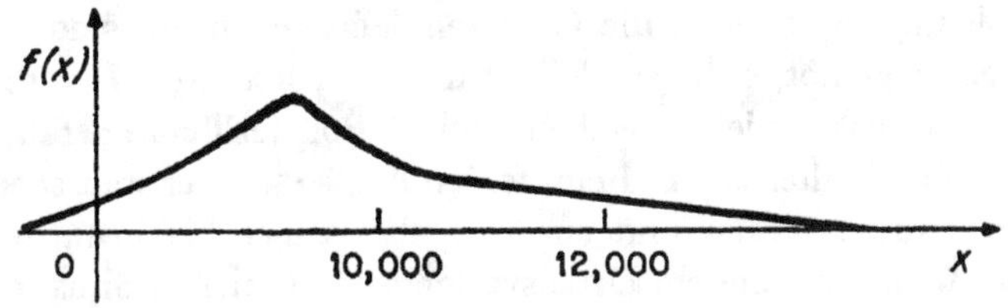

Abbildung 2

Unsicherheitsfaktoren zwischen den beiden Alternativen *A* und *B* zu wählen hat. Ein mit der Untersuchung beauftragter Betriebsberater könnte das Problem wahrscheinlich auf die von uns angegebene Form bringen. Das Ergebnis könnte wie folgt lauten:
Alternative *A* gibt uns die Chance, mit je 50% Wahrscheinlichkeit entweder $ 10.000.– oder $ 12.000.–, Alternative *B* mit je 50% Wahrscheinlichkeit entweder $ 40.000.– oder $ 2000.– zu gewinnen. Realistischer wären vielleicht die in den Abbildungen 1 und 2 dargestellten Wahrscheinlichkeitsverteilungen der Gewinnchancen für die beiden Alternativen.

2.12

Es ist wichtig festzustellen, daß in vielen Fällen ein seriöser Berater *nicht mehr tun kann, als das Ergebnis in dieser Form zu präsentieren* und hinzuzufügen, daß der Unternehmer selbst entscheiden muß, welches Risiko er eingehen will. Die letztliche Entscheidung liegt beim Unternehmer und nicht beim Berater.
Der Geschäftsmann will von einem kostspieligen Berater normalerweise etwas mehr wissen. Er möchte nämlich eine klare Empfehlung bekommen, für welche der beiden Alternativen er sich entscheiden sollte. Gibt der Berater eine unzweideutige Empfehlung, dann muß er aber entweder wissen, welche Risikoeinstellung sein Auftraggeber hat, oder er muß seine Empfehlung durch irgendein allgemeines Prinzip begründen, welches moralischer oder ethischer Natur sein kann. So kann er zum Beispiel Alternative *A* deshalb empfehlen, weil er das Spielen ablehnt, sogar wenn die Gewinnmöglichkeiten gut sind, oder weil er glaubt, daß sein Klient die mit Alternative *B* verbundenen Risiken nicht eingehen „sollte“. Soll der Berater erklären, warum er Alternative *A* empfohlen hat, so wird er wahrscheinlich zurückstecken und angeben, daß seiner Erfahrung nach Leute mit „gesundem Urteilsvermögen“ in solchen Situationen *A* der Alternative *B* vorziehen. Das bedeutet, daß die normative

Empfehlung auf eine Feststellung über das Verhalten einer Gruppe von Personen reduziert wird. Es bleibt jedoch unserem Unternehmer überlassen, zu entscheiden, ob er dem Beispiel dieser Leute folgen will oder nicht.

Im Geschäftsleben herrscht in diesem Punkt manche Verwirrung, was sich oft auch in der Fachliteratur niederschlägt. Der Grund dafür ist wahrscheinlich, daß Geschäftsleute ein Erfolgsrezept einer reinen Beschreibung des betreffenden Problems vorziehen.

2.13

Gute Beispiele für die besprochenen Probleme lassen sich auf dem Versicherungssektor finden. Als ein realistisches Beispiel betrachten wir ein großes Schiff — einen Ozeanriesen, der auf 10 Millionen Dollar gegen eine jährliche Prämie von 300.000 Dollar versichert wird. Wenn alles gut geht, bringt dieser Kontrakt der Versicherungsgesellschaft einen Reingewinn von 300.000 Dollar pro Jahr, und das will sogar für eine große Gesellschaft etwas heißen. Gerät andererseits das Schiff in Verlust, so muß die Versicherungsgesellschaft 10 Millionen Dollar zahlen, was sie in ernste Schwierigkeiten bringen kann, die oft jahrelang nicht überwunden werden können.

In der Regel wird eine Versicherungsgesellschaft einen solchen Vertrag nicht zur Gänze auf eigene Rechnung eingehen. Gewöhnlich wird ein bestimmter Teil der Kontraktsumme auf dem Wege der *Rückversicherung* an eine andere Gesellschaft weitergegeben. Wenn unsere Gesellschaft nur 10% *für sich behält*, d. h. 90% der Vertragssumme rückversichert, so verändert sich die Risikosituation insofern, als einem möglichen Verlust von 1 Million Dollar ein jährlicher Gewinn von 30.000 Dollar gegenübersteht (vorausgesetzt, daß die Rückversicherung zu den „ursprünglichen Bedingungen“ durchgeführt wird). Es muß nun entschieden werden, wieviel rückversichert werden soll; wir haben hier eine ähnliche Situation wie in dem Beispiel in Tabelle 1.

2.14

Der Präsident oder der Vorstand unserer Versicherungsgesellschaft kann nun seinen Statistiker zur Lösung des Problems heranziehen. Der Statistiker müßte aber eigentlich antworten, daß das Problem auf seine einfachste Form gebracht wurde und daß der Vorstand nun selbst entscheiden muß, sobald er sich ein Bild von den einzugehenden Risiken gemacht hat. Normalerweise werden derartige von hochbezahlten Statistikern gegebene Antworten von den Direktionen nicht akzeptiert. Diese erwarten von einem guten Statistiker vielmehr, daß er seine Antwort erst nach komplizierten Berechnungen gibt, d. h. nachdem er alle relevanten Statistiken über Schiffbrüche durchgearbeitet und mit den Ingenieuren über die technischen Eigenschaften des betreffenden Schiffes gesprochen hat.
Was kann aber als Ergebnis solcher Berechnungen herauskommen? Doch kaum mehr als die Feststellung, daß die beste Schätzung der Verlustwahrscheinlichkeit 0,011 ist und daß das Konfidenzintervall dieser Schätzung von 0,015 bis 0,009 reicht auf einem Signifikanzniveau von 1% bzw. von 0,012 bis 0,010 auf einem Signifikanzniveau von 5%. Kein Berechnungsaufwand kann uns mehr Information geben.
Wir sollten uns nun fragen, ob diese Information wirklich brauchbar ist, mit anderen Worten, ob es uns wirklich weiterhilft, wenn diese einfachen Ergebnisse in einen 50 Seiten umfassenden technischen Bericht eingekleidet werden? In einer Hinsicht ist die Lage vollkommen klar: Was die Direktion wirklich wissen will, ist, *ob das Schiff untergehen wird oder nicht*. Das kann ihr jedoch höchstens ein Astrologe mitteilen.

2.15

Es wird erzählt, daß ein Professor einmal eine solche Antwort erteilte, als er von einer Versicherungsgesellschaft konsultiert wurde. Die Gesellschaft dachte einige Wochen darüber nach und lud ihn dann ein, dem Vorstand beizutreten. Das Amüsante an dieser Geschichte ist, daß die Herren dieser Gesellschaft glaubten, daß damit das geschehen sei, was der Professor eigentlich erreichen wollte, und daß er nur deshalb eine „ausweichende" Antwort gab, um einen Sitz im Vorstand zu bekommen. Sie waren überzeugt, daß es für ihr Problem eine einzige korrekte Lösung gäbe, die einem Professor vermutlich bekannt sein müßte.

Wir können aus dieser Geschichte — sogar wenn sie nicht wahr sein sollte — eine ganze Menge über wirtschaftliche Entscheidungen lernen. Sie illustriert das Denken von Managern und ihren ständigen Verdacht auf irgendwelche Hintergedanken, Dinge, die im Geschäftsleben sehr nützlich, wenn nicht essentiell sind, um Erfolg zu haben. Die Geschichte liefert uns jedoch auch ein Beispiel für das eher naive Wunschdenken, das wir oft in Geschäftskreisen, ebenso wie in der kaufmännischen Literatur, finden.

Ein Geschäftsmann muß vielleicht oft schwierige Entscheidungen in komplizierten Situationen treffen. In solchen Fällen kann er Techniker oder „Experten" heranziehen, die die Situation aufhellen, jedoch im allgemeinen dem Geschäftsmann nicht mitteilen können, daß eine bestimmte Entscheidung die einzig richtige sei. Die letzte Entscheidung darüber, welches Risiko eingegangen werden soll, muß im Verantwortungsbereich des Unternehmers selbst verbleiben. Geschäftsleute scheinen sich oft nicht leicht mit dieser Tatsache abzufinden. Ein Psychologe könnte dies vielleicht als Suche nach einer Vaterfigur in der Person des Experten deuten.

2.16

Kehren wir nun wieder zu dem Versicherungsbeispiel in 2.13 zurück. In diesem Beispiel nahmen wir die Prämie von 300.000 Dollar als gegeben an. Das heißt aber, daß wir jenes Entscheidungsproblem, das in der Praxis als wichtigstes angesehen wird, nämlich die *Festsetzung* der Prämie für einen vorgeschlagenen Versicherungsbetrag, nicht behandelten.

Durch statistische Untersuchungen kann man das Problem

unter Umständen auf eine einfachere, leichter überschaubare Form bringen, obwohl es möglich ist, daß wir dadurch wichtige Tatsachen nicht berücksichtigen. Es scheint ein wenig naiv zu sein, die Höhe der Prämie starr nach dem vermutlichen Risiko festzusetzen, ohne zu berücksichtigen, wieviel einerseits der Schiffseigentümer überhaupt zu zahlen bereit ist und andererseits, welche Prämie andere Versicherungsgesellschaften dafür berechnen. Wenn der Reeder 400.000 Dollar zahlen will und keine andere Gesellschaft das Risiko zu diesem Preis zu übernehmen bereit ist, so ist nicht einzusehen, warum die Gesellschaft eine niedrigere Prämie berechnen sollte.

Damit kommen wir darauf zurück, was wir im Kapitel 1 diskutiert hatten, nämlich daß wir ein Entscheidungsproblem nicht isoliert betrachten können — oder sollten. Wir müssen alle potentiellen Transaktionspartner in unsere Betrachtung einbeziehen, was bedeutet, daß wir das spezielle Problem in den Rahmen einer allgemeineren Theorie stellen müssen, welche man eben „Ökonomische Theorie unter Berücksichtigung von Unsicherheit" nennen könnte.

Zu einem ähnlichen Schluß kommen wir, wenn wir das Problem der Rückversicherung betrachten. In unserem Beispiel nahmen wir an, daß es immer möglich sei, Teile der eingegangenen Kontrakte zu den mit den Schiffseigentümern ausgehandelten Bedingungen an andere Gesellschaften weiterzugeben. Es ist klar, daß diese Annahme nicht allgemein aufrechterhalten werden kann. Sie muß daher sorgfältig überprüft werden, bevor wir beginnen, auszurechnen, welchen Teil der eingegangenen Kontrakte unsere Gesellschaft weitergeben sollte. Es kann sich nämlich herausstellen, daß andere Gesellschaften nicht gewillt sind, das Geschäft zu den betreffenden Bedingungen zu übernehmen.

2.17

Entscheidungen bei voller Sicherheit sind nicht immer so trivial wie in dem Fall, wo wir zwischen einer Zehn- und einer

Zwanzig-Dollar-Note zu wählen haben. Zur Illustration wollen wir annehmen, daß wir uns für einen der beiden „Warenkörbe" entscheiden müssen:

> Warenkorb 1 {1 g, 1 v} enthält eine Flasche Gin und eine Flasche Vermouth,
> Warenkorb 2 {2 g, 2 v} enthält zwei Flaschen Gin und zwei Flaschen Vermouth.

Wenn wir annehmen, daß es sich um Geschenke handelt, ist die Entscheidung für die meisten Leute trivial. Um diese Tatsache formal darzustellen, brauchen wir eine Annahme oder ein Axiom, das zum Ausdruck bringt, daß unser Nutzen um so höher ist, je mehr wir von einem Gut besitzen. Dieses Axiom ist nicht trivial, sondern impliziert, daß es keine Sättigung der Bedürfnisse gibt.

Die Entscheidung ist nicht mehr trivial, wenn wir uns für einen der beiden Warenkörbe

{4 g, 1 v} oder {3 g, 2 v}

entscheiden müssen. Es ergibt sich rein intuitiv, daß die Entscheidung in diesem Fall von „subjektiven Elementen", wie persönlichem Geschmack, oder in diesem speziellen Fall davon, wie jemand einen Dry Martini zu mixen wünscht, abhängen muß.

Entscheidungen dieser Art sind in der Praxis natürlich sehr wichtig. In der Tat besteht die Tätigkeit des Wirtschaftens darin, daß aus einer Menge von „verallgemeinerten" Warenkörben eine Auswahl getroffen werden soll.

2.18

Um eine ökonomische Theorie konstruieren zu können, muß das aufgezeigte Problem gelöst werden. Da sich keine unmittelbar einsichtige Lösung anbietet, haben die Ökonomen einfach angenommen, daß das Problem gelöst werden kann — eine notwendige Annahme, um weiterzukommen. Die Annahme lautet, daß ein Konsument, der die Wahl zwischen zwei Körben

$\{x_1\,\text{g}, y_1\,\text{v}\}$ und $\{x_2\,\text{g}, y_2\,\text{v}\}$

hat, über eine Norm verfügt, die ihm eine Entscheidung darüber gestattet, welcher Warenkorb der bessere ist oder welchen der beiden er vorzieht.

Gewöhnlich macht man eine noch strengere Annahme: Man nimmt an, daß eine Person in der Lage sei, eine Reihung über eine Menge von Warenkörben gemäß ihrer *Präferenzordnung* vorzunehmen, d. h. daß nicht nur die erste Wahl, sondern auch die zweite, dritte usw. angegeben werden kann. Diese Annahme kann auch als Theorem aus der allgemeineren Annahme der *Transitivität der Präferenzen* bewiesen werden. Darunter versteht man:

Wenn A dem Warenkorb B und B dem Korb C vorgezogen wird, dann wird A dem Warenkorb C vorgezogen.

Mathematisch heißt das, daß wir eine vollkommene Ordnung über die Menge der geordneten Paare (x, y) annehmen, von denen jedes einen Warenkorb repräsentiert. In Lehrbüchern wird eine solche Präferenzordnung gewöhnlich durch ein *Indifferenzkurvensystem* dargestellt, welches wir mit einiger Vorstellungskraft auf mehr als zwei Dimensionen erweitern können, in unserem Fall also auf Warenkörbe, die mehr als zwei verschiedene Güter enthalten.

2.19

Solange wir nur von Warenkörben sprechen, welche eine endliche Anzahl von unversehrten Flaschen enthalten, kann die Präferenzordnung klarerweise durch einen Nutzenindex oder durch eine *Nutzenfunktion* $u(x,y)$ repräsentiert werden, so daß gilt

$$u(x_1,y_1) > u(x_2,y_2),$$

dann und nur dann, wenn der Warenkorb

$\{x_1\,\text{g}, y_1\,\text{v}\}$ dem Korb $\{x_2\,\text{g}, y_2\,\text{v}\}$

vorgezogen wird. Dasselbe gilt auch, wenn wir Warenkörbe mit beliebiger, jedoch endlicher Anzahl von Gütern miteinander vergleichen. In diesem Fall ist die Zahl der möglichen Körbe endlich, sagen wir N. Wir können nun die Präferenzordnung durch einen Nutzenindex darstellen, indem wir dem besten Korb den Nutzen N geben, dem zweitbesten $N-1$ usw. Diese Bezeichnung ist natürlich nicht die einzig mögliche, wir könnten auch die Indizes N^2, $(N-1)^2$ usw. verwenden.
Wenn wir jedoch mit unendlichen Größen rechnen, zum Beispiel indem wir annehmen, daß die Güter in einem Korb „unendlich teilbar" wären, so kann es unter Umständen unmöglich sein, eine Präferenzordnung durch eine Nutzenfunktion darzustellen. In der Praxis können wir natürlich auf die Unendlichkeit verzichten, was jedoch einige unerwünschte Folgen hat. So können wir zum Beispiel die Differentialrechnung nicht anwenden, die den Ökonomen so teuer ist. Um jedoch die Ungewißheit in das Modell hineinnehmen zu können, müssen wir in der Lage sein, das Problem der Unendlichkeit zu bewältigen, wie wir in den folgenden Kapiteln sehen werden.

2.20

Das Problem der Darstellung einer allgemeinen Präferenzordnung durch eine Nutzenfunktion wurde zuerst von *Wold* [3] diskutiert. Eine besonders elegante Formulierung der Bedingungen, unter denen eine solche Darstellung möglich ist, wird von *Debreu* [2] gegeben.
Das einfachste Beispiel für einen Fall, wo eine Präferenzordnung nicht durch eine entsprechende Nutzenfunktion dargestellt werden kann, ist die *lexikographische* Ordnung. Um das zu illustrieren, wollen wir Warenkörbe betrachten, die x Dollarnoten und y Tickets für die Irish Sweepstakes enthalten und die folgendermaßen geordnet werden könnten:

> (x_1, y_1) wird (x_2, y_2) vorgezogen, dann und nur dann, wenn $x_1 > x_2$, d. h. unabhängig von den Werten von y_1 und y_2.
> (x_1, y_1) wird $(x_1 y_2)$ vorgezogen, wenn gilt $y_1 > y_2$.

Das bedeutet, daß unsere Person immer jenen Korb vorzieht, der mehr Dollars enthält, gleichgültig, wie viele Tickets darin enthalten sind. Nur wenn beide Körbe gleich viel Dollars enthalten, wird die Anzahl der Tickets berücksichtigt. Es ist klar, daß diese wohldefinierte Präferenzordnung nicht durch eine Nutzenfunktion $u(x,y)$ dargestellt werden kann. Aus unserer ersten Bedingung geht hervor, daß die Funktion unabhängig von y ist, während unsere zweite Bedingung eine solche Abhängigkeit unterstellt. In der ökonomischen Theorie auf elementarer Ebene sollte man solchen Beispielen wahrscheinlich nicht allzuviel Bedeutung beilegen. In den meisten Fällen scheint man ziemlich sicher annehmen zu können, daß Präferenzordnungen auf mehrere verschiedene Arten durch eine Nutzenfunktion dargestellt werden können. Es mag Personen mit mehr oder weniger aus der Reihe fallenden Präferenzordnungen geben, welche nicht in unser Modell passen; das können wir aber ignorieren, solange wir in bezug auf die Allgemeinheit unserer Betrachtung nicht allzu anspruchsvoll sind.

2.21

Eine grundlegende Annahme in dem folgenden Kapitel wird sein, daß irgendeine Art von „Austausch“ immer möglich sein soll. Formal können wir das durch die Annahme des sogenannten *Axioms von Archimedes* ausdrücken. Würde in unserem Beispiel gelten:

(x_1,y_1) wird (x_2,y_2) vorgezogen,

so können wir die Präferenzbeziehung dadurch umkehren, daß wir y_2 erhöhen; d. h. es existiert ein $y > y_2$, so daß gilt:

(x_2,y) wird (x_1,y_1) vorgezogen.

Das bedeutet aber, daß ein Verlust bestimmter Güter immer durch einen Zuwachs anderer Güter ausgeglichen werden kann, oder mit anderen Worten, daß *alles seinen Preis hat.* Man könnte ganz allgemein die Ökonomie als Wissenschaft definieren, die sich mit jenen Dingen beschäftigt, die einen Preis haben. Fragen über Leben und Tod und ethische Prinzipien, wie die absolute Ablehnung von Spiel und Risiko, müßten dann außerhalb des eng abgesteckten Gegenstandes der Ökonomie den allgemeineren Sozialwissenschaften zugerechnet werden.

Bibliographie

[1] *Bernoulli, D.*: „Specimen Theoriae Novae de Mensura Sortis", St. Petersburg 1738. Englische Übersetzung: *Econometrica*, 1954, S. 23—36.

[2] *Debreu, G.*: „Representation of a Preference Ordering by a Numerical Function", S. 159—166 in *Decision Processes*, herausgegeben von Thrall, Coombs und David, Wiley, 1954.

[3] *Wold, H.*: „A Synthesis of Pure Demand Analysis", *Skandinavisk Aktuarietidskrift*, 1943, S. 85—118, S. 220—263, und 1944, S. 69—120.

3 Das Bernoulli-Prinzip

3.1

Im Abschnitt 2.10 sahen wir, daß es bei einer Entscheidung unter Ungewißheit darum geht, eine Wahrscheinlichkeitsverteilung aus einer Menge von Verteilungen auszuwählen. Wird die Entscheidung von einer rational handelnden Person getroffen, so wird definitionsgemäß die „beste" der verfügbaren Wahrscheinlichkeitsverteilungen ausgewählt. Daher muß eine rationale Theorie der Entscheidungen unter Unsicherheit auf Präferenzordnungen über Mengen von Wahrscheinlichkeitsverteilungen basieren, d. h. über Mengen, deren Elemente $f_1(x), \ldots, f_n(x), \ldots$ Wahrscheinlichkeitsverteilungen sind.
Als konkretes Beispiel können wir uns diese Elemente als Lose verschiedener Lotterien denken oder auch als Investitionen, wobei Investition n einen Gewinn erbringt, der als stochastische Variable mit der Wahrscheinlichkeitsverteilung $f_n(x)$ aufgefaßt wird. Zur Vereinfachung werden wir vorläufig nur diskrete Verteilungen annehmen. Wir können dann $f_n(x_1), f_n(x_2), \ldots, f_n(x_i), \ldots$ als die Wahrscheinlichkeiten interpretieren, daß die Investition n die Gewinne $x_1, x_2, \ldots, x_i, \ldots$ erbringt. Daraus ergibt sich natürlich:

$$\sum_i f_n(x_i) = 1 \qquad \text{für alle } n.$$

Marschak [8] hat das passende Wort *Prospekt* für die Elemente der oben erwähnten Menge eingeführt, und wir werden in der Folge diesen Begriff ebenfalls verwenden.

3.2

Ein diskretes Prospekt kann durch eine Folge

$$\ldots, f(-2), f(-1), f(0), f(1), f(2), \ldots, f(m), \ldots$$

vollständig beschrieben werden, wobei $f(m)$ die Wahrscheinlichkeit darstellt, daß der Gewinn m Dollars (oder Cents oder, wenn nötig, Bruchteile von Cents) betragen wird.
Wir suchen nun eine Präferenzordnung über die Menge der Prospekte und nehmen an, daß diese Ordnung durch eine Nutzenfunktion oder, in diesem allgemeineren Fall, durch ein *Nutzenfunktional* dargestellt werden kann. Das bedeutet, daß wir jeder Wahrscheinlichkeitsverteilung $f(x)$ eine reelle Zahl $U\{f\}$ zuordnen wollen, so daß gilt

$$U\{f_i\} > U\{f_j\}$$

dann und nur dann, wenn das Prospekt $f_i(x)$ dem Prospekt $f_j(x)$ vorgezogen wird. Mathematisch ausgedrückt besteht unser Problem darin, eine *Zuordnung* aus dem Raum der Wahrscheinlichkeitsverteilungen auf die Linie der reellen Zahlen zu finden.
Formal betrachten wir das Funktional $U\{f\}$ als eine gewöhnliche Nutzenfunktion, wie wir sie im Abschnitt 2.19 diskutiert haben. Wir können dann schreiben

$$U\{f\} = u[\ldots, f(-1), f(0), f(1), \ldots, f(x), \ldots].$$

Die einzige Schwierigkeit besteht darin, daß u im allgemeinen eine Funktion einer unendlichen Anzahl von Variablen sein wird. Die moderne Mathematik ist wohl in der Lage, solche Funktionen zu behandeln, doch nur mit Hilfe von Instrumenten, die bisher in der Ökonomie wenig Verwendung fanden.

3.3

Wir wollen jedoch noch einige allgemeine Bemerkungen machen. Zuerst möchten wir feststellen, daß wir das theoretische Gebäude der klassischen Ökonomie auch für Probleme, die sich durch Einführung der Unsicherheit ergeben, verwenden können, wenn uns der Übergang von endlichen zu unendlichen Größen gelingt. Weiters sollte noch erwähnt werden, daß eine ganz besondere Algebra mit dieser Behandlung der ökonomischen Probleme der Ungewißheit verbunden ist.

Wenn wir zwei Warenkörbe $\{x_1\,g, y_1\,v\}$ und $\{x_2\,g, y_2\,v\}$ addieren, so erhalten wir den Warenkorb $\{(x_1+x_2)\,g, (y_1+y_2)\,v\}$, der genau jene beiden Güter enthält, die in den ursprünglichen Warenkörben enthalten waren.

Addieren wir zwei stochastisch voneinander unabhängige Prospekte

$$f_1(0)={}^1/_2,\ f_1(1)={}^1/_2 \quad \text{und} \quad f_2(0)={}^1/_2,\ f_2(1)={}^1/_2,$$

so erhalten wir folgende dreiwertige Wahrscheinlichkeitsverteilung:

$$\begin{aligned} f_3(0)&=f_1(0)\cdot f_2(0)={}^1/_4,\\ f_3(1)&=f_1(0)\cdot f_2(1)+f_1(1)\cdot f_2(0)={}^1/_2,\\ f_3(2)&=f_1(1)\cdot f_2(1)={}^1/_4, \end{aligned}$$

die auch in Vektorschreibweise wiedergegeben werden kann:

$$\left\{\frac{1}{2}, \frac{1}{2}, 0, \ldots\right\}+\left\{\frac{1}{2}, \frac{1}{2}, 0, \ldots\right\}=\left\{\frac{1}{4}, \frac{1}{2}, \frac{1}{4}, 0, \ldots\right\}.$$

In der Ausdrucksweise der klassischen Ökonomie können wir die beiden ursprünglichen Prospekte als Warenkörbe interpretieren, welche die folgenden zwei „Güter" enthalten: 1. Die Chance, nichts zu gewinnen, und 2. die Chance, 1 zu gewinnen, wobei beide Körbe von beiden „Gütern" die „Menge" ${}^1/_2$ enthalten. Wenn wir die beiden Körbe addieren, erhalten wir die Menge ${}^1/_4$ eines neuen „Gutes", nämlich die Chance, 2 zu gewinnen.

Mathematisch heißt das, daß die *Addition* der Warenkörbe in der klassischen Ökonomie der Operation der *Zusammenfassung* von Wahrscheinlichkeitsverteilungen in der der „Ungewißheitsökonomie" entspricht. Dies gilt jedoch nur unter der Annahme, daß die beiden Prospekte stochastisch unabhängig sind. Im allgemeinen ist die Addition von Prospekten bedeutungslos, wenn wir nicht die Art der stochastischen Abhängigkeit zwischen den einzelnen Prospekten näher spezifizieren. Wir bekommen dadurch einen Einblick, welche Schwierigkeiten sich durch die Einbeziehung der Ungewißheit in die ökonomische Theorie ergeben.

Drittens wollen wir schließlich noch betonen, daß einige Entscheidungen unter Unsicherheit offensichtlich sind, während andere von „subjektiven Elementen" abhängen müssen. Zur Illustration wollen wir die drei Prospekte betrachten:

f_1: Gewinn 0 oder 1, je mit der Wahrscheinlichkeit $^1/_2$ oder in Vektorschreibweise $\left\{\frac{1}{2}, \frac{1}{2}, 0, 0, \ldots\right\}$,

f_2: Gewinn 0 oder 2, je mit der Wahrscheinlichkeit $^1/_2$ oder $\left\{\frac{1}{2}, 0, \frac{1}{2}, 0, \ldots\right\}$,

f_3: Gewinn 0 mit der Wahrscheinlichkeit $^1/_4$ oder Gewinn 1 mit der Wahrscheinlichkeit $^3/_4$, also $\left\{\frac{1}{4}, \frac{3}{4}, 0, 0, \ldots\right\}$.

Hier ist klar, daß sowohl f_2 als auch f_3 dem Prospekt f_1 vorgezogen werden, geradeso wie wir in 2.17 fanden, daß $\{2g, 2v\}$ dem Warenkorb $\{1g, 1v\}$ vorgezogen wird. Es ist jedoch nicht unmittelbar klar, ob f_2 dem Prospekt f_3 vorgezogen werden sollte oder nicht.

Wenn jemand darauf besteht, f_3 dem Prospekt f_2 vorzuziehen, so müssen wir das als Ausdruck seiner persönlichen *Risikobereitschaft* betrachten, genauso wie wir die Tatsache, daß in 2.17 $\{4g, 1v\}$ dem Warenkorb $\{3g, 2v\}$ vorgezogen wurde, als Ausdruck persönlichen Geschmacks akzeptierten.

3.4

Der Einfachheit halber wollen wir in der Folge nur Prospekte mit nichtnegativen und endlich großen Gewinnen betrachten. Wir haben die Menge aller Prospekte $f(x)$, wobei die $f(x)$ diskrete Wahrscheinlichkeitsverteilungen über den Bereich $0 \leq x \leq M$ darstellen und x und M ganze Zahlen sind. Wir wollen nun eine Präferenzordnung über diese Menge festlegen und beginnen mit der Aufstellung jener allgemeinen Bedingungen, welche die Ordnungsregel oder „Auswahlmethode" erfüllen muß, damit sie für eine rational handelnde Person annehmbar ist. Die erste dieser Bedingungen formulieren wir als Axiom.

> Axiom 1:
> *Jedem Prospekt $f(x)$ in der Menge entspricht ein gewisses Äquivalent $\bar{x}$.*

Dies ist in der Tat das Axiom von *Archimedes*, das wir in 2.21 erwähnten. Einfach ausgedrückt, ist $\bar{x}$ der niedrigste Preis, zu dem wir das Prospekt verkaufen bzw. der höchste Preis, zu dem wir es noch kaufen würden. Das bedeutet, daß es für uns dasselbe ist, ob wir das Prospekt $f(x)$ besitzen oder eine Summe Geldes in der Höhe $\bar{x}$. Wir schreiben

$$(1, \bar{x}) \sim f(x)$$

für die Beziehung, durch welche das Sicherheitsäquivalent definiert wird.

3.5

Wir betrachten in der Folge die Menge aller Prospekte, die uns entweder

> M mit der Wahrscheinlichkeit p oder
> 0 mit der Wahrscheinlichkeit $1-p$ erbringen.

Wir werden ein solches sogenanntes binäres Prospekt mit (p, M) bezeichnen. Aus unserem Axiom 1 ergibt sich, daß alle diese Prospekte ein Sicherheitsäquivalent haben; d. h. daß für jedes p ein x_p existiert, so daß gilt

$$(1, x_p) \sim (p, M).$$

Unser zweites Axiom lautet:

> Axiom 2:
> *Wenn p von 0 nach 1 geht, so strebt x_p von 0 nach M.*

Das bedeutet, daß für alle ganzzahligen Werte von x: $0, 1, \ldots, r, \ldots, M$ Werte von p: $p_0, \ldots, p_n$ existieren, so daß gilt

$$(1,r) \sim (p_r, M)$$

und $p_r > p_s$, dann und nur dann, wenn $r > s$.

3.6

Eine vollständige Beschreibung des Prospekts $f(x)$ erfordert die Angabe der Gewinne $0, 1, \ldots, r, \ldots, M$ mit den dazugehörigen Wahrscheinlichkeiten $f(0), f(1), \ldots, f(r), \ldots, f(M)$. Wenn wir nun den Gewinn r durch ein diesem Gewinn äquivalentes binäres Prospekt (p_r, M) ersetzen, d. h. in unserem Prospekt $f(x)$ die Möglichkeit, den Betrag r mit der Wahrscheinlichkeit $f(r)$ zu gewinnen, durch die Möglichkeit, entweder M mit der Wahrscheinlichkeit p_r oder 0 mit der Wahrscheinlichkeit $1 - p_r$ zu gewinnen, ersetzen, so erhalten wir ein verändertes Prospekt $f^{(r)}(x)$, das folgendermaßen aussieht:

$$\begin{aligned}
&f^{(r)}(0) = f(0) + f(r)(1 - p_r)\\
&f^{(r)}(1) = f(1)\\
&f^{(r)}(2) = f(2)\\
&\cdots\cdots\cdots\cdots\\
&f^{(r)}(r) = 0\\
&\cdots\cdots\cdots\cdots\\
&f^{(r)}(M) = f(M) + f(r)p_r .
\end{aligned}$$

Da $(1,r) \sim (p_r, M)$ ist, kann man annehmen, daß eine rational handelnde Person das ursprüngliche und das modifizierte Prospekt als gleichwertig betrachtet. Formal können wir diese Tatsache durch ein Axiom ausdrücken:

Axiom 3:
$f(x)$ und $f^{(r)}(x)$ haben dasselbe Sicherheitsäquivalent.

3.7

Wenn wir nun den oben beschriebenen Vorgang auf alle Gewinne des ursprünglichen Prospekts mit Ausnahme von 0 und

M anwenden, dann erhalten wir ein neues Prospekt (P, M), das uns mit Wahrscheinlichkeit P einen Gewinn von M und mit Wahrscheinlichkeit $1-P$ einen Gewinn von 0 erbringt und das gleiche Sicherheitsäquivalent wie $f(x)$ hat. Dabei ergibt sich P wie folgt:

$$P = p_1 f(1) + p_2 f(2) + \ldots + p_{M-1} f(M-1) + f(M).$$

Da, nach Axiom 2, $p_0 = 0$ und $p_M = 1$, können wir schreiben

$$P = \sum_{x=0}^{M} p_x f(x).$$

Wir sind nun in der Lage, eine vollständige Präferenzordnung über die Menge unserer Prospekte zu konstruieren. Wir können für zwei beliebige Prospekte $f(x)$ und $g(x)$ die entsprechenden Prospekte (P_f, M) und (P_g, M) sowie deren Sicherheitsäquivalente berechnen. Das Prospekt $f(x)$ wird dann und nur dann $g(x)$ vorgezogen, wenn gilt $P_f > P_g$ (bzw. wenn $f(x)$ das größere Sicherheitsäquivalent hat).

3.8

Wenn wir diese Präferenzordnung durch ein Nutzenfunktional darstellen wollen, so können wir dies so ausdrücken:

$$U\{f(x)\} = P_f = \sum_{x=0}^{M} p_x f(x).$$

Wenn wir schreiben $p_x = u(x)$, so lautet unsere Formel:

$$U\{f(x)\} = \sum_{x=0}^{M} u(x) f(x).$$

Unsere Menge von Prospekten schließt auch Wahrscheinlichkeitsverteilungen ein, welche den Fall repräsentieren, wo der Gewinn nur einen Wert mit der Wahrscheinlichkeit 1 annehmen kann, das sind Verteilungen des Typs

$$e_r(x) = 0 \quad \text{für} \quad x \neq r,$$
$$e_r(x) = 1 \quad \text{für} \quad x = r.$$

Wir erhalten aus obiger Formel:

$$U\{e_r(x)\} = u(r).$$

Das bedeutet, daß $u(x)$ der Nutzen ist, den uns ein Prospekt stiftet, das uns einen Betrag x mit Sicherheit bringt. Daraus folgt, daß die Funktion $u(x)$ als *Nutzen des Geldes* interpretiert werden kann — ein Konzept, das in der klassischen ökonomischen Theorie eine wichtige Rolle spielte.
Das oben gefundene Resultat wird von manchen Leuten als sehr überraschend angesehen, und die zahlreichen Versuche, es zu interpretieren bzw. zu widerlegen, haben manche Verwirrung gestiftet.

3.9

Zur Interpretation des Ergebnisses wollen wir uns den ganzen Vorgang noch einmal ins Gedächtnis zurückrufen:
Wir stellten fest, daß es möglich scheint, aus einer Menge von Prospekten eine Auswahl zu treffen.
Sodann nahmen wir an, daß jemandem, der eine derartige Entscheidung treffen will, irgendeine Regel zur Verfügung stehen muß, die es ihm erlaubt zu entscheiden, wann ein Prospekt besser ist als ein anderes.
Wir standen der Frage nach einer solchen Auswahlregel völlig unvoreingenommen gegenüber und formulierten nur drei einfache Bedingungen (Axiome), welche diese Regel erfüllen sollte, um sie für eine intelligente, logisch denkende Person annehmbar zu machen. Schließlich fanden wir, daß eine Auswahlregel, welche diese Bedingungen erfüllt, durch eine Funktion $u(x)$ *repräsentiert* und auf verschiedene Art und Weise beschrieben werden kann. Sind unsere drei Axiome erfüllt, so existiert immer eine Funktion $u(x)$, derart, daß die Anwendung der gesuchten Regel im Vergleich der beiden Summen

$$\Sigma u(x) f(x) \qquad \text{und} \qquad \Sigma u(x) g(x)$$

besteht.

Jenes Prospekt, für welches diese Summe am größten ist, ist das „beste" und wird allen anderen vorgezogen. Das ist jedoch *nicht* der einzige Weg, wie wir eine Auswahlregel, welche die drei Axiome erfüllt, beschreiben können. In der Mehrzahl der Anwendungsfälle ist dies jedoch die geeignetste Darstellung.

3.10

Wenn eine Präferenzordnung durch eine Funktion $u(x)$ repräsentiert werden kann, so gilt dies auch für die Funktion

$$v(x) = au(x) + b,$$

wobei a und b Konstanten sind und $a > 0$, da offensichtlich

$$\Sigma u(x) f(x) > \Sigma u(x) g(x)$$

impliziert, daß

$$\Sigma v(x) f(x) > \Sigma v(x) g(x)$$

gilt.

Wir werden nun folgendes beweisen: Wenn zwei Nutzenfunktionen dieselbe Präferenzordnung repräsentieren, müssen sie eine Gleichung der oben beschriebenen Art erfüllen. Repräsentieren nämlich die beiden Nutzenfunktionen $u(x)$ und $v(x)$ die gleiche Präferenzordnung, so müssen die zwei oben angeführten Ungleichungen für jedes Paar von Wahrscheinlichkeitsverteilungen $f(x)$ und $g(x)$ erfüllt sein. Das heißt, daß die beiden Summen

$$\Sigma u(x) \{f(x) - g(x)\} \quad \text{und}$$
$$\Sigma v(x) \{f(x) - g(x)\}$$

das gleiche Vorzeichen haben müssen oder daß das Produkt der beiden Summen nicht negativ sein darf.

Wir wollen nun der Einfachheit halber nur eine dreiwertige Verteilung betrachten, so daß die erste Summe geschrieben werden kann:

$$u(x_1) \{f(x_1) - g(x_1)\} + u(x_2) \{f(x_2) - g(x_2)\} +$$
$$+ u(x_3) \cdot \{f(x_3) - g(x_3)\}$$

oder einfacher

$$u_1(f_1-g_1)+u_2(f_2-g_2)+u_3(f_3-g_3).$$

Durch Einsetzen für $f_3=(1-f_1-f_2)$ und $g_3=(1-g_1-g_2)$ erhält man:

$$(u_1-u_3)(f_1-g_1)+(u_2-u_3)(f_2-g_2).$$

In gleicher Weise erhalten wir für die zweite Summe:

$$(v_1-v_3)(f_1-g_1)+(v_2-v_3)(f_2-g_2).$$

Daher können die beiden Nutzenfunktionen nur dann die gleiche Präferenzordnung repräsentieren, wenn gilt:

$$\begin{aligned}&\{(u_1-u_3)(f_1-g_1)+\\&+(u_2-u_3)(f_2-g_2)\}\cdot\{(v_1-v_3)(f_1-g_1)+\\&+(v_2-v_3)(f_2-g_2)\}\geq 0\end{aligned}$$

oder:

$$\begin{aligned}&(u_1-u_3)(v_1-v_3)(f_1-g_1)^2+[(u_1-u_3)(v_2-v_3)+\\&+(u_2-u_3)(v_1-v_3)]\cdot(f_1-g_1)(f_2-g_2)+\\&+(u_2-u_3)(v_2-v_3)(f_2-g_2)^2\geq 0\end{aligned}$$

für alle Werte von (f_1-g_1) und (f_2-g_2). Diese Bedingung ist jedoch nur dann erfüllt, wenn die linke Seite der Ungleichung ein vollständiges Quadrat ist, d. h. wenn gilt

$$(u_1-u_3)(v_2-v_3)=(u_2-u_3)(v_1-v_3)$$

oder

$$\frac{v_2-v_3}{v_1-v_3}=\frac{u_2-u_3}{u_1-u_3}.$$

Durch Umformung erhalten wir

$$v_2=\frac{v_1-v_3}{u_1-u_3}\,u_2+\frac{u_1v_3-u_3v_1}{u_1-u_3}.$$

Wir wollen nun unsere ursprüngliche Bezeichnung wieder einführen, wobei wir x_1 und x_3 als konstant annehmen und für x_2 einfach x schreiben:

$$v(x)=\frac{v(x_1)-v(x_3)}{u(x_1)-u(x_3)}u(x)+\frac{u(x_1)v(x_3)-u(x_3)v(x_1)}{u(x_1)-u(x_3)}.$$

So folgt aus der Tatsache, daß $u(x)$ und $v(x)$ dieselbe Präferenzordnung repräsentieren, eine Beziehung der Form $v(x) = au(x)+b$, was bewiesen werden sollte.

Es ist nicht schwer zu zeigen, daß die gleiche Bedingung auch für Prospekte mit mehr als drei Ergebnissen gelten muß, indem wir die allgemeine Theorie der positiv definiten quadratischen Formen benutzen. Wir können aber auch intuitiv argumentieren, daß eine Erhöhung der Anzahl der möglichen Ergebnisse die erforderlichen Bedingungen für Nutzenfunktionen, die dieselbe Präferenzordnung repräsentieren sollen, nicht mildern kann.

Diese Tatsache kann als Theorem formuliert werden.

Theorem:

Eine Präferenzordnung, welche die Axiome 1, 2 und 3 erfüllt, kann durch eine bis auf eine positiv lineare Transformation eindeutig bestimmte Nutzenfunktion repräsentiert werden.

3.11

Die Methode, die wir verwendet haben, um dieses Theorem aus den drei Axiomen abzuleiten, ist nur dann anwendbar, wenn die Prospekte eine endliche Anzahl von möglichen Gewinnen aufweisen. Wenn wir Prospekte mit unendlich vielen Gewinnen bzw. Prospekte, die nur durch stetige Wahrscheinlichkeitsverteilungen beschrieben werden können, in unsere Betrachtungen einbeziehen wollen, so ist es nicht möglich, durch wiederholte, aber endlich häufige Anwendung des Axioms 3 ein äquivalentes Binärprospekt zu erhalten.

Das Theorem kann auch für einen solchen Fall bewiesen werden, was jedoch kompliziertere mathematische Methoden erfordert.

Da die angewandte Mathematik über jeden Zweifel erhaben ist, muß die „Gültigkeit" des Theorems von der Gültigkeit der Axiome abhängen, d. h. davon, ob ein rational denkender und handelnder Mensch bei seinen Entscheidungen wirklich diese Axiome beachtet. Diese Frage wurde in der Literatur ausführlich diskutiert, so daß wir nur einige Bemerkungen machen wollen, die zur Klärung des Problems beitragen sollen.

Das Axiom 1 oder ein gleichwertiges Axiom wird in der ökonomischen Literatur fast durchweg angenommen. Dieses Axiom erscheint in fast trivialer Weise gültig zu sein, solange wir Prospekte betrachten, bei denen alle Gewinne Geldbeträge sind. Es ist jedoch lange nicht so trivial im Falle von Prospekten, bei denen die Gewinne nicht in Geld ausgezahlt werden. Es ist beispielsweise nicht unmittelbar einzusehen, daß jemand irgendeine bestimmte Menge von Kartoffeln als angemessene Kompensation dafür betrachtet, daß er seine Chancen, zum Senator des Bundesstaates Kalifornien gewählt zu werden, aufgeben muß.

Axiom 2 ist in der Hauptsache eine Kontinuitätsannahme, wie sie in der ökonomischen Theorie oft getroffen wird. So wie wir das Axiom formuliert haben, scheint es lediglich dem gesunden Hausverstand zu entsprechen und setzt nicht mehr voraus, als wir in einer realistischen ökonomischen Theorie annehmen können.

Axiom 3 setzt eine gewisse Spitzfindigkeit desjenigen voraus, der die Entscheidung zu treffen hat. Wenigstens sollten ihm die Grundzüge der Wahrscheinlichkeitstheorie bekannt sein. Das Axiom impliziert, daß wenn jemand zwei Prospekte als äquivalent betrachtet, er bereit ist, durch Losentscheid zu bestimmen, welches Prospekt er bekommt.

3.12

Das Resultat, daß eine Präferenzordnung über eine Menge von Prospekten in der Form

$$U\{f\} = \Sigma u(x) f(x)$$

dargestellt werden kann, wird oft als die *Nutzenerwartungshypothese* bezeichnet. In gewisser Hinsicht ist das irreführend. *von Neumann* und *Morgenstern* haben nämlich dieses Resultat als Theorem durch Ableitung aus weit grundlegenderen Axiomen oder „Hypothesen“ bewiesen. Die Formel wurde erstmals von *Daniel Bernoulli* [1] 1733 als Hypothese vorgeschlagen, die erklären sollte, wie rational handelnde Personen Entscheidungen unter Unsicherheit treffen. *Bernoulli* rechtfertigte seine Hypothese auf überaus geistreiche Art und Weise, was aber anscheinend nicht genügte, um die Ökonomen seines Jahrhunderts zu überzeugen. *John von Neumann* und *Oskar Morgenstern* lieferten dann eine ausreichende Erklärung für jenes Prinzip, das wir in der Folge als Bernoulli-Prinzip oder Bernoulli-Regel bezeichnen werden. In Wirklichkeit wurde das Theorem 15 Jahre früher von *Ramsey* [10] bewiesen, doch scheint zu dieser Zeit kein Ökonom die Bedeutung dieses Ergebnisses erkannt zu haben.
von Neumann und *Morgenstern* veröffentlichten ihren Beweis im Anhang der zweiten Auflage ihres grundlegenden Werkes [9], was den etwas unglücklichen Effekt hatte, daß das Theorem mit der Spieltheorie in Verbindung gebracht wurde. Dabei ist das Bernoulli-Prinzip aber viel grundlegender als andere Elemente der Spieltheorie, da es viel einfachere Situationen behandelt als jene, für welche die Spieltheorie hauptsächlich konstruiert wurde.
von Neumann und *Morgenstern* brachten den Beweis mit einer Entschuldigung dafür vor, daß er „lang und für den mathematisch ungeübten Leser ermüdend“ sei, während „er vom mathematischen Standpunkt als nicht sehr tiefgehend betrachtet werden könne, da die dem Beweis zugrunde liegenden Ideen im wesentlichen sehr einfach sind“ ([9], S. 617—618).

3.13

Das Theorem impliziert, daß der Nutzen in gewisser Hinsicht „meßbar“ sei, was viele Ökonomen nicht so einfach akzeptieren wollten — wahrscheinlich nicht so sehr deshalb, weil der Beweis

des Theorems so schwierig ist, sondern weil die vorangegangene Generation von Ökonomen einen grimmigen und verwirrenden Streit um die Meßbarkeit des Nutzens geführt hatte.
Die klassische ökonomische Theorie — besonders die österreichische Schule — betrachtete den Nutzen als eine meßbare Eigenschaft, die man jedem Gut oder jedem „Warenkorb" zuschreiben könne. Diese Theorie, die auf dem Begriff des *„abnehmenden Grenznutzens"* aufgebaut wurde, konnte zu Feststellungen wie

> „Drei Flaschen Wein enthalten nur zweimal soviel Nutzen wie eine Flasche" oder
> „Der Nutzen von 2000.— Dollar ist nur um 50% höher als jener von 1000.— Dollar"

führen.
Der Streit endete so, daß sich die Ansicht, daß der Nutzen nicht meßbar sei, allgemein durchsetzte. Man kam zu dem Ergebnis, daß die Annahme der Meßbarkeit des Nutzens gar nicht notwendig sei, da die gesamte ökonomische Theorie auf die Theorie der Präferenzordnungen über Mengen von Gütervektoren, oder „Warenkörben", um den früher eingeführten Begriff zu gebrauchen, aufgebaut werden könne.
Die Sieger der Auseinandersetzung wurden durch die Wiederbelebung des Konzepts der Nutzenmeßbarkeit durch *von Neumann* und *Morgenstern* überrascht und schockiert. Einen guten Einblick in die Schwierigkeiten, die diese Wiederbelebung einigen prominenten Ökonomen verursachte, erhält man aus einer Anzahl von Diskussionsbeiträgen ([6], [7], [11] und [12]), welche in *Econometrica*, 1952, erschienen.

3.14

Auf die Gefahr hin, einen toten Hund zu prügeln, wollen wir ganz kurz aufzeigen, wie die klassische Theorie mit der Theorie von *John von Neumann* und *Oskar Morgenstern* in Einklang gebracht werden kann. Wir nehmen an, daß eine Präferenzordnung über Gütervektoren der Art $\{x_1, x_2, \ldots, x_n\}$ durch eine Nutzenfunktion $u(x_1, \ldots, x_n)$ repräsentiert werden könne. *Pareto* wies darauf hin, daß diese Präferenzordnung auch durch eine Nutzenfunktion $F[u(x_1, \ldots, x_n)]$ repräsentiert werden könne, wobei $F(u)$ eine beliebige wachsende Funktion von u darstellt.

Das bedeutet aber, daß wir in unserer Analyse beträchtliche Freiheiten in der Auswahl der Nutzenfunktionen haben, welche unsere Präferenzordnungen repräsentieren sollen. Wir werden daher natürlich Funktionen auswählen, die leicht manipulierbar sind. Besonders verlockend erscheint es, zu versuchen, eine Transformation $F(u)$ unserer ursprünglichen Nutzenfunktion u zu finden, welche es ermöglicht, Präferenzen durch eine Funktion der einfachsten Form zu repräsentieren, d. h. durch eine lineare Funktion der Art

$$F(u) = a_1 x_1 + a_2 x_2 + \ldots + a_n x_n.$$

Es ist aber leicht einzusehen, daß diese Klasse von Funktionen nicht ausreicht, um alle jene Präferenzordnungen zu repräsentieren, die wir als „rational" gelten lassen. Nehmen wir beispielsweise an, eine Person sei indifferent hinsichtlich der beiden Gütervektoren

$$\{x_1, 0, 0, \ldots, 0\} \quad \text{und} \quad \{0, x_2, 0, \ldots, 0\},$$

d. h. hinsichtlich x_1 Einheiten der Ware 1 und x_2 Einheiten der Ware 2. Wenn diese Präferenzen durch eine lineare Funktion dargestellt werden könnten, dann müßte gelten:

$$a_1 x_1 = a_2 x_2 = {}^1/_2 a_1 x_1 + {}^1/_2 a_2 x_2,$$

so daß die betreffende Person auch hinsichtlich der drei Vektoren

$$\{x_1, 0, \ldots, 0\}, \ \{0, x_2, 0, \ldots, 0\} \quad \text{und}$$
$$\{{}^1/_2 x_1, {}^1/_2 x_2, 0, \ldots, 0\}$$

indifferent sein müßte.

Die Annahme von Linearität als Voraussetzung für Rationalität ist zu eng: Es wird wenig Leute geben, welche die Rationalität einer Person anzweifeln, die angibt, daß es ihr gleichgültig ist, ob sie zwei Flaschen Rotwein oder zwei Flaschen Weißwein besitzt, der es aber lieber wäre, von jeder Sorte eine Flasche zu besitzen.

Betrachten wir nun eine Präferenzordnung über eine Menge von Prospekten, die durch endliche, diskrete Wahrscheinlichkeitsverteilungen beschrieben werden können, d. h. über eine Menge von Vektoren

$$f(x) = f(0), f(1), f(2), \ldots, f(M),$$

wobei die Summe der Elemente gleich eins ist. Es ist natürlich möglich, eine solche Präferenzordnung durch eine Nutzenfunktion

$$u\big(f(0), f(1), \ldots, f(M)\big) = U\{f\}$$

auszudrücken, ebenso wie durch irgendeine mit u wachsende Funktion $F(u)$. Wir haben jedoch in 3.4 bis 3.10 bewiesen, daß es unter derartigen Nutzenfunktionen immer eine bis auf eine lineare Transformation bestimmte Funktion gibt, welche den „Geldnutzen" repräsentiert.

Um das zu veranschaulichen, nehmen wir an, jemand stehe den beiden Prospekten

$$f_2\colon \{1/2, 0, 1/2, 0, \ldots\}$$

und

$$f_3\colon \{1/4, 3/4, 0, 0, \ldots\}$$

indifferent gegenüber.

Man kann dann annehmen, daß diese Person auch allen „kombinierten" Prospekten oder Lotterien, welche ihr f_2 mit der Wahrscheinlichkeit α und f_3 mit der Wahrscheinlichkeit $1-\alpha$ bringen, indifferent gegenübersteht, d. h. allen Prospekten:

$$\alpha f_2 + (1-\alpha) f_3 \colon \left\{\frac{1}{4}(1+\alpha), \frac{3}{4}(1-\alpha), \frac{1}{2}\alpha, 0, \ldots\right\}$$

Die Linearitätsforderung, die für Gütervektoren als außergewöhnlich restriktiv erschien, ist daher für Wahrscheinlichkeitsvektoren als völlig natürlich anzusehen.

Was wir ausführen wollten, kann man wie folgt zusammenfassen: Hat jemand nichtlineare Präferenzen über eine Menge von Gütervektoren, so schreiben wir das seinem persönlichen Geschmack und nicht seiner Irrationalität zu. Gibt jemand Präferenzen über eine Menge von Prospekten an, so bleibt wohl ein weiter Raum für den persönlichen Geschmack, es gibt jedoch gewisse aus der Wahrscheinlichkeitstheorie abgeleitete Linearitätsbedingungen, die der Betreffende beachten muß, um als rational bezeichnet werden zu können.

3.15

Das Bernoulli-Prinzip hat fundamentale Bedeutung in der ökonomischen Theorie, und viele Autoren haben den von *von Neumann* und *Morgenstern* gegebenen Beweis verbessert. Einer der ersten war *Marschak* [8], der einen elementaren und intuitiv sehr einleuchtenden Beweis gab. Seine Ideen wurden von *Herstein* und *Milnor* [4] weiter verfolgt, welche auf Kosten des unmittelbar intuitiven Verständnisses in der Lage waren, einen allgemeineren, kürzeren und mathematisch eleganteren Beweis zu liefern. Erweitert und populär dargestellt wurden diese Ideen von *Luce* und *Raiffa* ([5], Kapitel 2). *Debreu* [3] gab einen sehr kurzen und eleganten Beweis mit Hilfe topologischer Methoden. Die vollständigste Behandlung erfuhr das Theorem durch *Chipman* [2] in einem Aufsatz, in dem reichlicher Gebrauch von topologischen Methoden gemacht wird.

Bibliographie

[1] *Bernoulli, D.:* „Exposition of a New Theory of the Measurement of Risk", *Econometrica*, 1954, S. 23—26. (Übersetzung eines ursprünglich in lateinischer Sprache geschriebenen Aufsatzes, St. Petersburg, 1738.)

[2] *Chipman, J. S.:* „The Foundations of Utility", *Econometrica*, 1960, S. 193—224.

[3] *Debreu, G.:* „Cardinal Utility for Even-chance Mixtures of Pairs of Sure Prospects", *Review of Economic Studies*, 1959, S. 174.

[4] *Herstein, I. N.*, und *J. Milnor:* „An Axiomatic Approach to Measurable Utility", *Econometrica*, 1953, S. 291—297.

[5] *Luce, R. D.*, und *H. Raiffa:* Games and Decisions, Wiley, 1957.

[6] *Malinvaud, E.:* „Note on von Neumann-Morgensterns Strong Independence Axiom", *Econometrica,* 1952, S. 679.

[7] *Manne, A. S.:* „The Strong Independence Assumption", *Econometrica,* 1952, S. 665—668.

[8] *Marschak, J.:* „Rational Behaviour, Uncertain Prospects and Measurable Utility", *Econometrica,* 1950, S. 111—141.

[9] *Neumann, J. von,* und *O. Morgenstern:* Theory of Games and Economic Behavior, 2. Aufl., Princeton University Press, 1947.

[10] *Ramsey, F. P.:* „Truth and Probability", in *The Foundations of Mathematics and Other Logical Essays,* Kegan Paul, 1931.

[11] *Samuelson, P. A.:* „Probability, Utility and the Independence Axiom", *Econometrica,* 1952, S. 670—678.

[12] *Wold, H.:* „Ordinal Preference or Cardinal Utility", *Econometrica,* 1952, S. 661—663.

4 Einige Beispiele zur Anwendung des Bernoulli-Prinzips

4.1

Das in Kapitel 3 eingeführte und erläuterte Bernoulli-Prinzip ermöglicht es uns, in sehr brauchbarer Weise ökonomisches Verhalten unter Unsicherheit zu beschreiben. Dies wollen wir im vorliegenden Kapitel zeigen, indem wir einige einfache Anwendungen diskutieren. Es wird sich in der Folge erweisen, daß das Bernoulli-Prinzip in der Tat den Schlüssel darstellt, der uns das Tor zu einer allgemeinen ökonomischen Theorie bei Unsicherheit öffnet.

Die Nutzenfunktion $u(x)$, welche eine Präferenzordnung über eine Menge von Prospekten repräsentiert, kann am besten als „Operator" aufgefaßt werden, der es uns bei unseren Entscheidungen gestattet, die beste der verfügbaren Wahrscheinlichkeitsverteilungen auszuwählen. Jede Entscheidungsregel, die insofern konsistent ist, daß sie unseren drei Axiomen genügt, kann in solcher Weise dargestellt werden. Die Axiome sagen nichts über die besondere Form der Funktion $u(x)$ aus, außer daß Axiom 2 fordert, daß $u(x)$ mit steigendem x wachsen muß, d. h. daß $u'(x) > 0$.

Das bedeutet, daß jede spezielle Form dieser Funktion ein besonderes oder persönliches Risikoverhalten zum Ausdruck bringt. Wir werden daher einige einfache Funktionen auswählen und untersuchen, welches Risikoverhalten sie repräsentieren.

4.2

Der einfachste Fall ist natürlich $u(x) = x$. Das bedeutet, daß das Prospekt $f(x)$ dem Prospekt $g(x)$ dann und nur dann vorgezogen wird, wenn gilt

$$\Sigma x f(x) > \Sigma x g(x).$$

Wir betrachten in diesem Fall nur den Erwartungswert oder das *erste Moment* der die betreffenden Prospekte charakterisierenden Wahrscheinlichkeitsverteilungen. Es wird jenes Prospekt ausgewählt, welches den größten erwarteten Gewinn erbringt, ohne dem „Risiko" eventueller Abweichungen vom Erwartungswert irgendwelche Aufmerksamkeit zu zollen.

Praktisch bedeutet das, daß wir ein Prospekt, das uns die Chance bietet, 25 Dollar mit der Wahrscheinlichkeit $^1/_2$ zu gewinnen, einem Prospekt, bei dem wir 10 Dollar sicher gewinnen, vorziehen. Es mag wirklich Leute geben, die derartige Präferenzen haben, doch sowohl aus der Erfahrung als auch durch Überlegung müssen wir schließen, daß es genügend Leute gibt, welche lieber die 10 Dollar einstecken, anstatt sich auf ein Spiel einzulassen. Das Risikoverhalten dieser Leute kann natürlich nicht durch eine Nutzenfunktion $u(x) = x$ dargestellt werden.

Aus unserer Diskussion des St. Petersburger Paradoxons im Abschnitt 2.9 ergab sich, daß es keine Person gibt, deren Präferenzen durch eine Nutzenfunktion dargestellt werden kann, welche im ganzen Intervall $(0, \infty)$ linear ist.

Durch ähnliche Überlegungen kommen wir zum Schluß, daß $u(x)$ *begrenzt* sein muß, eine Beobachtung, die von *Menger* [6] erstmals gemacht wurde. Zur Illustration betrachten wir einen beliebig kleinen Wahrscheinlichkeitswert $\varepsilon > 0$. Wenn $u(x)$ unbegrenzt ist, können wir für jedes x ein $N > x$ finden, so daß die Ungleichung

$$u(x) < (1 - \varepsilon) \cdot u(0) + \varepsilon \cdot u(N)$$

erfüllt ist. Das heißt, daß wir für jedes Spiel einen Preis finden können, der, wie schlecht auch immer die Chancen sein mögen, ihn zu gewinnen, dieses Spiel auf jeden Fall so attraktiv macht, daß es jeder beliebigen Summe Geldes vorgezogen wird.

4.3

Um zu allgemeineren Resultaten zu gelangen, wollen wir vorerst annehmen, daß $u(x)$ eine in dem von uns betrachteten Intervall *konkave* Funktion sei. Das ist eine natürliche Annahme, da begrenzte stetige Funktionen notwendigerweise zumindest in gewissen Bereichen konkav sind.

Eine Funktion ist konkav, wenn folgende Beziehung gilt:

$$u[(1-p)y+px] \geq (1-p)u(y)+pu(x),$$

und zwar für alle x und y in dem betreffenden Intervall, wobei $0 \leq p \leq 1$. Für $y=0$ reduziert sich die Bedingung auf

$$u(px) \geq (1-p)u(0)+pu(x).$$

Abbildung 3 zeigt das Schaubild dieser Funktion.

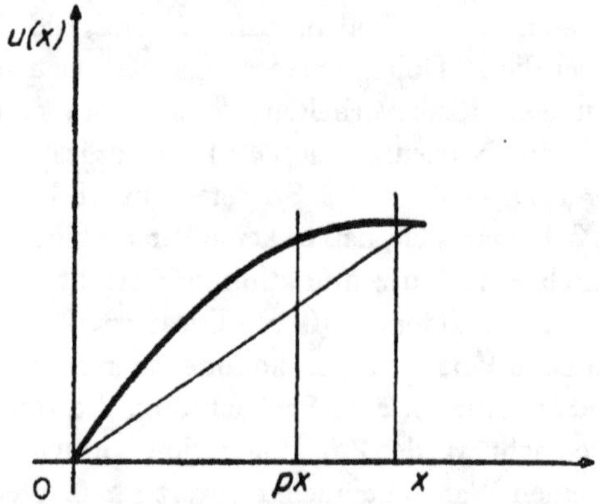

Abbildung 3

Aus dieser Bedingung ergibt sich unmittelbar, daß wenn jemand, dessen Risikoverhalten durch die Funktion $u(x)$ repräsentiert wird, einen Betrag von px besitzt, nicht bereit ist, diesen Betrag in ein Spiel einzusetzen, das ihm

entweder x mit der Wahrscheinlichkeit p
oder 0 mit der Wahrscheinlichkeit $1-p$ gibt.

Wir haben es hier mit einem sogenannten „fairen" Spiel zu tun, da der Einsatz dem erwarteten Gewinn entspricht. Können also die Präferenzen einer Person durch eine konkave Nutzenfunktion repräsentiert werden — zumindest innerhalb eines bestimmten Intervalls —, so wird diese Person innerhalb dieses Intervalls kein „faires" Spiel annehmen.

Es kann aber sein, daß die betreffende Person daran interessiert ist, sich zu versichern, sogar wenn die Versicherung kein ganz faires Spiel darstellt. Um das zu zeigen, nehmen wir an, daß der Betreffende ein Papier im Werte x besitzt und daß die Wahrscheinlichkeit des Verlustes $1-p$ ist. Er ist also im Besitze eines Prospekts, das ihm

x mit der Wahrscheinlichkeit p,
0 mit der Wahrscheinlichkeit $1-p$

bringt.

Kann sich die betreffende Person versichern, indem sie eine faire Prämie $(1-p)x$ bezahlt, so besteht die Möglichkeit, das ursprüngliche Prospekt gegen ein neues Prospekt einzutauschen, das

$$x-(1-p)x=px$$

mit der Wahrscheinlichkeit 1 erbringt. Aus der Definition einer konkaven Funktion ergibt sich unmittelbar, daß dieses neue, degenerierte Prospekt dem ursprünglichen, risikobehafteten vorgezogen wird.

4.4

Nehmen wir nun an, daß die Präferenzneigung einer Person durch eine *konvexe* Funktion repräsentiert werden könne, d. h. durch eine Funktion, für die gilt

$$u(px)<(1-p)u(0)+pu(x)$$

und deren Schaubild in Abbildung 4 gezeigt wird. In einem solchen Fall wird die betreffende Person sogar dann ein Spiel eingehen, wenn die Konditionen nicht ganz fair sind.

Hat diese Person einen Geldbetrag von px zur Verfügung, d. h. ein Prospekt, das ihr den Nutzen $u(px)$ bringt, so wird sie gewillt sein, diesen Betrag in ein Spiel zu „investieren", das ihr den Betrag x mit der Wahrscheinlichkeit p oder den völligen Verlust mit der Wahrscheinlichkeit $1-p$ bringt.

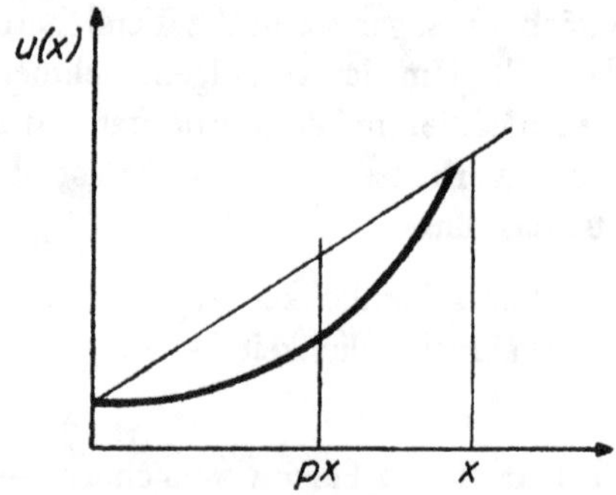

Abbildung 4

Gewöhnlich spricht man bei Vorliegen einer konkaven Nutzenfunktion von *Risikoabneigung*. Die betreffende Person wird bei fairen Bedingungen von sich aus kein Spiel eingehen, kann jedoch bei genügend günstigen Bedingungen bereit sein, zu spielen. Eine solche Person ist an einer Versicherung als Mittel der „Risikoverminderung" interessiert. Wir müssen diesen Ausdruck vorläufig intuitiv hinnehmen, da wir bis jetzt kein Risikomaß definiert haben und es daher keine Bedeutung haben kann, von „Risikoverminderung" zu sprechen.

In gleicher Weise bezeichnet man jemanden, der eine konvexe Nutzenfunktion besitzt, als Person mit *Risikopräferenz* oder als Spieler. Eine solche Person wird eine faire Wette immer annehmen und immer bereit sein, sein ganzes Vermögen in eine solche Wette zu stecken. Es wäre aber zu einfach, alle Leute in Spieler auf der einen Seite und Puritaner auf der anderen Seite einzuteilen oder mit einer anderen Bezeichnung in „Spekulanten" und „Investoren". Es spricht vieles dafür, daß die meisten Leute Präferenzordnungen haben, die nur durch Nutzenfunktionen repräsentiert werden können, die in einem bestimmten Intervall konvex und in einem anderen konkav sind.

4.5

Auf diese Tatsache haben erstmals *Friedman* und *Savage* [5] in einem inzwischen berühmt gewordenen Beitrag hingewiesen. Dieser Beitrag baut auf der einfachen Beobachtung auf, daß

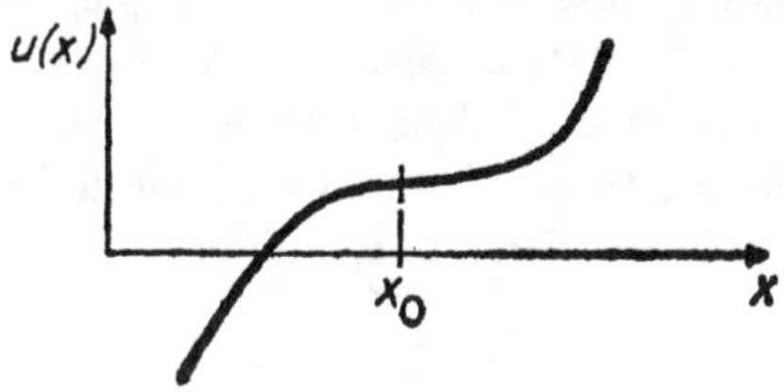

Abbildung 5

viele Leute, die Versicherungen eingehen, um sich gegen Verluste zu schützen, gleichzeitig Lotterielose kaufen. In den meisten Fällen müssen diese Leute wissen, daß keines dieser Spiele in dem genannten Sinne „fair" ist. Wenn wir diese Beobachtungen mit dem Bernoulli-Prinzip in Einklang bringen wollen, so müssen wir annehmen, daß die Nutzenfunktionen der Betreffenden einen Wendepunkt in der Nähe ihres tatsächlichen Vermögens aufweisen, also dem Schaubild in Abbildung 5 entsprechen.

Wenn wir eine solche Funktion annehmen, so bedeutet dies, daß einer Verbesserung des derzeitigen Vermögensstandes ein sehr hoher Nutzenzuwachs zugeschrieben wird, während durch eine beträchtliche Vermögensverminderung ein hoher Nutzenverlust eintreten würde. Wenn wir jedoch nach den Folgen einer Verschiebung der Vermögenslage von x_0 nach x_1 fragen, so ergeben sich gewisse Schwierigkeiten. Bleibt der Wendepunkt der Funktion dann bei x_0 oder verschiebt er sich ebenfalls nach x_1? Vollzieht sich eine Veränderung des Wendepunkts unmittelbar und sofort oder setzt ein langsamer Anpassungsprozeß ein? Es stellt sich beispielsweise die Frage, ob ein Angehöriger der mittleren Vermögensklasse seine Feuerversicherung kündigen würde, wenn er das Glück hätte, einige Hunderttausend Dollar zu erben?

Wir wollen diese Frage vorläufig nicht diskutieren, weil sie irgendwie die legitimen Grenzen unseres Modells überschreitet, eines Modells, welches die in der Realität auftretenden Probleme kolossal vereinfacht. Wir haben beispielsweise keinen Versuch gemacht, den *Zeitfaktor*, der in einem realistischen Modell offensichtlich eine bedeutende Rolle spielen müßte, einzuführen. Es scheint fast unfair, unser einfaches Modell so zu verändern, daß es den Beobachtungen von *Friedman* und *Savage* Rechnung trägt. Unser Modell wurde in der Tat nicht für Experten konstruiert; dazu müßte es viel komplizierter sein.

4.6

Im Abschnitt 4.2 haben wir den einfachsten Fall einer Nutzenfunktion, nämlich $u(x)=x$, diskutiert. Vom mathematischen Standpunkt aus wäre als nächstes die Funktion $u(x)=x+ax^2$ zu untersuchen. Nun ist diese Funktion aber keine sehr gute Nutzenfunktion, da sie nicht im ganzen Intervall $(-\infty, +\infty)$ ansteigt.
Können die positiven Gewinne in den von uns betrachteten Prospekten nur endlich groß werden, d. h. haben wir es mit Wahrscheinlichkeitsverteilungen $f(x)$ zu tun, die im Intervall $(-\infty, M)$ definiert sind, so kann eine vernünftige Präferenzordnung durch eine Nutzenfunktion

$$u(x)=x-ax^2$$

repräsentiert werden, wobei $0\leq a\leq 1/(2M)$. Da $u(x)$ sein Maximum beim Wert $x=1/(2a)$ besitzt, steigt diese Funktion im ganzen Intervall.
Besonders für eine Versicherungsgesellschaft scheint eine solche Annahme sehr gut brauchbar zu sein; so wurde beispielsweise von *Borch* [3] ein derartiges Modell verwendet. Die Gewinne können nicht größer als die erhaltenen Prämien sein, während es für die Verluste, die die Gesellschaft erleiden kann, gewöhnlich keine untere Grenze gibt.

Nehmen wir nun an, die Präferenzen könnten durch eine Nutzenfunktion $u(x) = x - ax^2$ repräsentiert werden. Der Nutzen des Prospekts $f(x)$ ist dann

$$U\{f\} = \sum_{-\infty}^{M} (x - ax^2) f(x).$$

Wir haben M als obere Summationsgrenze eingeführt, um daran zu erinnern, daß die Funktion für Prospekte, bei denen unendlich große Gewinne möglich sind, sinnlos wird. Wir hätten für M auch ∞ schreiben können, wenn wir die Bedingung hinzugefügt hätten, daß $f(x) = 0$ für $x > M$.
Aus dem obigen Ausdruck erhalten wir

$$U\{f\} = \Sigma x f(x) - a\, \Sigma x^2 f(x)$$

oder

$$U\{f\} = \Sigma x f(x) - a[\Sigma x f(x)]^2 - a[x - \Sigma x f(x)]^2 f x.$$

Dafür können wir aber schreiben

$$U\{f\} = E - aE^2 - aV,$$

wobei E den Mittelwert (arithmetisches Mittel) und V die Varianz von $f(x)$ darstellen.

4.7

Der Ausdruck $(E - aE^2 - aV)$ kann auch rein intuitiv gedeutet werden. Um das zu zeigen, betrachten wir einen Geschäftsmann, der weder von *Bernoulli* noch von *von Neumann* und *Morgenstern* je etwas gehört hat. Nehmen wir an, dieser Geschäftsmann glaubt, daß es prinzipiell wünschenswert sei, einen hohen *erwarteten* Gewinn zu haben, daß jedoch auch das eingegangene Risiko irgendwie berücksichtigt werden müsse. Er würde also beispielsweise einen sicheren Gewinn von 1000 Dollar einer Chance, \$ 2000.— mit einer Wahrscheinlichkeit von $^1/_2$ zu gewinnen, vorziehen.
Hat dieser Geschäftsmann ein wenig Ahnung von der Statistik, so ist es denkbar, daß er die Varianz als geeignetes Risikomaß

ansieht und daher den Nutzen eines Prospekts $f(x)$ wie folgt bestimmt:

$$W\{f\}=E-aV,$$

wobei die Konstante a ein Maß der „Risikoabneigung“ darstellt. Unser Geschäftsmann kann nun mit Hilfe eines Computers aus der Menge der verfügbaren Prospekte entsprechend seiner Risikoneigung das beste auswählen, nämlich jenes, welches ihm den größten Nutzen bringt.

Damit haben wir eine wohldefinierte Entscheidungsregel, die sich jedoch von jener, welche wir im Abschnitt 4.6 aus dem Bernoulli-Prinzip abgeleitet haben, unterscheidet, was uns verdächtig erscheinen sollte. Aus

$$W\{f\}=E-aV=\Sigma\{x-a(x-\Sigma xf(x))^2\}f(x)$$

ergibt sich, daß die Entscheidungsregel unseres Geschäftsmannes nicht in Bernoulli-Form dargestellt werden kann, d. h. daß es keine von $f(x)$ unabhängige Funktion $u(x)$ gibt, so daß

$$W\{f\}=\Sigma u(x)f(x)$$

gilt. Die Entscheidungsregel muß also, obwohl sie intuitiv einleuchtend ist, irgendwelche Widersprüche enthalten, indem sie unsere drei Axiome verletzt.

4.8

Um zu zeigen, daß der Geschäftsmann von seinem vernünftig erscheinenden Argument irregeleitet wurde, wollen wir ein Prospekt betrachten, das uns entweder den Gewinn 1 mit einer Wahrscheinlichkeit p oder einen Verlust x mit der Wahrscheinlichkeit $1-p$ erbringt. Erwartungswert und Varianz dieses Prospekts ergeben sich wie folgt:

$$E=p-(1-p)x=p(1+x)-x,$$
$$V=p+(1-p)x^2-[p-(1-p)x]^2=p(1-p)(1+x)^2.$$

Der Nutzen dieses Prospekts wäre dann

$$W\{f\} = E - aV = p(1+x) - x - ap(1-p)(1+x)^2.$$

Unser Axiom 2, aber auch der Hausverstand sagen uns, daß der Nutzen des Prospekts mit von 0 bis 1 wachsendem p steigen muß. Wir müßten also haben

$$\frac{dW}{dp} = 1 + x - a(1+x)^2 + 2pa(1+x)^2 > 0$$

oder

$$p > \frac{1}{2} - \frac{1}{2a(1+x)}.$$

Diese Bedingung ist aber für $p < 1/2$ und ein genügend großes x ganz offensichtlich nicht erfüllt.
Um unser Argument zu Ende zu führen, wollen wir die folgenden zwei Prospekte betrachten:

Prospekt 1:
1 mit Wahrscheinlichkeit 0,1
—99 mit Wahrscheinlichkeit 0,9

Prospekt 2:
1 mit Wahrscheinlichkeit 0,2
—99 mit Wahrscheinlichkeit 0,8

Nehmen wir an, der Koeffizient a sei 0,05. In diesem Fall würde unser Geschäftsmann dem Prospekt 1 einen Nutzen von —179 und dem Prospekt 2 einen Nutzen von —239 zuordnen, d. h. er würde das Prospekt 1 dem Prospekt 2 vorziehen. Ein unvoreingenommener Beobachter, der niemals etwas über Erwartungswert und Varianz gehört hat, könnte daraus schließen, daß unser Geschäftsmann vornehmlich darauf aus sei, möglichst viel Geld in kürzester Zeit zu verlieren.

4.9

Etwas Derartiges kann nicht vorkommen, wenn wir Entscheidungsregeln verwenden, die aus dem Bernoulli-Prinzip abgeleitet wurden. Wenn wir die in Abschnitt 4.6 dargestellte Entscheidungsregel auf das vorhin erwähnte Prospekt anwenden, so finden wir

$$U\{f\} = E - aE^2 - aV =$$
$$= p\{1 + x + ax^2 - a\} - x - ax^2.$$

Dieser Ausdruck wächst eindeutig mit steigendem p, vorausgesetzt, daß a genügend klein ist. Im Abschnitt 4.6 fanden wir jedoch, daß diese Entscheidungsregel nur dann sinnvoll ist, wenn $a \leq 1/(2M)$, wobei M den größtmöglichen Gewinn aller betrachteten Prospekte darstellt. Wenn wir diese Regel auf Prospekte anwenden, die Gewinne erbringen, welche größer als $1/(2a)$ sind, so kommen wir infolge des abnehmenden Nutzens, der solchen Gewinnen beigemessen wird, zu Widersprüchen. Zur Illustration betrachten wir eine Menge von Binärprospekten (p, x), d. h. Prospekte, welche uns entweder x mit der Wahrscheinlichkeit p oder Null mit der Wahrscheinlichkeit $1 - p$ erbringen. Für solche Prospekte gilt:

$$E = px,$$
$$V = p(1-p)x^2.$$

Der Nutzen eines solchen Prospekts beträgt nach unserer Regel:

$$U(p, x) = E - aE^2 - aV = px(1 - ax).$$

Es ist leicht zu zeigen, daß diese Funktion abnimmt mit

1. steigendem p für $x > 1/a$,
2. steigendem x für $x > 1/(2a)$.

Das wiederum widerspricht jeder Überlegung, der zufolge $U(p, x)$ eine steigende Funktion von x und p sein muß. Es müßte auf jeden Fall besser sein, einen Betrag von $x > 1/a$ mit Sicherheit zu erhalten, als gar nichts zu bekommen.

4.10

Entscheidungsregeln können natürlich auf verschiedene Weisen definiert werden. Äußerlich ist daher nichts dagegen einzuwenden, eine Regel, d. h. eine Präferenzordnung zu erstellen, welche nur vom Mittelwert und von der Varianz der Prospekte abhängt. Eine solche Präferenzordnung könnte dann durch eine Nutzenfunktion $U(E, V)$ repräsentiert werden. Dies führt aber in jedem Falle zu Widersprüchen. Eine Darstellung in Bernoulli-Form ist nur möglich, wenn U eine lineare Funktion von

$$E = \Sigma x f(x)$$

und

$$V + E^2 = \Sigma x^2 f(x)$$

ist. Dies impliziert jedoch, daß der Nutzen des Geldes eine quadratische Funktion $u(x) = x + ax^2$ ist, welche in einem gewissen Intervall abnehmend sein muß. Damit kommen wir aber, wie wir gesehen haben, zu Widersprüchen.
Ist andererseits U eine Funktion von E und V, jedoch nicht linear in E und $V + E^2$, so ist eine Darstellung in Bernoulli-Form nicht möglich, was die in Abschnitt 4.8 beschriebenen Widersprüche hervorruft.
Wir haben uns deshalb so lange über diesen Punkt unterhalten, weil Entscheidungsregeln, die auf den ersten beiden Momenten von Wahrscheinlichkeitsverteilungen basieren, eine lange Tradition in der ökonomischen Literatur haben. Wahrscheinlich werden derartige Regeln auch in der Wirtschaftspraxis verwendet, wenn Entscheidungen unter Unsicherheit zu treffen sind. Es mag daher ganz nützlich erscheinen zu betonen, daß derartige Regeln keine allgemeine Gültigkeit haben können. Sie können zwar recht brauchbar sein, wenn sie auf bestimmte Klassen von Prospekten angewandt werden, sie führen aber unweigerlich zu Widersprüchen, wenn *alle* verfügbaren Prospekte herangezogen werden sollen.

4.11

Wir werden nun weitere Beispiele betrachten, welche verschiedene Aspekte unseres Problems beleuchten. Zuerst wollen wir folgende Regel behandeln:

> Wähle jenes Prospekt, welches den höchsten erwarteten Gewinn erbringt, unter der Nebenbedingung, daß die Wahrscheinlichkeit, einen Gewinn von weniger als A (A kann auch negativ sein) zu erzielen, kleiner als ein gegebenes α ist.

Diese Regel wird durch Abbildung 6 illustriert. Mathematisch

Abbildung 6

ausgedrückt besagt sie, daß jenes Prospekt $f_n(x)$ ausgewählt werden soll, für welches gilt:

$$\max_n \left\{ \int_{-\infty}^{+\infty} x f_n(x)\,\mathrm{d}x \right\},$$

unter der Nebenbedingung, daß

$$\int_{-\infty}^{A} f_n(x)\,\mathrm{d}x < \alpha.$$

Dieses Problem kann auch als Programmierungsaufgabe aufgefaßt werden, da die typischen Merkmale einer solchen – Maximierung einer Zielfunktion (hier des Erwartungswertes) unter Nebenbedingungen – vorliegen. Diese Regel scheint ganz vernünftig, sie impliziert jedoch, daß ein Prospekt, bei dem die Fläche unter der Wahrscheinlichkeitskurve, die links von A liegt, größer als α ist, einem Prospekt, bei dem diese Fläche kleiner als α ist, immer vorgezogen wird, ohne Berücksichtigung der Form des rechten Schwanzes der Kurve. So würde beispielsweise das Binärprospekt

$A+1$ Cents mit Wahrscheinlichkeit $1+\varepsilon-\alpha$

oder

$A-1$ Cents mit Wahrscheinlichkeit $\alpha-\varepsilon$

folgendem Prospekt vorgezogen werden:

$$A+1000 \text{ Dollar mit Wahrscheinlichkeit } 1-\varepsilon-\alpha$$

oder

$$A-1 \text{ Cents mit Wahrscheinlichkeit } \alpha+\varepsilon$$

für jedes beliebig kleine $\varepsilon > 0$.
Es ist leicht zu sehen, daß es keine Funktion $u(x)$ gibt, welche es erlaubt, diese Entscheidungsregel in Bernoulli-Form darzustellen, außer es gilt $\alpha=0$. Die Bedingung $\alpha=0$ würde aber bedeuten, daß jedes Prospekt, bei dem die kleinste Wahrscheinlichkeit vorhanden ist, daß der Gewinn kleiner als A sein könnte, abgelehnt wird.
Eine solche Präferenzordnung kann durch eine Nutzenfunktion

$$u(x) = -\infty \text{ für } x < A,$$
$$u(x) = x \text{ für } x \geq A$$

repräsentiert werden.

4.12

Ein zweites Beispiel wollen wir der ursprünglichen Arbeit von *Bernoulli* [2] entnehmen, das folgende Annahmen beinhaltet: Steigt unser Reichtum von x auf $x+y$, so erhalten wir einen Nutzenzuwachs, der

1. proportional der Steigerung y und
2. umgekehrt proportional unserem ursprünglichen Reichtum x ist. Das bedeutet, daß

$$k\frac{y}{x} = u(x+y) - u(x)$$

oder

$$\frac{k}{x} = \frac{u(x+y)-u(x)}{y}.$$

Nehmen wir an $y \to 0$, so erhalten wir

$$u'(x) = k\frac{1}{x}$$

oder

$$u(x) = k \log x + c.$$

Bernoulli trifft keinerlei Annahmen, die unseren drei Axiomen entsprechen. Seine Überlegungen führen ihn zu dem Schluß, daß, wenn unser ursprünglicher Reichtum s ist, wir jenes Prospekt vorziehen sollten, für welches der Wert *(moral expectation)*

$$\Sigma f(x) \log(x+s)$$

ein Maximum ist. *Bernoulli*s Argumente sind überaus geistreich und scheinen unsere oder gleichwertige Axiome als zu offensichtlich gültig anzunehmen, als daß sie einer Diskussion wert wären.

Bis zu *Bernoulli*s Zeit schien es als selbstverständlich zu gelten, daß jemand, der Entscheidungen unter Unsicherheit zu treffen hatte, danach trachtete, die mathematische Erwartung zu maximieren. Das ist ganz natürlich, wenn man bedenkt, daß die Wahrscheinlichkeitstheorie aus der Untersuchung von Spielsituationen entstand, bei denen die Gültigkeit des Gesetzes der großen Zahlen angenommen werden konnte. *Bernoulli* wollte vor allem das St. Petersburger Paradoxon lösen. Er fand, daß das Sicherheitsäquivalent $\bar{x}$ eines St. Petersburger Spiels durch die Gleichung

$$\log(s+\bar{x}) = \sum_{n=1}^{\infty}\left(\frac{1}{2}\right)^{n} \log(s+2^{n})$$

bestimmt wird, wenn s das ursprüngliche Vermögen einer Person darstellt.

*Bernoulli*s Annahme ist im wesentlichen ein Axiom, das die Nutzenfunktion $u(x)$ bestimmt. Zusammen mit den drei Axiomen aus Kapitel 3 ergibt es eine Entscheidungstheorie, die keinerlei Platz mehr läßt für irgendwelche subjektiven Elemente. Daß seine Annahme zu einschränkend ist, scheint *Bernoulli* selbst gefühlt zu haben, da er schließlich eine Berechnung der moralischen Erwartung mit Hilfe der Formel

$$\Sigma(x+s)^{1/2}f(x)$$

ebenfalls akzeptierte.

4.13

Ein guter Teil der im Bereich der Nutzentheorie vorherrschenden Verwirrung stammt aus der ungerechtfertigten Anwendung des *Bernoulli*schen Gedankengutes. Wenn wir den Nutzen des Geldes als gegeben ansehen, und zwar entweder durch Introspektion oder, wie bei *Bernoulli*, durch Ableitung aus einem psychologischen Prinzip, so erscheint es ziemlich willkürlich, dem Prospekt, welches durch die Wahrscheinlichkeitsverteilung $f(x)$ bestimmt wird, den Nutzen

$$u\{f\}=\Sigma u(x+s)f(x)$$

zuzuschreiben. Es ist nicht einmal selbstverständlich, daß der Nutzen dieses Prospekts aus dem Geldnutzen abgeleitet werden kann. Dies wurde auch in der Tat von einigen Autoren bestritten, von denen *Allais* [1] wohl der bedeutendste ist.

Wir haben einen anderen Ansatz gewählt. Wir haben angenommen, daß eine vollständige Präferenzordnung über die Menge aller Prospekte besteht und haben dann bewiesen, daß diese Präferenzordnung unter gewissen Bedingungen durch eine Nutzenfunktion repräsentiert werden kann. Da ein mit Sicherheit auszahlbarer Geldbetrag auch ein Prospekt, wenn auch ein degeneriertes, darstellt, muß eine Regel, welche allen Prospekten einen gewissen Nutzen zuteilt, auch eine Regel enthalten, welche bestimmten Geldbeträgen einen Nutzen zumißt. Die Argumente der klassischen ökonomischen Theorie über den Nutzen des Geldes werden von der *von Neumann-Morgenstern*schen Theorie einfach umgangen.

4.14

Bernoulli zeigte — und darin bestand seine große Leistung —, daß ein reicher und ein armer Mann nicht in gleicher Weise entscheiden würden — und nicht entscheiden sollten, wenn ihnen die Gelegenheit geboten wird, eine Auswahl aus einer Menge von Prospekten zu treffen, daß also die Präferenzordnung über eine Menge von Prospekten im allgemeinen vom ursprünglichen Vermögen desjenigen abhängen muß, der diese Präferenzordnung aufstellt.

Manche Ökonomen hielten nach irgendeiner absolut gültigen Regel für die Erstellung von Präferenzordnungen über Mengen von Prospekten Ausschau. Das würde jedoch einen Rückfall in die Zeit vor *Bernoulli* bedeuten und einen Versuch darstellen, die klassische Regel zu verallgemeinern, welche jenes Prospekt als bestes deklarierte, welches den höchsten Erwartungswert aufweist, ohne Berücksichtigung des ursprünglichen Vermögens.

Erfüllt diese gesuchte Regel unsere drei Rationalitätsaxiome, so kann sie durch eine Nutzenfunktion $u(x)$ repräsentiert werden. Soll die Regel unabhängig vom Vermögen des Entscheidungsträgers sein, so müssen die beiden Nutzenfunktionen $u(x)$ und $u(x+s)$ für alle s die gleiche Präferenzordnung repräsentieren. Das bedeutet aber, wie wir in Abschnitt 3.10 bewiesen haben, daß die Beziehung

$$u(x+s) = au(x) + b$$

gelten muß, wobei a und b unabhängig von x sind, unter Umständen jedoch abhängig von s sein können.

Differentiation nach x ergibt

$$u'(x+s) = au'(x).$$

Differenzieren wir die Gleichung nach s, so erhalten wir

$$u'(x+s) = a'u(x) + b'.$$

Durch Kombination der beiden Ausdrücke für $u'(x+s)$ erhalten wir folgende Differentialgleichung:

$$a'u(x) - au'(x) + b' = 0.$$

Ist $a' = 0$, so ergibt sich als Lösung

$$u(x) = \frac{b'}{a} x + c_1,$$

wobei c_1 eine beliebige Konstante darstellt.
Ist $a' \neq 0$, so erhält man durch Umformung

$$u(x) - \frac{a}{a'} u'(x) + \frac{b'}{a'} = 0$$

und als Lösung

$$u(x) = c_2 e^{-\left(\frac{a'}{a}\right)x} - \frac{b'}{a'},$$

wobei c_2 eine beliebige Konstante ist.
Dieses Ergebnis können wir als Theorem formulieren.

Theorem:
Ist eine Präferenzordnung über die Menge aller Prospekte
1. unabhängig vom Vermögen des Entscheidungsträgers und
2. in Bernoulli-Form darstellbar, so ist die diese Präferenzordnung repräsentierende Nutzenfunktion $u(x) = x$ *oder* $u(x) = e^{\alpha x}$.

Dieses Theorem stellt einen speziellen Fall eines allgemeineren Ergebnisses dar, das auf *Pfanzagl* [7] zurückgeht.

4.15

Es ist klar, daß lineare Transformationen der beiden erwähnten Nutzenfunktionen ebenfalls Präferenzordnungen repräsentieren, die unseren drei Axiomen genügen. So hat beispielsweise die von mehreren Autoren, wie beispielsweise von *Freund* [4], verwendete Funktion

$$u(x) = 1 - a e^{-\alpha x},$$

wobei $\alpha > 0$, viele brauchbare Eigenschaften. Der Koeffizient α kann als Maß der Risikoabneigung des Entscheidungsträgers aufgefaßt werden.
Es gibt jedoch keinen besonderen Grund, warum wir *Bernoullis* Beitrag zur ökonomischen Theorie außer acht lassen sollten

und eine Entscheidungsregel suchen sollten, die unabhängig vom Vermögen des Entscheidungsträgers ist. *Savage* bezeichnete solche Entscheidungsregeln als „Regeln des perfekten Geizhalses", da der Entscheidungsträger immer gleich habgierig bleibt, gleichgültig wie reich er schon ist. Wenn wir annehmen, daß Geizhälse im Wirtschaftsleben eine wichtige Rolle spielen, dann müssen wir natürlich ihre Entscheidungsregeln näher untersuchen.

Es wurde die Meinung vertreten, daß große Körperschaften Entscheidungsregeln dieser Art brauchen, da in solchen Fällen die Entscheidungen von einer großen Zahl von Personen getroffen werden, die nicht immer volle Information über die Situation der Gesellschaft haben. Diese Personen bräuchten Handlungsanweisungen in Form von Entscheidungsregeln, die „narrensicher" sind, so daß ein Angestellter der betreffenden Gesellschaft auch dann Entscheidungen treffen kann, wenn er die gegenwärtige Lage der Firma nicht kennt. Das Theorem von *Pfanzagl* besagt in der Tat, daß nur eine Körperschaft mit einer Präferenzordnung, die durch eine der beiden erwähnten Nutzenfunktionen repräsentiert werden kann, ihre Organisation dezentralisieren und die Entscheidungen an verschiedene, nicht miteinander in Verbindung stehende Personen delegieren kann.

Bibliographie

[1] *Allais, M.:* „Le comportement de l'homme rationnel devant le risque", *Econometrica*, 1953, S. 503—546.

[2] *Bernoulli, D.:* „Exposition of a New Theory of the Measurement of Risk", *Econometrica*, 1954, S. 23—26.

[3] *Borch, K.:* „Equilibrium in a Reinsurance Market", *Econometrica*, 1962, S. 424—444.

[4] *Freund, R.J.:* „The Introduction of Risk in a Programming Model", *Econometrica*, 1956, S. 253—263.

[5] *Friedman, M.*, und *L.J. Savage:* „The Utility Analysis of Choices Involving Risk", *Journal of Political Economy*, 1948, S. 279—304.

[6] *Menger, K.:* „Das Unsicherheitsproblem in der Wertlehre", *Zeitschrift für Nationalökonomie*, 1934, S. 459—485.

[7] *Pfanzagl, J.:* „A General Theory of Measurement Application to Utility", *Naval Research Logistics Quarterly*, 1959, S. 283—294.

5 Portfolio-Selection

5.1

In diesem Kapitel wollen wir uns mit Präferenzordnungen über *Prospektbündel* oder „Warenkörbe", welche Prospekte enthalten, befassen, wobei diese Warenkörbe natürlich selbst wieder Prospekte sind. Wenn wir daher eine Präferenzordnung über die Menge *aller* Prospekte haben, so bedeutet das, daß jeder derartige Warenkorb seinen Platz in einer solchen Präferenzordnung haben muß.
Der Einfachheit halber wollen wir nur Präferenzordnungen betrachten, welche mit Hilfe des Bernoulli-Prinzips durch Polynome zweiter Ordnung repräsentiert werden können. Der Geldnutzen sei also durch eine Funktion der Form $u(x)=x+ax^2$ gegeben. Das bedeutet, daß bei der Entscheidung nur die ersten beiden Momente der Wahrscheinlichkeitsverteilungen (Mittelwert und Varianz) berücksichtigt werden müssen. Diese Vereinfachung kann, wie wir in Kapitel 4 gesehen haben, zu widersprüchlichen und absurden Ergebnissen führen, wenn wir nicht die in Betracht kommenden Prospekte genau spezifizieren.

5.2

Betrachten wir nun zwei durch die Wahrscheinlichkeitsverteilungen $f(x)$ und $g(y)$ definierte Prospekte. Die erwarteten Gewinne oder Mittelwerte der beiden Prospekte wären dann

$$E_1=\sum_x xf(x)\,; \qquad E_2=\sum_y yg(y)$$

und die Varianzen:

$$V_1=\sum_x (x-E_1)^2 f(x),$$

$$V_2=\sum_y (y-E_2)^2 f(y).$$

Weiters nehmen wir an, daß die stochastische Abhängigkeit zwischen den beiden Prospekten durch die *verbundene Wahrscheinlichkeitsverteilung* $h(x,y)$ zum Ausdruck gebracht wird. Definitionsgemäß gilt dann:

$$f(x) = \sum_y h(x,y),$$

$$g(y) = \sum_x h(x,y).$$

Da wir nur die beiden ersten Momente betrachten, sind alle in Frage kommenden Merkmale stochastischer Abhängigkeit in der Kovarianz

$$C_{12} = \sum_x \sum_y (x - E_1)(y - E_2) h(x,y)$$

enthalten.

5.3

Nehmen wir nun an, diese beiden Prospekte werden beide zu einem Preis angeboten, der gerade jenem Geldbetrag entspricht, den wir für eine ertragversprechende Investition zur Verfügung haben. Wir können uns dann für jenes Prospekt entscheiden, welches in unserer Präferenzordnung höher rangiert oder, mit anderen Worten, welches den größeren Nutzen für uns besitzt. Wir können das Problem aber auch insofern verallgemeinern, indem wir annehmen, daß es möglich sei, vom ersten Prospekt einen Anteil t zu erwerben, wobei $0 \leq t \leq 1$, und für den Rest des uns zur Verfügung stehenden Kapitals $1 - t$ vom zweiten Prospekt zu kaufen. Dadurch erhalten wir ein neues Prospekt mit einem erwarteten Gewinn von

$$E = tE_1 + (1 - t)E_2$$

und einer Varianz

$$V = t^2 V_1 + (1 - t)^2 V_2 + 2t(1 - t)C_{12}.$$

Wenn t jeden beliebigen Wert zwischen 0 und 1 annehmen

kann, besteht unser Problem darin, aus einer unendlich großen Menge *möglicher* Prospekte das beste auszuwählen. Geometrisch wird diese Menge durch die Punkte einer Kurve in der *EV*-Ebene repräsentiert (Abbildung 7).

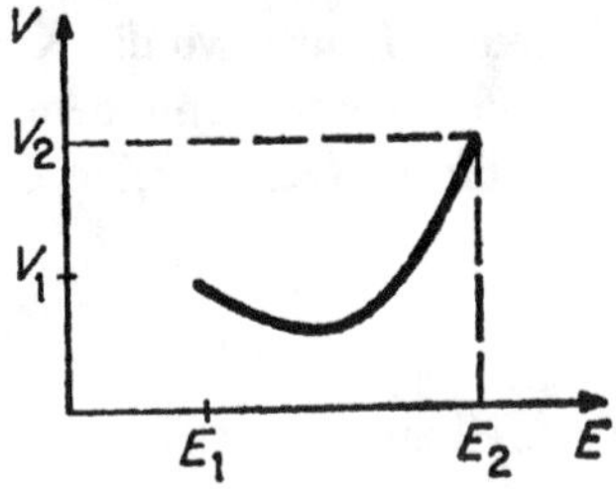

Abbildung 7

5.4

Wir haben es hier offensichtlich mit einem Problem der *optimalen Aufteilung* verfügbarer Mittel zu tun, einem Problem, das uns in zahlreichen ökonomischen Situationen begegnet, so daß wir unserem Modell viele verschiedene Interpretationen geben können.
Wenn wir die Prospekte als auf dem Markt angebotene Wertpapiere interpretieren, so geht es um die Bestimmung des optimalen Portefeuilles, welches mit dem uns zur Verfügung stehenden Kapital erworben werden kann. Dieses Problem wurde erstmals von *Markowitz* in einem kurzen, aber hervorragenden Artikel [7] behandelt und später in einer ausführlichen Arbeit [8], in der viele zusätzliche Details berücksichtigt wurden, weiter ausgebaut. Wir sprechen daher in Anlehnung an *Markowitz* in der Folge vom Problem der Portfolio-Selection.

5.5

Um eine sinnvolle Behandlung des Problems überhaupt zu ermöglichen, nehmen wir an, daß eine Präferenzordnung über

eine Menge von Portefeuilles existiert und daß sie durch eine Nutzenfunktion $U(E,V)$ repräsentiert werden kann.
Das Folgende ist bereits wieder klassische ökonomische Theorie. Die Funktion $U(E,V)$ determiniert nämlich eine Schar von *Indifferenzkurven* in der EV-Ebene. Die Lösung unseres Problems liegt dann in jenem Punkt, wo die Kurve der möglichen Portefeuilles die Indifferenzkurve mit dem höchsten Nutzenindex berührt. Wenn die Nutzenfunktion beispielsweise linear ist, d. h. wenn

$$U = E - aV,$$

dann können wir schreiben

$$V = 1/aE - 1/aU.$$

Daraus ersehen wir, daß die Indifferenzkurven parallele Gerade darstellen, die mit zunehmendem Abstand vom Ursprung einen höheren Nutzen verkörpern. Je steiler der Anstieg der Geraden ist, desto niedriger ist die „Risikoabneigung", d. h. desto kleinere Werte nimmt der Koeffizient a an.

5.6

Wir wollen nun das beschriebene Optimierungsproblem für den Fall einer linearen Nutzenfunktion lösen, obwohl wir wissen, daß eine solche Funktion eine Entscheidungsregel impliziert, welche die Konsistenzaxiome, die zum Bernoulli-Prinzip führen, verletzt. Wir müssen dann einen Wert für t bestimmen, durch den folgender Ausdruck maximiert wird:

$$U = tE_1 + (1-t)E_2 - a\{t^2V_1 + (1-t)^2V_2 + 2t(1-t) C_{12}\}.$$

Die Bedingung $dU/dt = 0$ ergibt uns

$$t = \frac{E_1 - E_2 + 2aV_2 - 2aC}{2a(V_1 + V_2 - 2C)}.$$

Diese Lösung ist nach unserer Formulierung des Problems nur

für $0 \leq t \leq 1$ sinnvoll. Diese Beschränkung ist eigentlich gar nicht notwendig. Ergibt sich nämlich eine Lösung $t < 0$ oder $t > 1$, so bedeutet das, daß das betreffende Papier entweder keinesfalls im Portefeuille aufscheinen darf oder aber das gesamte Kapital in dieses Papier investiert wird.

5.7

Um dieses einfache Ergebnis zu verallgemeinern, betrachten wir einen Wertpapiermarkt mit n verschiedenen Papieren. Wir führen folgende Bezeichnungen ein:

E_i = erwarteter Ertrag des Wertpapiers i;
V_i = Varianz des Ertrags des Wertpapiers i;
C_{ij} = Kovarianz der Erträge der Papiere i und j;
t_i = jener Bruchteil unseres Kapitals, den wir in Wertpapier i investieren.

Ein bestimmtes Portefeuille wird uns dann folgenden erwarteten Ertrag erbringen:

$$E = \sum_{i=1}^{n} t_i E_i,$$

mit der Varianz:

$$V = \sum_{i=1}^{n} t_i^2 V_i + 2 \sum_{i \neq j}^{n} C_{ij} t_i t_j.$$

Der Ausdruck für die Varianz kann auch geschrieben werden:

$$V = \sum_{i=1}^{n} \sum_{j=1}^{n} C_{ij} t_i t_j,$$

wenn $V_i = C_{ii}$.

Es soll nun eine durch einen Vektor $(t_1, \ldots, t_n)$ beschriebene Aufteilung unseres Kapitals gefunden werden, durch die $U(E, V)$ maximiert wird. Im allgemeinen haben wir dabei noch folgende Beschränkungen zu beachten:

$$t_i \geq 0 \quad (i=1, \ldots, n)$$

und

$$\sum_{i=1}^{n} t_i \leq 1.$$

Die zweite Bedingung gilt, wenn keine Kreditmöglichkeiten vorhanden sind. Soll unser gesamtes Kapital in den n Papieren investiert werden, so gilt in dieser Beziehung das Gleichheitszeichen. Erfüllt unsere Entscheidungsregel die Konsistenzbedingungen, die zum Bernoulli-Prinzip führen, so wird $U(E,V)$ eine quadratische Funktion in $t_1, \ldots, t_n$ sein. Das bedeutet, daß wir unser Problem mit Hilfe der gebräuchlichen Methoden der *quadratischen Programmierung* lösen können.

5.8

Markowitz wählt einen anderen Weg, offensichtlich um das Bernoulli-Prinzip zu umgehen, welches er als anfechtbar ansieht. Er nimmt lediglich an, daß eine Nutzenfunktion $U(E,V)$ existiert, welche die beiden Bedingungen

$$\frac{\partial U}{\partial E} > 0 \quad \text{und} \quad \frac{\partial U}{\partial V} < 0$$

erfüllt. Das bedeutet, daß, *wenn alles andere gleich bleibt*,

1. ein größerer erwarteter Gewinn einem kleineren vorgezogen wird und
2. ein kleineres Risiko (gemessen durch die Varianz) einem größeren vorgezogen wird.

Es wird nun ein Wert $\bar{E}$ — der vom Investor geforderte bzw. gewünschte Ertrag — festgelegt und sodann unter den Portefeuilles, die einen erwarteten Gewinn von $\bar{E}$ erbringen, jenes bestimmt, welches die kleinste Varianz aufweist.
Wir haben es hier mit einem Minimierungsproblem zu tun, und zwar soll der Ausdruck

$$\sum_{j=1}^{n}\sum_{i=1}^{n} t_i t_j C_{ij}$$

unter folgenden Nebenbedingungen minimiert werden:

$$\sum_{i-1}^{n} t_i E_i = \bar{E}\,; \quad \sum_{i-1}^{n} t_i \leq 1\,; \quad t_i \geq 0.$$

Auch hier liegt ein Problem der quadratischen Programmierung vor, dessen Lösung einen Vektor $\{t_1, \ldots, t_n\}$ ergibt, welcher das effiziente *Portefeuille* mit einem erwarteten Gewinn von $\bar{E}$ bestimmt.

5.9

Wird dieses Problem für eine Anzahl verschiedener $\bar{E}$-Werte gelöst, so erhalten wir eine Menge optimaler Portefeuilles, wobei jedes von ihnen durch einen Punkt in der *EV*-Ebene dargestellt werden kann. Diese Punkte ergeben dann die in Abbildung 8 dargestellte Kurve. Punkte, die oberhalb dieser Kurve

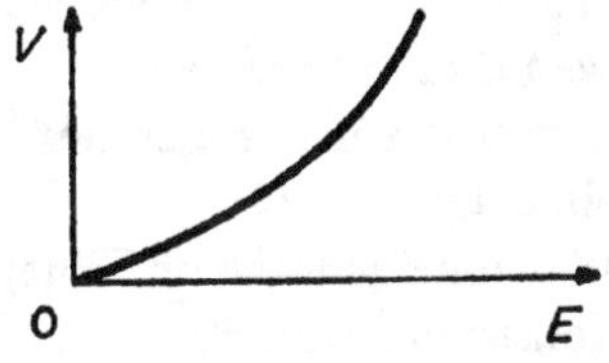

Abbildung 8

liegen, sind erreichbar, jedoch ineffizient. Punkte unterhalb der Kurve können nicht erreicht werden. Da die Kurve durch den Ursprung geht, gibt es auch eine risiko- und ertragslose Anlage, beispielsweise Bargeld. In einigen Fällen kann man auch annehmen, daß es risikolose Anlagen mit positivem Ertrag E gibt, wenn wir an Regierungsanleihen oder Bankeinlagen denken. Unsere Kurve wird dann die Abszissenachse im Punkt $(E_0, 0)$ schneiden.

Die grundlegende Idee des Modells von *Markowitz* besteht darin, daß der Investor sich nach ausreichender Überlegung für einen Punkt auf der Kurve der optimalen Portefeuilles entscheiden sollte, der „mehr als alle anderen seine individuellen Erfordernisse und Präferenzen hinsichtlich Ertragserwartung und Risiko erfüllt" ([8], S. 23).

5.10

Die wirkliche Rechtfertigung dieses Modells liegt wohl darin, daß viele Leute es leichter zu finden scheinen, Berechnungen zu machen, als eine vollständige und konsistente Präferenzordnung aufzustellen. Durch die Zerlegung des Problems kann jener Teil der Präferenzordnung angegeben werden, der eindeutig ist, worauf alle effizienten Portefeuilles berechnet werden, wenn auch nur eines von ihnen ausgewählt wird. Das bedeutet, daß wir zuerst das Entscheidungsproblem auf die einfachste in 2.12 besprochene Form bringen und dann die endgültige Entscheidung treffen, indem wir ein Kriterium anwenden, das klarerweise „subjektiv" sein muß.

Der andere, in Abschnitt 5.7 beschriebene Weg zwingt den Investor, Präferenzen für alle Punkte der *EV*-Ebene anzugeben, sogar wenn einige von ihnen Portefeuilles repräsentieren, die nicht erreichbar sind. Dies kann durch die Angabe einer einzigen Zahl, des Risikoabneigungskoeffizienten a, erfolgen, wenn der Investor die Konsistenzbedingungen des Bernoulli-Prinzips akzeptiert und nur Mittelwert und Varianz der einzelnen Prospekte betrachten will. Für viele Leute scheint dies jedoch ein schwieriges Problem zu sein.

Die Arbeitsteilung, welche durch das Markowitz-Modell ermöglicht wird, entspricht wahrscheinlich ziemlich gut den wirklichen Geschäftspraktiken. Der normale Vorgang scheint in der Praxis der zu sein, daß die Experten das Problem analysieren und ihre Ergebnisse der Geschäftsleitung vorlegen. Diese Ergebnisse werden dann hinter verschlossenen Türen diskutiert, worauf die Entscheidung gefällt wird.

Die Geschäftsleitung könnte aber auch ihre Präferenzen bzw. die Ziele der Gesellschaft bekanntgeben und dann die endgültige Entscheidung den Technikern oder dem Computer überlassen. Es ist nicht schwer einzusehen, warum der zuerst erwähnte Vorgang meist vorgezogen wird. So mag es für die Gesellschaft unter Umständen vorteilhaft sein, ihre Ziele vor der Konkurrenz geheimzuhalten. Andererseits bringt eine solche Geheimhaltung die Geschäftsleitung nicht in die Verlegenheit, daß die mit der Lösung des Problems beauftragten Experten die angegebenen Präferenzen als inkonsistent bezeichnen.

5.11

Im allgemeinen kann man nicht sagen, ob es besser ist, zuerst zu rechnen und dann zu überlegen oder umgekehrt. Es kommt jedoch nicht überraschend, daß IBM beträchtliches Interesse am Markowitz-Modell bekundete und versucht hat, es für praktische Zwecke zu verwenden. Um zu zeigen, wie das geschehen soll, wollen wir einige Passagen aus einer kürzlich erschienenen IBM-Publikation wiedergeben [5]:
„Die Programmeingabe besteht in Schätzungen in Form von Ertrags- und Risikoerwartungen für Wertpapiere, zusammen mit Angaben über die Korrelation der Kursbewegungen, erstellt von berufsmäßigen Wertpapieranalytikern."
„Es erfolgt mit Hilfe eines mathematischen Modells eine strenge Optimierung des eingegebenen Datenmaterials."
„Der Investitionsberater nützt dann seine Erfahrung und sein Beurteilungsvermögen und erstellt zusammen mit der aus dem Programm erhaltenen quantitativen Information eine Investitionsstrategie für den Investmentfonds oder seine Kunden."
Das ganze hört sich recht gut an, wenn man davon absieht, daß uns die angegebenen Passagen weder sagen, wie wir zu der erwähnten Programmeingabe gelangen, noch welche Entscheidung wir auf Grund der gelieferten Information treffen sollten.
Aus unserer Diskussion in den vorangegangenen Kapiteln ergibt

sich ganz klar, daß die Regel, welche zur endgültigen Entscheidung führt, subjektive Elemente enthalten muß, die in gewisser Hinsicht über den Bereich normativer Analyse hinausgehen. Wir werden uns jedoch vorläufig nicht weiter mit dieser Frage beschäftigen und uns den Daten zuwenden, die notwendig sind, um einen sinnvollen Gebrauch des Modells zu ermöglichen.

5.12

Zuerst müssen wir näher angeben, was wir unter „Ertrag" eines Wertpapiers verstehen. Für uns ist der Ertrag eine stochastische Variable, in der sowohl Dividendenzahlungen als auch Kursänderungen Berücksichtigung finden müssen. Zur Illustration setzt *Markowitz* an den Beginn seines Buches ein einfaches Beispiel. Er wählt neun an der New Yorker Wertpapierbörse notierte Papiere aus und berechnet für jedes für 18 Jahre, nämlich für den Zeitraum von 1937 bis 1954, den Ertrag nach folgender Formel:

> Ertrag = (Kurs am Ende eines Jahres — Kurs am Anfang des Jahres + Dividenden, die während des Jahres gezahlt wurden) : Preis am Anfang des Jahres.

Für zwei der neun Wertpapiere werden die Ergebnisse in Tabelle 2 wiedergegeben. Aus diesen Daten erhält man

für American Tobacco:

Durchschnittsertrag: 0,066;
Varianz: 0,0533;
Standardabweichung: 0,231;

für American Tel. & Tel.:

Durchschnittsertrag: 0,062;
Varianz: 0,0146;
Standardabweichung: 0,121.

Tabelle 2

Jahr	Ertrag	
	American Tobacco	American Tel. & Tel.
1937	–0,305	–0,173
1938	0,513	0,098
1939	0,055	0,200
1940	–0,126	0,030
1941	–0,280	–0,183
1942	–0,003	0,067
1943	0,428	0,300
1944	0,192	0,103
1945	0,446	0,216
1946	–0,088	–0,046
1947	–0,127	–0,071
1948	–0,015	0,056
1949	0,305	0,038
1950	–0,096	0,089
1951	0,016	0,090
1952	0,128	0,083
1953	–0,010	0,035
1954	0,154	0,176

Der Korrelationskoeffizient für die Erträge dieser beiden Papiere ist

$$r_{12} = 0{,}77 \, .$$

Das ist der höchste Korrelationskoeffizient, der für je zwei der neun Papiere gefunden wurde. Der niedrigste Korrelationskoeffizient fand sich für *Coca Cola* und *Atchinson, Topeka & Santa Fe* (0,18). Der Tatsache, daß alle Korrelationskoeffizienten positive Werte haben, kommt einige Bedeutung zu. Sind nämlich tatsächlich die Erträge aller Papiere positiv miteinander korreliert, so ist es sogar für den vorsichtigsten Investor unmöglich, allgemeinen Fluktuationen auf dem Wertpapiermarkt vorzubeugen. Dies scheint schon rein intuitiv sehr plausibel zu sein, wurde aber auch durch eine Anzahl statistischer Untersuchungen, so durch einen Beitrag von *Borch* [1], belegt.

5.13

Markowitz erhält also

9 Erwartungswerte (Durchschnittserträge),
9 Varianzen,
36 Kovarianzen.

Diese 54 Werte geben uns in komprimierter Form Auskunft über die Entwicklung der neun Wertpapiere in den Jahren 1937—1954 und nicht mehr. Ein Investor, der sich des Modells von *Markowitz* bedienen möchte, braucht aber die entsprechenden 54 Werte, welche die *zukünftige* Entwicklung der Papiere repräsentieren. Obwohl uns natürlich die Werte aus der Vergangenheit gewisse Informationen geben, ist es keineswegs klar, wie diese Informationen verwendet werden sollen, um die zukünftigen Werte zu schätzen.
Am einfachsten wäre es, anzunehmen, daß die Entwicklung in der Zukunft jener in der Vergangenheit entspricht. Ebensogut kann jedoch die gegenteilige Meinung vertreten werden. Wertpapierexperten machen oft die Beobachtung, daß ein Papier nach einer Periode des raschen Wachstums oder heftiger Fluktuationen in eine Periode der Konsolidation eintritt.

5.14

Das Markowitz-Modell macht systematischen Gebrauch von unseren Annahmen über die zukünftige Entwicklung von Wertpapieren. Es geht jedoch nicht daraus hervor, wie man zu solchen Annahmen kommt — zum Beispiel durch eine systematische Analyse der vergangenen Entwicklung. Es mag daher angebracht erscheinen, einige Bemerkungen über die statistisch erwiesene Tatsache zu machen, daß die Kursentwicklung auf dem Aktienmarkt einen beinahe vollkommenen Zufallsprozeß darstellt. Das würde nämlich bedeuten, daß es unmöglich ist, die zukünftige Kursentwicklung auf Grund von Statistiken und Aufzeichnungen vorauszusagen, und daß daher „Trendbeobachter" nur ihre Zeit — und möglicherweise auch ihr eigenes oder fremdes Geld — verschwenden.

Der klassische Beitrag auf diesem Gebiet stammt von *Cowles* [3] aus dem Jahre 1933. Er zeigt darin, daß durch das zufällige Kaufen und Verkaufen von Wertpapieren im Durchschnitt keine schlechteren Ergebnisse erzielt werden als bei Heranziehung berufsmäßiger — und teurer — Anlageberater.

Cowles selbst, aber auch andere Autoren führten die Diskussion um dieses Problem in zahlreichen Studien weiter, gestützt auf eingehenderes statistisches Material. Eine Anzahl dieser Arbeiten wurde in einem von *Cootner* [2] herausgegebenen Buch gesammelt und wiederveröffentlicht. Die von *Cowles* gefundenen Ergebnisse wurden von den Anlageberatern natürlich ignoriert. Dieser Berufszweig scheint im übrigen ziemlich gut zu florieren — gleich der Astrologie in früheren Zeiten —, offensichtlich, weil die Öffentlichkeit fest daran glaubt, daß die Kursbewegungen irgendwie gesetzmäßig verlaufen. Kennt oder errät jemand diese Gesetze, so kann er viel Geld verdienen, indem er den Kursbewegungen zuvorkommt.

Kendall [6], dessen Resultate jene von *Cowles* bestätigen, gibt folgenden Kommentar: „Investoren können unter Umständen an der Börse Geld verdienen, aber offensichtlich nicht durch Beobachtung der Preisbewegungen und marktkonformes Verhalten." Ein wenig traurig fügt er hinzu: „Aber es ist unwahrscheinlich, daß das, was ich hier sage oder demonstriere, die Illusion vertreiben kann, daß ein Investor Geld verdienen kann, indem er versucht, den Kursbewegungen zuvorzukommen, lassen wir ihm also den Glauben."

Aus dem Gesagten scheint also hervorzugehen, daß die Entwicklung der Wertpapierkurse in der Vergangenheit keinerlei Information über die zukünftige Entwicklung enthält. Diese Tatsache sollte einen Ökonomen eigentlich nicht überraschen.

Wäre es nämlich möglich, mit Hilfe der Statistik ein gewisses Papier als objektiv bestes zu bestimmen, so müßte der Kurs des betreffenden Papiers so lange steigen, bis das betreffende Papier nicht mehr als „bestes" bezeichnet werden kann.

5.15

Um das zu illustrieren, nehmen wir an, daß wir versuchen, das Markowitz-Modell anzuwenden. Wir werden dann wahrscheinlich finden, daß einige Papiere in keinem der optimalen Portefeuilles aufscheinen. Das würde aber bedeuten, daß diese Papiere unserer Meinung nach in gewissem Sinne „zu hoch notieren". Würden sie zu einem niedrigeren Preis angeboten, dann wäre der erwartete Gewinn vermutlich höher und diese bisher unberücksichtigten Papiere würden in der Folge in einigen der optimalen Portefeuilles aufscheinen.

Diese Papiere aber, von denen wir glauben, daß sie von rational handelnden Personen, gleich welche Risikoneigung diese immer haben mögen, nicht erworben würden, werden tatsächlich von bestimmten Leuten gehalten und auch gekauft. Wir können natürlich annehmen, daß diese Personen irrational handeln und versuchen, aus ihrer Unwissenheit irgendeinen Gewinn zu ziehen. Sicherer ist es aber, ein wenig mehr Toleranz zu zeigen und anzunehmen, daß diese Leute rational handeln, doch auf Grund von Annahmen, die von unseren verschieden sind.

Es liegt hier ganz bei uns, was wir glauben wollen. Es ist jedoch nicht sicher, ob wir den Mut haben werden, zu unserer Meinung zu stehen, wenn wir sehen, daß Versicherungsgesellschaften und Investmenttrusts jene Papiere kaufen, die wir in keinem der optimalen Portefeuilles erwarten. Es ist daher sehr verlokkend, in unseren Annahmen mit jenen „Leuten mit Erfahrung und gesundem Beurteilungsvermögen" konform zu gehen. Damit erlauben wir jedoch mehr Papieren die Aufnahme in das „optimale Portefeuille". Setzen wir diesen Prozeß weiter fort, so können wir zu dem Schluß kommen, daß alle Wertpapiere gleich gut sind; d. h. daß wir uns alle Berechnungen ersparen und auf Zufall kaufen können. Das würde uns auch eine theoretische Erklärung der von *Cowles* und seinen Nachfolgern gemachten Beobachtungen liefern.

5.16

Es ist klar, daß das Markowitz-Modell eine ungeheure Vereinfachung des realen Investitionsproblems darstellt. Doch in all seiner bestechenden Einfachheit scheint das Modell einige wesentliche Elemente des wirklichen Problems zu erfassen, so daß es wünschenswert erscheint, das Modell zu testen, indem man es den tatsächlichen Beobachtungen über das ökonomische Verhalten in derartigen Situationen gegenüberstellt. Das wurde auch wirklich von verschiedenen Autoren durchgeführt. Wir werden jedoch nur die Arbeit von *Farrar* [4] diskutieren, in der einige Investmentfonds untersucht wurden, um herauszufinden, ob deren Investitionsverhalten mit dem Markowitz-Modell erklärt werden kann. *Farrar* beschäftigte sich vor allem mit folgenden Fragen:

1. Sind die von Investmentgesellschaften gehaltenen Portefeuilles effizient im Sinne des Markowitz-Modells?
2. Wenn ein Portefeuille annähernd „effizient" ist, repräsentiert es dann ein Risikoverhalten, welches den von der betreffenden Investmentgesellschaft angegebenen Zielen entspricht?

Ein Portefeuille kann nur in bezug auf besondere Annahmen über zukünftige Erträge, ausgedrückt in Erwartungen und Kovarianzen, als optimal bezeichnet werden. Da die diesbezüglichen Annahmen der Investmentgesellschaften nicht bekannt sind, ist es unmöglich zu verifizieren, ob die von diesen Gesellschaften gehaltenen Portefeuilles optimal sind. Ein Test des Markowitz-Modells impliziert daher notwendigerweise einen Test irgendeiner Hypothese über die Bildung von Annahmen über künftige Erträge.

In diesem Zusammenhang mag es erwähnenswert sein, daß es unmöglich ist zu testen, ob jemand besser als der Durchschnitt

abschneidet, wenn er das Markowitz-IBM-Modell auf sein Investitionsproblem anwendet. Wenn die Annahmen des Betreffenden richtig sind, so ist es am besten, wenn er danach trachtet, den erwarteten Gewinn zu maximieren. Das ist aber eine Tautologie. Beabsichtigt diese Person eine Streuung ihrer Investitionen, so wird ihr erwarteter Gewinn kleiner werden, ebenso aber auch das eingegangene Risiko. Diese Reduzierung des Risikos kann aber als angemessene Entschädigung für die Herabsetzung des erwarteten Gewinns angesehen werden. Es ist objektiv nicht festzustellen, ob diese Person richtig gehandelt hat, d. h. ob der entgangene Gewinn angemessen war.
Durch statistische Untersuchungen können wir jedoch einiges über das Verhalten von Gruppen von Investoren erfahren. Diese Kenntnis hat für uns einen „praktischen" Wert, wenn wir sie uns zunutze machen können.

5.17

Farrar berechnet zuerst die optimalen Portefeuilles unter der Annahme, daß sich die in der Vergangenheit beobachtete Ertragsentwicklung in der Zukunft in gleicher Weise fortsetzen wird. Da es natürlich unmöglich ist, die erforderlichen Berechnungen für alle auf dem Markt befindlichen Papiere durchzuführen, verwendet *Farrar* den Durchschnittsertrag von 58 Wertpapierklassen, die in *Standard and Poors Trade and Security Statistics* verzeichnet sind. Er berechnet für diese Papiere die Erwartungswerte sowie die Kovarianzmatrix für die Periode von Jänner 1946 bis September 1956, wie wir es in Abschnitt 5.12 demonstrierten.
Nun wäre es wohl möglich, jedoch nicht sehr bequem, mit dieser 58×58-Matrix zu arbeiten und daraus die optimalen Portefeuilles zu bestimmen. Diese Portefeuilles würden einen optimalen Einsatz des Kapitals gewährleisten, und zwar nicht unter verschiedenen Papieren, sondern unter verschiedenen Wertpapierklassen, d. h. Papieren verschiedener Industrien, Vorzugspapieren und gewöhnlichen Papieren, Anleihen usw.

Farrar gelingt es, das Problem auf eine 11×11-Matrix zu reduzieren, und zwar durch die Anwendung der *Faktorenanalyse*. Diese Technik kann kurz wie folgt beschrieben werden: Nehmen wir an, wir hätten n stochastisch voneinander abhängige Variable $z_1, z_2, \ldots z_n$, welche Erträge in n verschiedenen Industrien darstellen könnten. Es ist dann denkbar, daß man einige, sagen wir drei, stochastisch unabhängige Variable x_1, x_2 und x_3 findet, so daß folgende Gleichungen erfüllt sind:

$$\begin{aligned} z_1 &= a_1 x_1 + b_1 x_2 + c_1 x_3, \\ z_2 &= a_2 x_1 + b_2 x_2 + c_2 x_3, \\ &\ldots\ldots\ldots\ldots \\ z_n &= a_n x_1 + b_n x_2 + c_n x_3, \end{aligned}$$

wobei a_i, b_i und c_i Konstante darstellen, die so bestimmt werden, daß die bestmögliche Anpassung erreicht wird.

Die Aufgabe, eine Anzahl von abhängigen Variablen durch eine Anzahl unabhängiger Variablen auszudrücken, kann als rein statistisches Problem aufgefaßt werden. In vielen Fällen ist es jedoch möglich, den Komponenten oder den „Faktoren" x_1, x_2 und x_3 eine konkrete Interpretation zu geben. Wenn diese drei Variablen beispielsweise für die Investitionserträge in den drei Industrien

1. Automobilproduktion,
2. Schiffsbau,
3. Aluminiumproduktion

stehen, so ist es durchaus denkbar, anzunehmen, daß der Investitionsertrag in der Stahlindustrie annähernd durch folgenden Ausdruck bestimmt werden kann:

$$z = 0{,}8\,x_1 + 0{,}3\,x_2 - 0{,}1\,x_3.$$

5.18

Aus seiner 11×11-Kovarianzmatrix berechnet *Farrar* das optimale Portefeuille für jede der drei folgenden Annahmen über die zukünftige Entwicklung:

1. Dividenden- und Kursentwicklung entsprechen der Vergangenheit.
2. Die Dividendenentwicklung entspricht jener der Vergangenheit, während die Kurse einem linearen, den letzten 12 Monaten angepaßten Trend folgen.
3. Die Dividendenentwicklung entspricht jener der Vergangenheit und die Kurse folgen dem exponentiellen Trend der letzten 12 Monate (d. h. lineare Extrapolation der laufenden Wachstumsraten).

Farrar findet, daß diese verschiedenen Annahmen zu keinen signifikanten Differenzen in der Zusammensetzung der effizienten Portefeuilles führen.

Als nächstes berechnet *Farrar* die erwarteten Erträge und die Varianzen für die von 23 Investmentgesellschaften tatsächlich gehaltenen Portefeuilles. Er findet, daß alle diese Portefeuilles Punkten in der *EV*-Ebene entsprechen, die ziemlich nahe jener Kurve liegen, welche die Menge der effizienten Portefeuilles repräsentiert.

Das ist ein sehr interessantes Ergebnis, das offensichtlich von einiger Bedeutung ist. Es ist jedoch unmöglich, das gefundene Resultat richtig zu beurteilen, ohne eine weit eingehendere statistische Untersuchung als *Farrar* zu machen.

Farrar hat nicht bewiesen, und behauptet auch nicht, es getan zu haben, daß die Manager der Investmentgesellschaften klug sind. Er hat jedoch unter Umständen bewiesen, daß diese Manager in dem Glauben handeln, daß die zukünftige Entwicklung eines Papiers, oder einer Klasse von Papieren, weitgehend von deren Entwicklung in der Vergangenheit bestimmt wird. Das könnte man so verstehen, daß Wertpapierberater mehr Statistiker als Ökonomen sind, in dem Sinne, daß sie ihre Voraussagen eher durch Extrapolationen aus der Vergangenheit machen als durch die Anwendung der ökonomischen Theorie.

5.19

Im Abschnitt 5.5 haben wir gefunden, daß, wenn die Präferenzen eines Investors durch eine Nutzenfunktion der Form

$$U(E,V) = E - aV$$

dargestellt werden können, die Indifferenzkurven in der *EV*-Ebene parallel verlaufende Gerade

$$V = 1/aE - 1/aU$$

darstellen. Wählt also ein Investor einen Punkt auf der Kurve der optimalen Portefeuilles, so hat die Tangente an diesem Punkt der Kurve einen Anstieg von $1/a$ (siehe Abbildung 8). Der Koeffizient a kann, wie wir gesehen haben, als ein Maß der „Risikoabneigung" des Investors interpretiert werden. So wird beispielsweise ein Investor mit hoher Risikoabneigung einen Punkt wählen, der weit links auf der Kurve liegt, d. h. einen Punkt, wo die Tangente nahezu horizontal verläuft. Indem wir also den tatsächlich gewählten Punkt betrachten, können wir ermitteln, wie hoch die Risikoabneigung ist, die den Investor zu dieser Wahl veranlaßt hat.

In seinen Prospekten und Anzeigen macht ein Investmentfonds in der Regel Angaben über seine Risikoeinstellung. Es kann daher überprüft werden, ob diese Angaben mit dem von der betreffenden Gesellschaft tatsächlich gehaltenen Portefeuille übereinstimmen.

5.20

Um darüber nähere Aufschlüsse zu erhalten, teilt *Farrar* seine 23 Investmentfonds in folgende drei Klassen ein:

1. *Balanced funds*, das sind Fonds, welche einen möglichst gleichbleibenden Ertrag erzielen wollen. Diese Fonds geben mehr oder weniger ausdrücklich an, daß sie sich eventuell mögliche Gewinne entgehen lassen, um Schwankungen in der Ertragslage zu vermeiden.

2. *Stock funds*, d. h. Fonds, welche alle jene Fluktuationen, die normalerweise mit Investitionen in guten Aktienpapieren verbunden sind, in Kauf nehmen.

3. *Growth stock funds*, das sind Fonds, welche offen zugeben, daß ihre Portefeuilles „spekulativer" Natur sind, d. h. daß sie bereit sind, bedeutende Risiken zu übernehmen, um größere langfristige Gewinne zu erzielen.

Die für die 23 Fonds ermittelten Koeffizienten der Risikoabneigung werden in Tabelle 3 wiedergegeben.

5.21

Wir können aus dieser Tabelle eine ganze Anzahl interessanter Schlüsse ziehen bzw. Vermutungen anstellen. Es ist bemerkenswert, daß alle zehn „Balanced funds" Portefeuilles haben, welche beinahe denselben Risikoabneigungskoeffizienten entsprechen. Eine Ausnahme bilden die National Balanced Series, welche konservativer als alle anderen Fonds erscheinen.
In der Klasse der „Stock funds" ist die Streuung, wie erwartet, breiter. Es scheint jedoch, daß Axe-Houghton seinen „Stock fund" auf konservativerer Ebene betreibt, als es den angegebenen Zielen dieser Gesellschaft entspricht.
Die sechs „Growth stock funds" scheinen Portefeuilles zu halten, denen ziemlich ähnliche Risikoabneigungskoeffizienten zugrunde liegen.
Besonders interessant ist es, jene Investmentgesellschaften zu untersuchen, welche mehrere Fonds betreiben, um die Wünsche verschiedener Typen von Investoren erfüllen zu können. Es scheint, daß die National Series einem Investor wirklich verschiedene Alternativen anbieten. Auf der anderen Seite bieten Gesellschaften wie Axe-Houghton, Keystone und Massachussets Investor Fonds an, welche zwar verschiedene Zielsetzungen haben sollen, deren Portefeuilles jedoch auf Grund ziemlich ähnlicher Risikoabneigungskoeffizienten erstellt sind.

5.22

Offensichtlich können wir diesen Schlußfolgerungen nicht allzuviel Bedeutung beilegen. Es scheint jedoch, daß das Markowitz-

Tabelle 3

Fonds	Risiko-abneigungs-koeffizient
Balanced funds	
National Balanced Series	48
Axe-Houghton A	38
Affiliated Fund	34
Commonwealth Investment Co.	34
Eaton & Howard Balance Fund	34
Investor's Mutual	34
Knickerbocker (Bal.) Fund	34
Axe-Houghton B	33
Diversified Investment Fund	33
Institutional Foundation Fund	32
Stock funds	
Axe-Houghton Stock Fund	31
Eaton & Howard Stock Fund	22
Investor's Stock Fund	22
Institutional Income Fund	12
National Stock Series	11
Mass. Investor's Trust	10
Keystone S-1 (Stock)	6
Growth stock funds	
Mass. Investor's Growth Fund	10
Institutional Growth Fund	9
Knickerbocker Capital Venture	8
Diversified Growth Stock	7
Keystone S-3 (Speculative)	7
National Growth Stock Series	6

Modell wichtige Elemente des Investitionsproblems, so wie es sich in der Realität den berufsmäßigen Investoren darbietet, erfaßt. Das ist ein wenig überraschend, wenn wir uns die Einfachheit des Modells vor Augen halten, und es scheint noch überraschender, wenn wir die geradezu heroischen Vereinfachungen betrachten, die *Farrar* treffen mußte, um seine statistische Analyse durchführen zu können. Das Markowitz-Modell ist „zeitlos“, indem es nicht zwischen kurz- und langfristigen Investitionszielen unterscheiden kann, obwohl die meisten Investoren betonen, daß diese Unterscheidung in der Praxis sehr wichtig ist.

Weiters ist das Modell auf der Erwartungswert-Varianz-Regel aufgebaut, welche selbst einen Widerspruch enthält, wie wir in 4.8 gezeigt haben. Wir können diesen Widerspruch dadurch vermeiden, indem wir die Klasse der betrachteten Prospekte einschränken. Doch sogar dann ist diese Regel nicht sehr realistisch, da sie beispielsweise impliziert, daß wir folgende vier Prospekte für gleichwertig ansehen müßten:

1. Eine 50:50-Chance, 0 oder 2 zu gewinnen.
2. Ein Prospekt, welches einen Gewinn von entweder —0,997 mit Wahrscheinlichkeit 0,998 oder 999 mit Wahrscheinlichkeit 0,002 bringt.
3. Ein Prospekt, bei welchem die Wahrscheinlichkeit eines Gewinns von x definiert ist durch
$$f(x) = e^{-1}\frac{1}{x!} \quad (x = 0, 1, 2, \ldots).$$
4. Ein Prospekt, bei welchem die Wahrscheinlichkeitsdichte eines Gewinns von x durch
$$f(x) = \frac{1}{(2\pi)^{1/2}}\, e^{-(x-1)^2/2}$$
gegeben wird.

Manche Leute werden diese vier Prospekte wirklich als äquivalent betrachten, da sie alle einen Mittelwert und eine Varianz von 1 besitzen. Wenn wir jedoch das Markowitz-Modell retten wollen, ist es realistischer anzunehmen, daß auf dem Wertpapiermarkt keine derart unterschiedlichen Prospekte angeboten werden.

Bibliographie

[1] *Borch, K.:* „Price Movement in the Stock Market", *Skandinavisk Aktuarietidskrift*, 1964, S. 41—50.

[2] *Cootner, P. H.* (Hsg.): The Random Character of Stock Market prices, The MIT Press, 1964.

[3] *Cowles, A.:* „Can Stock Market Forecasters Forecast?", *Econometrica*, 1933, S. 309—324.

[4] *Farrar, D. E.:* The Investment Decision under Uncertainty, Prentice-Hall, 1963.

[5] IBM: „Portfolio Selection: A New Mathematical Approach to Investment Planning", *IBM General Information Manual*, E-20-8107, 1961.

[6] *Kendall, M. G.:* „The Analysis of Economic Time Series", *Journal of the Royal Statistical Society*, Series A, 1953, S. 11—25.

[7] *Markowitz, H. M.:* „Portfolio Selection", *The Journal of Finance*, 1952, S. 77—91.

[8] *Markowitz, H. M.:* Portfolio Selection — Efficient Diversification of Investments, Wiley, 1959.

6 Das Bernoulli-Prinzip – Beobachtungen und Experimente

6.1

In Kapitel 3 haben wir gezeigt, wie das Bernoulli-Prinzip aus drei sehr einfachen Axiomen abgeleitet werden kann. Es scheint beinahe selbstverständlich zu sein, daß eine Regel für Entscheidungen bei Unsicherheit keines dieser drei Axiome verletzen darf. In den Kapiteln 4 und 5 versuchten wir zu zeigen, wie nützlich das Bernoulli-Prinzip ist, wenn es darum geht, gewisse ökonomische Probleme zu formulieren und zu analysieren. Bisher konnten wir jedoch wenig über die konkrete Form der dieser Entscheidungsregel zugrunde liegenden Nutzenfunktion aussagen.

Daraus ergibt sich die Notwendigkeit der Beantwortung folgender Fragen:

1. Gelten die erwähnten Axiome in der Praxis, d. h. werden sie zumindest von gewissen Gruppen von Entscheidungsträgern beachtet?
2. Wenn die Axiome gelten, welche Form hat die Nutzenfunktion, die die Präferenzordnung eines typischen Entscheidungsträgers in den verschiedenen uns interessierenden Situationen repräsentiert?

Da wir hier durch reine Überlegung nicht weiterkommen, trachten wir, Beobachtungen über das ökonomische Verhalten in der Praxis zu machen oder, wenn möglich und notwendig, zu kontrollierten Experimenten Zuflucht zu nehmen, d. h. wir wählen einen empirischen Ansatz.

6.2

Um zur ersten Frage zurückzukommen, nehmen wir ein Beispiel von *Allais* [2], in dem folgende zwei Situationen beschrieben werden:

Situation 1:
Wir haben zwischen den beiden Prospekten A und B zu wählen, wobei A uns einen Gewinn von 1 Million Dollar mit Sicherheit und B entweder 5 Millionen Dollar mit Wahrscheinlichkeit 0,10, 1 Million Dollar mit der Wahrscheinlichkeit 0,89 oder nichts mit der Wahrscheinlichkeit 0,01 erbringt.

Die meisten Leute scheinen hier Prospekt A vorzuziehen, d. h. sie entscheiden sich für 1 Million Dollar mit Sicherheit. Beruht diese Entscheidung auf einer Präferenzordnung, welche unsere drei Axiome erfüllt, so muß es eine Funktion $u(x)$ geben, so daß gilt

$$u(1) > 0{,}1\,u(5) + 0{,}89\,u(1) + 0{,}01\,u(0).$$

Situation 2:
Wir haben zwischen den Prospekten C und D zu wählen, wobei C uns 1 Million Dollar mit der Wahrscheinlichkeit 0,11 oder nichts mit der Wahrscheinlichkeit 0,89 bietet und D uns 5 Millionen Dollar mit der Wahrscheinlichkeit 0,1 oder nichts mit der Wahrscheinlichkeit 0,9 erbringt.

In dieser Situation wird meistens das Prospekt D vorgezogen, so daß folgende Beziehung gelten müßte:

$$0{,}1\,u(5) + 0{,}9\,u(0) > 0{,}11\,u(1) + 0{,}89\,u(0).$$

Addieren wir die beiden Ungleichungen, so erhalten wir

$$0{,}1\,u(5) + u(1) + 0{,}9\,u(0) > 0{,}1\,u(5) + u(1) + 0{,}9\,u(0).$$

Es ergibt sich ein Widerspruch, da wir strikte Präferenzen und damit strikte Ungleichungen vorausgesetzt haben.
Hätten wir uns in Situation 2 für Prospekt C entschieden, dann hätten wir durch Addition der Ungleichungen erhalten:

$$0{,}11\,u(1) > 0{,}1\,u(5) + 0{,}01\,u(0).$$

Es ist leicht zu sehen, daß wir eine Funktion $u(x)$ finden können, welche diese Bedingung erfüllt und die daher als Nutzenfunktion des Entscheidenden interpretiert werden kann.

6.3

Das Beispiel von *Allais* sagt uns zweierlei:

1. Hat eine Person in Situation 1 das Prospekt A gewählt, so können wir *voraussagen*, daß diese Person in Situation 2 das Prospekt C wählen wird, sofern sie rational handelt.

Wir können diese Voraussage testen, indem wir weitere Beobachtungen machen oder ein Experiment anstellen, in welchem die betreffende Person der Situation 2 gegenübergestellt wird.

2. Hat sich jemand in Situation 1 für A entschieden, so muß der Betreffende, wenn er konsistente Entscheidungen treffen will, in Situation 2 Prospekt C wählen, d. h. die erste Wahl *bindet* ihn.

Allais stellte 1952 eine Reihe solcher Beispiele zusammen und befragte mehrere prominente Ökonomen, wie sie in solchen Situationen entscheiden würden. Der von *Allais* in Umlauf gesetzte Fragebogen wurde zwar veröffentlicht [1], nicht aber die systematische Auswertung der Antworten. Es ist jedoch allgemein bekannt, daß führende Wirtschaftswissenschaftler Entscheidungen trafen, welche inkonsistente Präferenzordnungen implizierten.
Einer der Betreffenden war *Savage*, der zugibt, daß er durch das erwähnte Beispiel in die Falle gelockt wurde und daß er A und D wählte. Er fügt jedoch hinzu, daß er, nachdem er auf den Widerspruch aufmerksam gemacht worden war, das Problem überdachte und sich schließlich in Situation 2 für C statt D entschied. *Savage* gibt an, daß er fühlte, daß er damit einen *Fehler korrigierte* ([10], S. 103). Das würde bedeuten, daß *Savage* sich verpflichtet fühlt, nur konsistente Entscheidungen zu treffen — etwas, was für andere Leute nicht unbedingt zutreffen muß.
Savage rechtfertigt seine nachträgliche Entscheidung mit folgendem Argument: Das Entscheidungsproblem kann als Lotterie aufgefaßt werden, mit hundert numerierten Losen und mit den in Tabelle 4 angegebenen Preisen. Wird eine der Nummern 12

bis 100 gezogen, so ist es gleichgültig, welches Prospekt in jeder der beiden Situationen gewählt wird.

Tabelle 4. Preise in Millionen Dollar

		Gezogene Nummer		
		1	2—11	12—100
Situation 1	*A*	1	1	1
	B	0	5	1
Situation 2	*C*	1	1	0
	D	0	5	0

Wird eine der Nummern 1 bis 11 gezogen, so sind beide Situationen identisch und das wirkliche Problem besteht darin, zu entscheiden, ob man ein Geschenk von 1 Million Dollar einer Chance, 5 Millionen Dollar mit der Wahrscheinlichkeit 10:1 zu gewinnen, vorzieht. Das bedeutet, daß die logische Entscheidung entweder auf *A* und *C* oder auf *B* und *D* lauten muß.

6.4

Nun wird es aber Leute geben, die sich nicht wie *Savage* veranlaßt sehen, nur konsistente Entscheidungen zu treffen. Besteht jemand darauf, in Situation 1 das Prospekt *A* und in Situation 2 das Prospekt *D* vorzuziehen, so muß man das akzeptieren. Präferenzen sind notwendigerweise subjektiv, darüber gibt es keine Diskussion. Wir können lediglich feststellen, daß eine derartige Entscheidungsregel unsere drei Axiome nicht erfüllen kann und daher inkonsistent ist. Wir können noch einen Schritt weitergehen und die betreffende Person in der folgenden Situation zwischen $A(\alpha)$ und $B(\alpha)$ entscheiden lassen:

> $A(\alpha)$ bringt entweder 1 Million Dollar mit der Wahrscheinlichkeit $(1-\alpha)$ oder Null mit der Wahrscheinlichkeit α.

$B(\alpha)$ ergibt entweder 5 Millionen Dollar mit der Wahrscheinlichkeit 0,10, 1 Million Dollar mit der Wahrscheinlichkeit $(0{,}89-\alpha)$ oder Null mit der Wahrscheinlichkeit $0{,}01+\alpha$.

Unsere Person hat bereits angegeben, daß sie

$A(\alpha)$ dem Prospekt $B(\alpha)$ für $\alpha=0$

und

$B(\alpha)$ dem Prospekt $A(\alpha)$ für $\alpha=0{,}89$

vorzieht.

Wir können nun die betreffende Person veranlassen, jenen Wert für α anzugeben, der eine Umkehrung ihrer Präferenzen bewirkt. Der Betreffende wird dann wahrscheinlich seine Inkonsistenz eingestehen oder die Meinung vertreten, daß es mit der Zahl 0 eine besondere Bewandtnis habe, d. h. daß eine Wahrscheinlichkeit von 0 sich von allen anderen positiven Wahrscheinlichkeiten grundlegend unterscheide, gleichgültig wie klein diese Wahrscheinlichkeiten immer seien. Das bedeutet aber, daß die in unseren Axiomen enthaltenen Kontinuitätsannahmen nicht beachtet werden.

Sind die Axiome erfüllt, so daß eine Nutzenfunktion existiert, so ergibt sich aus der Tatsache, daß „$A(\alpha)$ dem Prospekt $B(\alpha)$ vorgezogen wird“, die Beziehung:

$$(1-\alpha)u(1)+\alpha u(0)>0{,}10u(5)+(0{,}89-\alpha)u(1)+$$
$$+(0{,}01+\alpha)u(0)$$

oder

$$0{,}11u(1)>0{,}01u(5)+0{,}01u(0).$$

Da diese Beziehung unabhängig von α ist, ist auch eine Umkehrung der Präferenzen bei einer Veränderung des Wertes von α nicht möglich. Als *Samuelson* über die erwähnten Axiome diskutierte, brachte er die Geschichte eines alten Bauern, der jeden außer sich selbst und seine Frau für verrückt hielt, jedoch hinzufügte: „Manchmal bin ich mir bei ihr auch nicht ganz sicher.“ *Samuelson* ist versucht anzunehmen, daß nur er selbst und Professor *Savage* so rational sind, um diese Axiome immer zu beachten und sodann hinzuzufügen: „Manchmal bin ich mir auch meiner selbst nicht sicher" ([9], S. 678).

6.5

Bis jetzt haben wir es als beinahe selbstverständlich angenommen, daß in Situation 1 „normale", rational denkende Personen *A* dem Prospekt *B* vorziehen würden. Ist das jedoch — bei näherer Betrachtung — wirklich so klar? Was würde ein normaler Mensch überhaupt mit einer Million Dollar anfangen? Er würde sie nicht und wahrscheinlich könnte er sie auch nicht ausgeben. Es ist anzunehmen, daß er den größten Teil des Geldes investieren würde. Das bedeutet aber, daß er Prospekt *A* gegen ein Prospekt austauscht, das dem Prospekt *B* ähnlich ist. Würde zum Beispiel eine Person, die *A* gewählt hatte, 10.000 Dollar ausgeben und den Rest zu Spekulationszwecken in Aktien investieren, so würde die betreffende Person Prospekt *A* gegen ein Prospekt *B* eintauschen, das ihr

> 3 Millionen Dollar mit der Wahrscheinlichkeit 0,10,
> 1 Million Dollar mit der Wahrscheinlichkeit 0,89 oder
> 10.000 Dollar mit der Wahrscheinlichkeit 0,01 erbringt.

Was wir damit sagen wollen ist, daß es unter Umständen viele Leute geben wird, welche *A* dem Prospekt *B* vorziehen und diese Wahl auch verteidigen, daß es aber durchaus möglich ist, daß die gleichen Leute danach Entscheidungen treffen, welche implizieren, daß sie Prospekt *B* dem Prospekt *A* vorziehen.
Es ist zweifelhaft, ob Beispiele dieser Art unsere Kenntnisse über ökonomisches Verhalten bei Unsicherheit verbessern können. Die meisten Leute sind es nicht gewohnt, Münzen zu werfen oder um Millionen zu würfeln, und man sollte daher auch ihren Angaben, welche Entscheidungen sie in solchen Situationen treffen würden, nicht allzuviel Bedeutung beimessen. Zumindest sollte man auch rational denkenden Leuten „Fehler" zugestehen, da sie ja Entscheidungen zu treffen haben, über die sie bis jetzt noch niemals konkret nachgedacht haben.

Das führt uns dazu, jene Entscheidungen zu studieren, welche im wirklichen Leben getroffen werden, Entscheidungen von Leuten, die die Chance haben, wenn schon nicht Millionen, dann zumindest Tausende von Dollars zu gewinnen oder zu verlieren. Wir können annehmen, daß in solchen Situationen die betreffenden Probleme wirklich allen Ernstes durchdacht werden und die Leute vermutlich auch versuchen, konsistente Entscheidungen zu treffen. Wir werden noch in diesem Kapitel sehen, daß solche Untersuchungen eine wichtige Informationsquelle über ökonomisches Verhalten bei Unsicherheit darstellen. Im gegenwärtigen Zusammenhang sind sie jedoch von geringerer Bedeutung, da in der Realität ein Entscheidungsträger im allgemeinen nur über eine unvollständige Kenntnis der relevanten Wahrscheinlichkeiten verfügt.

6.6

Es ist nicht einfach, Entscheidungsprobleme zu finden, welche folgende zwei Bedingungen erfüllen:

1. Der Entscheidungsträger nimmt das Problem ernst, da er tatsächlich mit einer Auszahlung rechnen kann.
2. Sowohl dem Entscheidungsträger als auch dem Beobachter sind die für das Problem relevanten Wahrscheinlichkeiten bekannt.

Ist es uns nicht möglich, derartige Probleme zu finden, so ist es ganz natürlich, zu versuchen, solche zu konstruieren. Das führt uns dazu, *kontrollierte Experimente* zu machen, um Informationen über die von den beteiligten Personen verwendeten Entscheidungsregeln zu erhalten.

Bevor wir mit der Schilderung solcher Experimente beginnen, ist es notwendig, einige Worte über *subjektive Wahrscheinlichkeiten* zu verlieren, ein Thema, auf das wir im Kapitel 14 näher eingehen werden.

Angenommen, eine Person hätte sich für eines der beiden Prospekte A oder B zu entscheiden, wobei

A einen Gewinn von x_1 erbringt, wenn das Ereignis E_1 eintritt, und
B einen Gewinn von x_2 erbringt, wenn das Ereignis E_2 eintritt.

Wir nehmen an, daß die Präferenzen der betreffenden Person durch eine unbekannte Nutzenfunktion $u(x)$ repräsentiert werden können und daß

$$P\{E_1\}=p_1 \quad \text{und} \quad P\{E_2\}=p_2,$$

wobei P für die Wahrscheinlichkeit steht. Wenn nun unsere Person aus irgendeinem Grunde Prospekt A dem Prospekt B vorzieht, so ergibt sich aus dem Bernoulli-Prinzip

$$p_1 u(x_1) > p_2 u(x_2),$$

wobei der Einfachheit halber gilt, daß $u(0)=0$.
Wenn wir nun die Wahrscheinlichkeiten p_1 und p_2 als bekannt annehmen, so erhalten wir aus der getroffenen Entscheidung Informationen über die Form der Nutzenfunktion, welche die zugrunde liegende Präferenzordnung repräsentiert. Setzen wir andererseits voraus, daß die Nutzenfunktion $u(x)$ bekannt ist, so gewinnen wir daraus gewisse Kenntnisse über die *subjektiven Wahrscheinlichkeiten, mit denen das Eintreten der Ereignisse E_1 und E_2 erwartet wird.*
Gilt beispielsweise $x_1=x_2$, so schließen wir aus der Tatsache, daß A dem Prospekt B vorgezogen wird, daß

$$P\{E_1\}>P\{E_2\},$$

zumindest nach Meinung desjenigen, der die entsprechende Entscheidung getroffen hat.
Nehmen wir nun folgende Werte an:

E_1 = Beim Aufwerfen einer „fairen" Münze erscheint Kopf.
E_2 = Unser Universitätsteam gewinnt sein nächstes Fußballspiel.
x_1 = 10 Dollar.
x_2 = 100 Dollar.

Wenn wir weiter annehmen, daß unsere Person glaubt, daß

$$P\{E_1\} = {}^1/_2$$

und daß sie Prospekt *A* dem Prospekt *B* vorzieht, so haben wir

$${}^1/_2 u(10) > P\{E_2\} \cdot u(100)$$

oder

$$P\{E_2\} < \frac{u(10)}{2u(100)}.$$

Daraus können wir aber offensichtlich schließen, daß die betreffende Person annimmt, daß

$$P\{E_2\} < {}^1/_2,$$

d. h. daß die Wahrscheinlichkeit eines Sieges unserer Mannschaft kleiner als $^1/_2$ ist.
Weiters können wir folgende Schlußfolgerung ziehen:

1. Der Betreffende nimmt an, daß die Wahrscheinlichkeit, daß unsere Mannschaft gewinnt, sehr gering ist, oder
2. er hat eine sehr „flach" verlaufende Nutzenfunktion, d. h. sein Nutzen nimmt bei einem Ansteigen des Gewinnes nur sehr wenig zu.

Im allgemeinen können wir daher eine beobachtete Entscheidung erklären, indem wir annehmen, daß die Nutzenfunktion des Entscheidungsträgers eine bestimmte Form hat oder indem wir Annahmen darüber machen, wie der Betreffende auf Grund der ihm zur Verfügung stehenden Information zu subjektiven Wahrscheinlichkeiten oder „Erwartungen" gelangt. Das Bernoulli-Prinzip gestattet es uns, diese beiden Elemente des Entscheidungsproblems zu trennen.

6.7

Der erste Versuch einer Nutzenmessung mit Hilfe kontrollierter Experimente wurde 1950 von *Mosteller* und *Nogee* [8] gemacht, und zwar mit Hilfe einer Gruppe von Harvard-Studenten sowie einiger Mitglieder der Nationalgarde von Massachusetts. *Mosteller* und *Nogee* fanden, daß ihre Subjekte in ihren Entscheidungen nicht völlig konsistent waren; trotzdem bewies die auf dem Bernoulli-Prinzip beruhende Theorie beträchtliche Aussagekraft. Es ergab sich auch, daß die Nutzenfunktionen der Harvard-Studenten ziemlich verschieden von jenen der Gardeleute waren.

Wir werden nicht weiter auf dieses Experiment eingehen. Statt dessen werden wir kurz ein anderes Experiment diskutieren, das von *Davidson*, *Suppes* und *Siegel* [5] durchgeführt wurde. Wir lernen daraus, welchen Problemen wir in der „experimentellen Ökonomie" gegenüberstehen — Problemen, mit denen die meisten Ökonomen nicht vertraut sind, da ja die Ökonomie in der Regel nicht als experimentelle Wissenschaft angesehen wird.

6.8

Das Experiment von *Davidson*, *Suppes* und *Siegel* bestand im wesentlichen darin, daß sie Personen befragten, ob sie in folgender Situation lieber auf „Kopf" oder auf „Wappen" setzen würden:

Setzt man auf *Kopf*, so

1. gewinnt man 5 Cents, wenn Kopf erscheint, oder
2. verliert 5 Cents, wenn Wappen erscheint.

Setzt man auf *Wappen*, so

1. erhält man 6 Cents, wenn Wappen erscheint, oder
2. verliert 5 Cents, wenn Kopf erscheint.

Die Situation kann durch folgende „Auszahlungsmatrix" repräsentiert werden:

		Ich setze auf	
		Kopf	Wappen
Die Münze fällt auf	Kopf	5	—5
	Wappen	—5	6

Wird das Problem in dieser abstrakten Art und Weise dargestellt, so scheint es ganz offensichtlich zu sein, daß man auf Wappen setzen sollte. Dieser Schluß beruht jedoch auf der Annahme, daß die Testpersonen glauben, daß die Wahrscheinlichkeit, daß Kopf erscheint, genauso groß ist wie die Wahrscheinlichkeit, daß Wappen erscheint und daß sich dieser Glaube in den Entscheidungen auswirkt. Das ist eine Hypothese über menschliches Verhalten, die durch Experimente überprüft werden kann — und soll. Es ist durchaus möglich, daß manche Leute eine Vorliebe für „Kopf" haben, zumindest in weniger leicht überschaubaren Situationen wie der beschriebenen. Wunschdenken kommt in der Realität offensichtlich vor.

Davidson, *Suppes* und *Siegel* testeten diese Hypothese und fanden, daß alle Personen rational handelten, d. h. daß sie erfaßten, wann zwei Ereignisse gleich wahrscheinlich sind und was das bedeutet.

6.9

Die Konstruktion eines Experiments, auf welchem Gebiet das auch immer sei, erfordert größte Sorgfalt, um Verzerrungen jeder Art zu vermeiden. Werden die Ergebnisse eines Experiments veröffentlicht, so ist es notwendig, eine vollständige Beschreibung zu geben, damit der Leser die Signifikanz der Ergebnisse abschätzen kann. In dieser Hinsicht ist das Buch von *Davidson*, *Suppes* und *Siegel* ein Vorbild an Präzision, auch wenn man über den besonderen Aufbau der Experimente geteilter Meinung ist.

Die Autoren erhielten ihre Testpersonen durch den Arbeitsvermittlungsdienst der Stanford-Universität. Es waren dies Studenten, welche angaben, bereit zu sein, „relativ unattraktive" Arbeiten zu verrichten, wie zum Beispiel Akten einzuordnen. Meldete sich ein solcher Student zum Dienst, so wurde ihm mitgeteilt, daß eine Testperson für ein bestimmtes Experiment nicht erschienen sei. Er wurde dann gefragt, ob er an diesem Experiment teilnehmen wolle, anstatt 2 Stunden für

1 Dollar pro Stunde Akten zu ordnen. Es wurde ihm erklärt, daß mit dem Experiment die Durchführung eines Spieles verbunden sei, wobei der Durchschnittsverdienst der Teilnehmer mehr als 2 Dollar wäre, obwohl auch die Möglichkeit bestünde, in 2 Stunden weniger als 2 Dollar zu verdienen. Der Zweck dieser Versteckspieltaktik war, eine „Zufallsstichprobe" zu erhalten. Hätte man die Testpersonen aus Teilnehmern einer Vorlesung über „Entscheidungstheorie" ausgesucht oder durch ein „ehrliches" Inserat für das Experiment gewonnen, so hätte man wahrscheinlich eine Stichprobe erhalten, die nicht für die gesamte Studentenschaft repräsentativ gewesen wäre. Das muß aber nicht bedeuten, daß dies den Wert des Experiments herabgesetzt hätte. Es wäre sehr interessant gewesen, festzustellen, wie sich beispielsweise das Verhalten von Studenten der Wirtschaftswissenschaften vom Verhalten von Studenten der Philosophie unterschieden hätte. Der Zweck des ganzen Experiments bestand doch zweifellos darin, gewisse Kenntnisse zu erlangen, welche uns helfen sollen, die Entscheidungen, die im wirklichen Leben getroffen werden, zu analysieren und zu verstehen. Man kann dann einwenden, daß das Verhalten eines Studenten, der sich auf eine Laufbahn in der Wirtschaft vorbereitet, von größerem Interesse ist als das Verhalten eines „typischen" Studenten.

Von 20 auf diese Weise ausgesuchten Studenten stimmten 19 zu, an dem Experiment teilzunehmen. Der zwanzigste zog es vor, zwei Stunden Akten zu ordnen und damit 2 Dollar sicher einzustecken. Eigentlich ist es zu bedauern, daß man ihn so ohne weiteres gehen ließ; es wäre interessant gewesen, ihn zu ersuchen, seine Entscheidung ausführlicher zu erklären.

6.10

Wir bezeichnen nach *Davidson, Suppes* und *Siegel* ein Prospekt, welches eine 50:50-Chance bietet, a oder b zu gewinnen, mit (a, b).

Als Ausgangspunkte wurden die Werte $a = -4$ Cents und

$b=6$ Cents verwendet. Sodann wurde ein Wert c derart bestimmt, daß die beiden Prospekte $(-4, -4)$ und $(6, -c)$ äquivalent sind, d. h. daß gilt:

$$(-4, -4) \sim (6, -c).$$

Als nächstes wurde ein Wert d eingeführt, definiert durch

$$(6, 6) \sim (-4, d).$$

Die Bestimmung der Werte c und d erfolgte dadurch, indem man die Testpersonen aufforderte, aus jeweils zwei Wetten der Art, wie sie in Abschnitt 6.8 beschrieben wurden, die bevorzugte auszuwählen. Dabei mußte eine Entscheidung getroffen werden, es war nicht gestattet anzugeben, man betrachte zwei Wetten als gleich gut. Die verschiedenen Wetten wurden willkürlich und unsystematisch präsentiert.

Da nur eine beschränkte Anzahl von Versuchen durchgeführt werden konnte, erhielt man lediglich Intervallschätzungen für die Werte c und d. Entscheidet die Testperson beispielsweise, daß sie $(-4, -4)$ der Wette $(6, -15)$ vorzieht, während $(6, -10)$ der Wette $(-4, -4)$ vorgezogen wird, so können wir daraus lediglich schließen, daß der Wert für c in dem Intervall $(10 \leq c \leq 15)$ liegen wird, wenn

$$(-4, -4) \sim (6, -c)$$

erfüllt ist.

In gleicher Weise erhalten wir ein Intervall für den Wert von d, welcher die Bedingung

$$(6,6) \sim (-4, d)$$

erfüllt.

Existiert eine Nutzenfunktion, so muß sie die Bedingung

$$\tfrac{1}{2}u(6) + \tfrac{1}{2}u(6) = \tfrac{1}{2}u(-4) + \tfrac{1}{2}u(d)$$

oder

$$u(d) = 2u(6) - u(-4)$$

erfüllen.

Da eine Nutzenfunktion, wie wir in Kapitel 3 gesehen haben, nur bis auf eine lineare Transformation bestimmt sein kann, können wir zwei Werte beliebig annehmen, so zum Beispiel unsere beiden Ausgangswerte a und b. *Davidson*, *Suppes* und *Siegel* wählten eine Nutzenfunktion, welche den Bedingungen

$$u(-4) = -1 \quad \text{und} \quad u(6) = 1$$

genügt. Daraus folgt unmittelbar, daß

$$u(-c) = -3 \quad \text{und} \quad u(d) = 3.$$

Nach Bestimmung der Werte c und d durch eine Testperson können zwei andere Werte, f und g, derart ermittelt werden, daß gilt:

$$(d, f) \sim (6, -c),$$
$$(-c, g) \sim (-4, d).$$

Aus der ersten Beziehung erhalten wir

$$u(d) + u(f) = u(6) + u(-c)$$

oder

$$u(f) = u(6) + u(-c) - u(d),$$
$$u(f) = 1 - 3 - 3 = -5$$

und aus der zweiten Beziehung in ähnlicher Weise für $u(g)$ den Wert 5.

6.11

Von den 19 Personen, die an dem Experiment teilnahmen, trafen 4 insofern inkonsistente Entscheidungen, als die zugrunde liegenden Entscheidungsregeln, falls solche überhaupt vorhanden waren, nicht durch Nutzenfunktionen repräsentiert werden konnten. Die Autoren bemerken ([5], S. 66), daß zwei von diesen Personen eine „beträchtliche Abneigung" gegen das Spiel zeigten und daß es eigentlich ein Fehler war, diese Personen in das Experiment einzubeziehen. In Wirklichkeit hätten es nämlich die beiden betreffenden Studenten vorgezogen, 2 Dollar durch das Ordnen von Akten zu verdienen, und man hätte sie nicht überreden sollen, das von ihnen wahrscheinlich dringend benötigte Geld aufs Spiel zu setzen. Die beiden anderen inkonsistent handelnden Personen waren sehr nervös, sie trafen ziemlich schlechte Entscheidungen und scheinen dies auch selbst gefühlt zu haben. Für die Nutzenfunktionen der übrigen 15 Personen ergab das Experiment je 4 Werte, zusätzlich zu den beiden willkürlich angenommenen Werten. So fanden die Autoren zum Beispiel für Testperson 1:

$$-18 < f < -15$$
$$-11 < c < -10$$
$$11 < d < 12$$
$$14 < g < 18$$

In Tabelle 5 werden die Nutzenfunktionen der beiden ersten Testpersonen wiedergegeben, wobei für jedes Intervall die Mittelwerte angegeben werden.

Tabelle 5

Testperson 1		Testperson 2	
x	$u(x)$	x	$u(x)$
−16,5	−5	−32	−5
−10,5	−3	−11,5	−3
−4	−1	−4	−1
6	1	6	1
11,5	3	15	3
16	5	32,5	5

6.12

Unsere kurze Zusammenfassung kann dem wohldurchdachten Experiment von *Davidson*, *Suppes* und *Siegel* nicht gerecht werden. Eine nähere Betrachtung würde uns jedoch in Gebiete führen, die unseren Gegenstand nur am Rande berühren. Der Leser soll aber noch auf eine Arbeit von *Marschak* [6] sowie auf zwei Arbeiten von *Becker*, *De Groot* und *Marschak* [3, 4], in welchen Beispiele verfeinerter experimenteller Methoden gegeben werden, aufmerksam gemacht werden.

In einem Experiment [4] werden die Testpersonen ersucht, sich für eines der folgenden Prospekte zu entscheiden:

A: x_1 oder x_4, je mit Wahrscheinlichkeit $^1/_2$,
B: x_2 oder x_3, je mit Wahrscheinlichkeit $^1/_2$,
C: x_1, x_2, x_3, x_4, je mit Wahrscheinlichkeit $^1/_4$,

wobei $x_1 < x_2 < x_3 < x_4$. Wählt die betreffende Person C, so impliziert dies

$$^1/_4 \{u(x_1) + u(x_2) + u(x_3) + u(x_4)\} > {^1/_2} \{u(x_1) + u(x_4)\},$$
$$^1/_4 \{u(x_1) + u(x_2) + u(x_3) + u(x_4)\} > {^1/_2} \{u(x_2) + u(x_3)\}.$$

Addieren wir diese beiden Ungleichungen, so stoßen wir auf einen Widerspruch. Jemand, der seine Entscheidungen in Übereinstimmung mit dem Bernoulli-Prinzip trifft, könnte nur A oder B wählen. Die Wahl von C kann nur gerechtfertigt werden, wenn die betreffende Person alle drei Prospekte als äquivalent ansieht.

Es wurden nun 25 Sätze von je drei Prospekten dieser Art vorbereitet und sodann 62 Hörer einer Einführungsvorlesung in die Psychologie ersucht, in jedem der 25 Fälle ihre Entscheidung für eines der drei Prospekte zu treffen. Es stellte sich heraus, daß 60 Studenten zumindest einmal ein C-Prospekt wählten. Zwei davon wählten ein C-Prospekt nicht weniger als 19mal.

Der Hälfte der Testpersonen wurde vor dem Experiment gesagt, daß die möglichen Gewinne (von 0 bis 90) tatsächlich ausgezahlt würden, und zwar in Cents. Den anderen 31 Personen sagte man, daß die Gewinne Dollars wären und daß so entschieden werden sollte, als ob tatsächlich eine Auszahlung stattfände. Die statistische Auswertung ergab keine signifikanten Unterschiede im Verhalten der beiden Gruppen.

6.13

Experimente der besprochenen Art sind von beträchtlicher Bedeutung — hauptsächlich weil sie die psychologischen Vorgänge erhellen, die hinter den Entscheidungen bei Unsicherheit stehen. Sie führen uns beispielsweise dazu, die allgemeine Gültigkeit der Konsistenzannahmen, welche gewöhnlich in der ökonomischen Theorie getroffen werden, anzuzweifeln. Der Großteil der mit solchen Experimenten verbundenen Problematik gehört jedoch eher zum Gebiet der experimentellen Psychologie als zur Ökonomie. Die bisher durchgeführten Experimente hatten direkt für die Ökonomie verhältnismäßig wenig Bedeutung, was die Autoren derartiger Arbeiten auch nie verleugnet haben. Im Laufe eines Experiments ist es durchaus möglich, daß ein Student sich so verhält, als ob der Verlust von 20 Cents eine kleinere Katastrophe wäre. Wir können dann wohl auf Grund des beobachteten Verhaltens eine Nutzenfunktion konstruieren, welche die Präferenzordnung des betreffenden Studenten repräsentiert, es ist jedoch nicht sehr wahrscheinlich, daß uns eine solche Nutzenfunktion gestatten wird, Voraussagen über die tatsächlichen Entscheidungen dieses Studenten im wirklichen Leben zu machen, wenn es beispielsweise darum geht, nach Beendigung des Experiments eine Jause einzukaufen oder am Abend auszugehen.

Andererseits könnten wir auch den Studenten ersuchen, anzugeben, wie seine Entscheidungen aussehen würden, wenn es um Tausende von Dollars ginge, und daraus eine Nutzenfunktion konstruieren. Doch auch in diesem Fall ist es zu bezweifeln, ob eine solche Nutzenfunktion Aussagen über das tatsächliche Verhalten unseres Studenten erlaubt.

6.14

Da es einerseits sehr wichtig ist, Informationen über die Nutzenfunktionen, von denen ja die Entscheidungen bei Unsicherheit abhängen, zu gewinnen und andererseits Experimente wenig Aufschluß darüber geben können, ist es ganz natürlich, zur Analyse des ökonomischen Verhaltens in der Realität Zuflucht zu nehmen. Zu diesem Thema wollen wir die Bemerkungen von zwei überaus scharfsinnigen Beobachtern des wirtschaftlichen Lebens wiedergeben:

1. Nach *Adam Smith* wird die Chance eines Gewinns von jeder-

mann mehr oder weniger überschätzt, während die Verlustchancen im allgemeinen unterschätzt werden ([12], Buch I, Kapitel X). In unsere Terminologie übertragen, würde das bedeuten, daß die meisten Leute „Risikopräferenzen" besitzen, d. h. daß ihr „Risikoverhalten" durch eine konvexe Nutzenfunktion repräsentiert werden kann (steigender Grenznutzen des Geldes). Wir sollten uns vor Augen halten, daß *Adam Smith* nicht durch bloße Überlegung zu dieser Schlußfolgerung kam. Er glaubte seine Feststellung dadurch bewiesen zu haben, indem er die Beobachtung machte, daß man durch das Betreiben einer Versicherung einen nur bescheidenen Gewinn erzielen, durch die Veranstaltung von Lotterien jedoch ein Vermögen verdienen kann. Wäre diese Beobachtung richtig, so hätte man eine natürliche Erklärung dafür, daß die meisten Leute nicht bereit sind, mehr als die „faire" oder „Netto"-Prämie für eine Versicherung zu bezahlen.

2. Hundert Jahre später kommt *Alfred Marshall* zu einer genau gegenteiligen Auffassung. Er spricht über die nachteiligen Folgen der Unsicherheit, für deren Beseitigung die meisten Leute gern bereit sind, zu zahlen ([7], Buch V, Kapitel VII und Buch VI, Kapitel VIII). Zum Beweis seiner These führte er die Versicherungsanstalten an, welche „trotz hoher Ausgaben für Werbung und Verwaltung" schöne Gewinne erzielen. Im Gegensatz zu *Adam Smith* müßte es also eine beträchtliche Anzahl von Personen geben, die bereit sind, für eine Versicherung, die sie vor Verlusten schützt, mehr als die Nettoprämie zu bezahlen. *Marshall* lebte im Viktorianischen Zeitalter, als Lotterien nicht mehr zum Gebiet der seriösen Nationalökonomie zählten. Er kam daher natürlicherweise zu dem Schluß, daß die meisten Leute eine „Risikoabneigung" hätten, d. h. daß der Geldnutzen durch eine konkave Funktion repräsentiert werden müsse.

6.15

Die meisten modernen Ökonomen scheinen sich *Marshalls* Ansicht angeschlossen zu haben. Sie geben wohl zu, daß es Spielertypen mit Risikopräferenz gibt, doch betrachten sie diese nicht als wesentliche Elemente des Wirtschaftslebens. Nach der heute vorherrschenden Meinung hat der größte Teil der ernst zu nehmenden und maßgebenden Personen eine Risikoabneigung. Der Beweis für die Richtigkeit dieser Ansicht ist angeblich überwältigend. Wenn auch Spielkasinos existieren, so sind diese im wirtschaftlichen Leben doch nur von geringer Bedeutung. Es dominieren vielmehr jene „verantwortungsvollen" Leute, welche Versicherungen eingehen und ihre Investititonen aus Sicherheitsgründen streuen.

Als Gegenbeispiel, das die vorherrschende Meinung etwas erschüttern könnte, können wir die Entwicklung von *Trefferanleihen* in einigen europäischen Ländern (England, Schweden, Norwegen usw.) anführen. Um zu erklären, was darunter zu verstehen ist, nehmen wir an, eine Regierung gebe 1 Million Obligationen zu je 100 Dollar Nennwert aus, zu einer Verzinsung von 4%, also 4 Dollar pro Anteilschein. Statt dessen könnten aber auch jedes Jahr durch einen Zufallsprozeß 400 Obligationen ausgewählt werden, auf die ein Gewinn von je 10.000 Dollar entfällt. Alle anderen Obligationen werden am Ende ihrer Laufzeit pari zurückgezahlt, so daß außer den Zinsen nichts verloren werden kann. Besitzt jemand eine gewöhnliche Obligation, die in einem Jahr fällig ist, so erhält er am Ende des Jahres mit Sicherheit 104 Dollar. Ist der Betreffende aber im Besitz einer Trefferanleihe, so hat er ein Prospekt zur Verfügung, das ihm

entweder 10.000 Dollar mit Wahrscheinlichkeit 0,0004
oder 100 Dollar mit Wahrscheinlichkeit 0,9996 erbringt.

Eine Person mit Risikoabneigung wird offensichtlich die normale Obligation vorziehen. Andererseits bestehen jedoch berechtigte Annahmen, daß viele Leute die Trefferanleihe sogar dann vorzögen, wenn sie andernfalls mit Sicherheit 105 Dollar erhalten. Das bedeutet aber, daß, wenn der laufende Zinssatz für Regierungsanleihen 5% beträgt, die Regierung zu 4% Geld aufnehmen kann, indem sie Trefferanleihen emittiert.

Mehrere Regierungen haben von dieser Gelegenheit Gebrauch

gemacht, ohne jedoch privaten Kreditnehmern dasselbe zu gestatten — wahrscheinlich, weil es als unmoralisch angesehen wird, durch Ausnutzung des Spieltriebes zu billigen Darlehen zu kommen. Es besteht jedoch wenig Zweifel, daß sich die privaten Geschäftsleute dieser Möglichkeiten bewußt sind, die bereits von *Adam Smith* gesehen wurden. Jene Anleihen, die mit diversen Options- und Umtauschrechten ausgestattet sind, dienen übrigens demselben Zweck wie Trefferanleihen und sind auch für ein ähnliches Publikum bestimmt. Bei Wandelschuldverschreibungen müssen wir allerdings annehmen, daß die Wahrscheinlichkeit, einen Gewinn zu erzielen, teilweise bekannt ist, was den Erwerb einer solchen Obligation eher zu einem „Geschicklichkeitsspiel" als zu einem „Glücksspiel" und daher moralisch akzeptabel macht.

6.16

Trotz dieses Gegenbeispiels bestehen kaum Zweifel darüber, daß in den meisten Gesellschaften die Risikoabneigung vorherrscht. Der Aufbau der modernen Wohlfahrtsstaaten kann nur mit einer allgemeinen Risikoaversion erklärt werden. Der Wohlfahrtsstaat versucht, jedermann einen angemessenen Lebensstandard zu garantieren, sogar wenn der Betreffende infolge unglücklicher Ereignisse nicht in der Lage sein sollte, viel zum Volkseinkommen beizutragen. Das bedeutet natürlich, daß jene, welche durch ihr besonderes Glück oder ihre Geschicklichkeit einen großen Beitrag zum nationalen Reichtum leisten, mit den weniger glücklichen Mitgliedern der Gesellschaft teilen müssen. Führt also eine Gesellschaft durch freie Wahlen und in demokratischer Weise einen Wohlfahrtsstaat ein, so muß die Risikoabneigung in gewisser Weise diese Entscheidung beeinflussen. Andererseits gibt es wahrscheinlich eine Minorität von risikofreudigen Menschen, welche ein Gesellschaftssystem vorziehen würden, das ihnen mehr Chancen bietet, aber auch größere Verlustmöglichkeiten mit sich bringt. Das scheint eine Erklärung für jene Unzufriedenheit mit dem Wohlfahrtsstaat zu liefern,

die in einigen der reichen Länder Europas in letzter Zeit oft zum Ausdruck kommt. Klagen über Mangel an Chancen und Gelegenheiten sind in einer Gesellschaft, die Sicherheit für alle bietet, unvermeidlich.
Allgemein wird die Meinung vertreten, daß Versicherung die „soziale Wohlfahrt" erhöht, wenn Risikoabneigung vorherrscht. Offensichtlich kann aber die Wohlfahrt noch weiter gesteigert werden — und darauf wurde schon von einigen Autoren hingewiesen —, indem für die Leute mit Risikopräferenz Lotterien veranstaltet werden. Das würde bedeuten, daß der perfekte Wohlfahrtsstaat ein Netz von Kasinos besitzen sollte, wo jene ihre soziale Sicherheit aufs Spiel setzen können, die das wünschen.

6.17

Beobachtungen über ökonomisches Verhalten in der Realität liefern uns nicht immer verläßliche Informationen über die tatsächlichen Intentionen der Entscheidungsträger. Die Experimente zeigen uns, daß „irrtümlich" falsche Entscheidungen getroffen werden können, wenn die Situation sehr komplex ist, oder wenn man sich nicht genug Zeit nimmt, um die Situation sorgfältig zu analysieren.
Unser Problem hat zwei traditionelle Behandlungen erfahren:
1. In der Betriebswirtschaftslehre tendiert man dazu, *normativ* vorzugehen und versucht, die bestmögliche Entscheidung zu finden — jene Entscheidung, die von intelligenten Leuten getroffen wird. Es erweist sich jedoch bald, daß das Auffinden der besten Entscheidung oft mit mehr Mühe und Arbeit verbunden ist, als diese Entscheidung wirklich wert ist. Man begnügt sich daher mit etwas weniger und trifft Entscheidungen, die gerade gut genug sind und die gewisse Mindesterfordernisse *erfüllen*. Aus *Optimierern* werden also *Satisfizierer* („satisfizer"), um den Originalausdruck von *Simon* [11] zu verwenden.
2. In der allgemeinen Ökonomie ziehen wir eine mehr *deskriptive* Analyse vor. Wir versuchen zu ermitteln, nach welchen

Regeln, sofern solche überhaupt vorhanden sind, Entscheidungen bei Unsicherheit getroffen werden. Kennen wir diese Regeln, so sind wir in der Lage, *vorauszusagen*, was in der Volkswirtschaft als Ganzes vor sich gehen wird: das Gesamtergebnis einer Reihe von Einzelentscheidungen der Individuen, welche die betreffende Volkswirtschaft ausmachen.

Es kann möglich sein, eine allgemeine Theorie zu konstruieren, welche auf der Annahme beruht, daß die verwendeten Entscheidungsregeln völlig verrückt sind, zum Beispiel, daß die Preise nur dann gesenkt werden, wenn Vollmond ist. Wahrscheinlich könnte aber eine solche Theorie den Tatsachen nicht gerecht werden, d. h. die tatsächlichen Beobachtungen würden den aus der Theorie gezogenen Schlußfolgerungen widersprechen. Wenn wir eine ökonomische Theorie konstruieren, so ist es am einfachsten, anzunehmen, daß alle Leute rational handeln, d. h. daß sie ihre Ziele und Interessen kennen und alles tun, um diese Interessen in bestmöglicher Art und Weise zu fördern. Das mag eine sehr unrealistische Annahme sein, es ist aber nicht leicht, sie durch eine bessere zu ersetzen. Die Feststellung, daß im Wirtschaftsleben nicht immer rational vorgegangen wird, nützt uns nicht viel. Wir müßten nämlich wissen, wann und wo, unter welchen Umständen und wie oft gegen die Rationalität verstoßen wird. Es wäre möglich, daß hier aus Experimenten gewonnene Erkenntnisse von Nutzen sein könnten.

Bibliographie

[1] *Allais, M.:* „La Psychologie de l'homme rationnel devant le risque", *Journal de la Société de Statistique de Paris*, 1953, S. 47 bis 72.

[2] *Allais, M.:* „Le Comportement de l'homme rationnel devant le risque: Critique des postulates et axiomes de l'ecole americaine", *Econometrica*, 1953, S. 503—546.

[3] *Becker, G. M., M. H. De Groot* und *J. Marschak:* „Stochastic Models of Choice Behavior", *Behavioral Science*, 1963, S. 41—55.

[4] *Becker, G. M., M. H. De Groot* und *J. Marschak:* „An Experimental Study of some Stochastic Models for Wagers", *Behavioral Science*, 1963 b, S. 199—202.

[5] *Davidson, D., P. Suppes* und *S. Siegel: Decision Making—An Experimental Approach*, Stanford University Press, 1957.

[6] *Marschak, J.:* „Actual versus Consistent Decision Behavior", *Behavioral Science*, 1964, S. 103—110.
[7] *Marshall, A.:* Principles of Economics, London, 1890.
[8] *Mosteller, F. C.*, und *P. Nogee:* „An Experimental Measurement of Utility", *Journal of Political Economy*, 1951, S. 371—404.
[9] *Samuelson, P.:* „Probability, Utility and the Independence Axiom", *Econometrica*, 1952, S. 670—678.
[10] *Savage, L. J.:* The Foundations of Statistics, Wiley, 1954.
[11] *Simon, H. A.: „Models of Man—Social and Rational"*, Wiley, 1957.
[12] *Smith, A.:* An Inquiry into the Nature and Causes of the Wealth of Nations, Edinburgh, 1776.

7 Entscheidungen bei unbekannten Wahrscheinlichkeiten

7.1

In den vorangegangenen Kapiteln nahmen wir immer an, daß der Entscheidungsträger die Wahrscheinlichkeiten der möglichen Ergebnisse seiner Entscheidungen kennt. Diese Annahme ermöglichte es uns, das Entscheidungsproblem so zu interpretieren, daß aus einer gegebenen Menge bekannter Wahrscheinlichkeitsverteilungen, welche die verfügbaren Prospekte repräsentieren, die „beste" auszuwählen sei.
Solche Situationen werden in der Realität wahrscheinlich nicht oft vorkommen. Es kann sein, daß jemand zwar alle möglichen Resultate einer bestimmten Entscheidung angeben kann, jedoch nicht in der Lage ist, diesen Resultaten präzise Wahrscheinlichkeiten zuzuschreiben. In einem solchen Fall haben wir es mit einer völlig neuen Situation zu tun, deren Behandlung von unserer bisherigen Vorgangsweise vollkommen verschieden sein muß. Der führende Vertreter dieser Richtung ist wahrscheinlich *Knight* [1], der Situationen mit bekannten Wahrscheinlichkeiten als Entscheidungsprobleme unter *Risiko* bezeichnet. Mit einem Entscheidungsproblem bei *Unsicherheit* haben wir es in der Terminologie von *Knight* erst dann zu tun, wenn die Wahrscheinlichkeiten unbekannt sind. Diese Unterscheidung zwischen Unsicherheit und Risiko wurde in der ökonomischen Literatur häufig verwendet. Wir haben diese Konvention nicht übernommen und werden es auch nicht tun, da wir glauben, daß sie keinerlei theoretischen oder praktischen Nutzen hat.

7.2

Wir betrachten die durch die „Auszahlungs"-Matrix in Tabelle 6 beschriebene Situation:

Tabelle 6

	E_1	E_2	...	E_j	...	E_n
a_1	R_{11}	R_{12}	...	R_{ij}	...	R_{1n}
a_2	R_{21}		...		...	
$\vdots$	.	.	.	.	.	.
a_i	R_{i1}		...	R_{ij}	...	R_{in}
$\vdots$	.	.	.	.	.	.
a_m	R_{m1}		...	R_{mj}	...	R_{mn}

Die Menge aller möglichen sich gegenseitig ausschließenden Ereignisse wird durch $E_1, \ldots, E_n$ beschrieben, das ist praktisch eine Aufzählung aller möglichen „Zustände der Welt". Die Menge A besteht aus den Elementen $a_1, \ldots, a_m$, das sind alle Aktionen, die einer Person zur Verfügung stehen. Wählt diese Person eine Aktion $a_i \in A$ und tritt das Ereignis $E_j \in E$ ein, so beträgt ihre Auszahlung R_{ij}.

Durch dieses Modell, das sehr allgemeinen Charakter hat, kann eine große Anzahl der in der Realität vorkommenden Entscheidungsprobleme dargestellt werden, insbesondere wenn wir annehmen, daß die Mengen E und A unendlich groß sein können.

Entscheidungsprobleme, welche „sequentieller" oder „dynamischer" Natur sind, scheinen auf den ersten Blick nicht in dieses Modell zu passen. Der Begriff der „Strategie" von *John von Neumann* und *Oskar Morgenstern* ([5], S. 79) erlaubt es uns jedoch, auch solche Probleme im Rahmen dieses Modells zu behandeln.

Ordnen wir den Ereignissen E_j Wahrscheinlichkeiten $P(E_j)$ zu, so haben wir es mit dem in Kapitel 3 diskutierten Problem zu tun. In diesem Fall hätten wir jene Entscheidung a_i zu treffen, für welche der erwartete Nutzen ein Maximum ist, d. h. für die gilt:

$$\max_{a_i \in A} \left\{ \sum_{j=1}^{n} P(E_j) u(ij) \right\}.$$

7.3

Wir wollen jedoch annehmen, und das ist das Neue an diesem Ansatz, daß die Wahrscheinlichkeiten $P(E_j)$ unbekannt sind. Unsere Aufgabe ist es dann, Entscheidungsregeln zu finden, die auf solche Situationen anwendbar sind. Wenn wir über die Bedeutung der Feststellung, daß die Wahrscheinlichkeiten unbekannt sind, etwas länger nachdenken, so wird uns klar, daß dabei einige logische Schwierigkeiten auftauchen. Bestehen wir darauf, daß uns die Wahrscheinlichkeiten des Eintretens der Ereignisse $E_1, \ldots, E_n$ *vollständig unbekannt* sind, so können wir die Annahme, daß alle Ergebnisse gleich wahrscheinlich sind, kaum zurückweisen. Damit sind aber die Wahrscheinlichkeiten wiederum bekannt, nämlich

$$P(E_j) = 1/n \qquad \text{für alle } j = 1, \ldots, n.$$

Dieses Argument, das man allgemein *Laplace* zuschreibt, wird gewöhnlich als *Prinzip des unzureichenden Grundes* bezeichnet. Wird es akzeptiert, so ist es nicht notwendig, der Unterscheidung von *Knight* zwischen Risiko und Ungewißheit zu folgen. Dieses Prinzip ist jedoch weit davon entfernt, allgemein anerkannt zu werden. Denn wenn auch in der Praxis oft die exakten Wahrscheinlichkeiten der einzelnen Ereignisse unbekannt sind, so heißt das noch lange nicht, daß man so entscheiden wird, als ob alle Ereignisse gleich wahrscheinlich wären. Zur Illustration betrachten wir eine 2×2-Matrix:

	E_1	E_2
a_1	u_{11}	u_{12}
a_2	u_{21}	u_{22}

wobei $u_{ij} = u(R_{ij})$.

Es ist nun leicht möglich, daß man wohl angeben kann, daß E_1 wahrscheinlicher ist als Ereignis E_2, daß man aber nicht weiß, um wieviel wahrscheinlicher. Wir können dann die unbekannte Wahrscheinlichkeit für E_1 mit p bezeichnen und eine neue Folge von möglichen Ereignissen $E_1', E_2', \ldots, E_j', \ldots,$ einführen, wobei E_j' für $p = p_j$ steht und

$$^1/_2 < p_1 < p_2 < \ldots < p_j < \ldots < 1 \quad \text{gilt.}$$

Die Entscheidungsmatrix hat dann folgendes Aussehen:

	E_1'	...	E_j'	...
a_1	$p_1u_{11}+(1-p_1)u_{21}+$	...	$+p_ju_{11}+(1-p_j)u_{21}+$	...
a_2	$p_1u_{12}+(1-p_1)u_{22}+$	...	$+p_ju_{12}+(1-p_j)u_{22}+$	... .

Damit haben wir ein neues Problem vor uns, das jedoch durchaus dem ursprünglichen ähnlich ist. Nun kann man aber weiters der Meinung sein, daß einigen Werten von p_j ein höheres Gewicht beizumessen wäre. Wir können dann die Operation beliebig oft wiederholen, bis wir mit dem Ergebnis zufrieden sind. Dieser etwas seltsam erscheinende Vorgang führt tatsächlich zu einer befriedigenden Lösung, wie wir in Kapitel 14 sehen werden.

7.4

Wenn wir versuchen, das Prinzip des unzureichenden Grundes anzuwenden, können wir oft Schwierigkeiten haben, die in Frage kommenden Ereignisse oder Zustände zu spezifizieren. Wie sollen beispielsweise zwei Ereignisse, die uns dieselben Gewinne erbringen, gleich welche Entscheidung wir treffen, auseinandergehalten werden? Betrachten wir einen Bankier in New York, der vor den britischen Wahlen folgende Entscheidungsmatrix konstruiert:

	Labour-Sieg	Tories-Sieg	Liberale halten das Gleichgewicht
Kauf von £	Verlust	Gewinn	Gewinn
Verkauf von £	Gewinn	Verlust	Verlust

Nach Annahme des betreffenden Bankiers würde also ein unentschiedener Ausgang der Wahlen, wobei die Liberalen das Zünglein an der Waage bilden, die gleichen Folgen für das Pfund Sterling haben wie ein Sieg der Tories.

Wenn sich der betreffende Bankier in der englischen Politik nicht auskennt, so kann er allen drei möglichen Ereignissen dieselbe Wahrscheinlichkeit zuordnen und daraufhin seine Entscheidung treffen. Andererseits könnte das Problem aber auch so beschrieben werden:

	Labour-Sieg	Labour siegt nicht
Kauf von £	Verlust	Gewinn
Verkauf von £	Gewinn	Verlust

Wird nun das Prinzip des unzureichenden Grundes angewandt, so würde man so vorgehen, als ob die Wahrscheinlichkeit eines Labour-Sieges $^1/_2$ wäre und nicht $^1/_3$ wie im ersten Fall.

7.5

Das eigentliche Problem besteht darin, jene *Teilkenntnisse* auszunützen, welche man über die Wahrscheinlichkeiten der möglichen Ereignisse zu haben glaubt. Vorerst wollen wir dies jedoch umgehen und solche Entscheidungsregeln betrachten, welche nicht von bekannten oder unbekannten Wahrscheinlichkeiten Gebrauch machen.

Wir haben es dabei mit einem wohldefinierten mathematischen Problem zu tun; wir sollen nämlich eine Regel finden, die es uns gestattet, eine Entscheidung a_i zu treffen, wobei diese Regel nur von den Elementen der Matrix R_{ij} oder den Elementen der Nutzenmatrix $u(R_{ij})$ abhängen soll. Ein solcher Ansatz wird Ökonomen, die der Meinung sind, daß alle Kenntnisse, und seien sie noch so vage, bei einer rationalen Entscheidung ausgenützt werden müßten, ziemlich sonderbar, zumindest aber ineffizient erscheinen. Es soll deshalb daran erinnert werden, daß dieser spezifische Ansatz auf der statistischen Theorie der Beschreibung und Analyse wissenschaftlicher Experimente basiert. Nehmen wir beispielsweise an, wir machten ein Experiment, um herauszufinden, wie oft das Ereignis E_1 auf lange Sicht voraussichtlich eintreten wird. Das Wichtige dabei ist, daß das

Experiment „für sich selbst sprechen muß", d. h. daß wir in der Lage sein müssen, nur durch das Experiment allein zu einem Ergebnis zu kommen. Hätten wir beispielsweise vor Durchführung des Experiments ziemlich sicher angenommen, daß E_1 in 90% der Beobachtungen eintreten wird, so müßte diese Annahme als irrelevant oder „unwissenschaftlich" betrachtet werden und dürfte das Ergebnis nicht beeinflussen. Wir müssen uns offensichtlich selbst dazu zwingen, alles was wir glauben zu vergessen, um völlig rational oder wissenschaftlich zu sein.

7.6

Als Beispiel betrachten wir die Auszahlungsmatrix:

	E_1	E_2	E_3	E_4
a_1	2	2	0	1
a_2	1	1	1	1
a_3	0	4	0	0
a_4	1	3	0	0

Wir werden nun einige Entscheidungsregeln untersuchen, die einer rational denkenden Person bei Betrachten dieser Matrix einfallen könnten. Wir nehmen an, daß diese Person sodann versucht, Prinzipien zu formulieren, die allgemein auf Situationen dieser Art Anwendung finden können, so daß zukünftige Entscheidungen an andere Personen oder sogar an einen Computer delegiert werden können.

Regel 1:

Als erste Entscheidungsregel könnte jene Aktion gewählt werden, bei der die Summe der möglichen Gewinne am größten ist, d. h. jene Aktion, für die gilt

$$\max_i \sum_{j=1}^{n} R_{ij}.$$

Danach würden wir uns in unserem Beispiel für a_1 entscheiden. Diese Regel ist äquivalent dem Bernoulli-Prinzip, wenn folgende Bedingungen erfüllt sind:

a) Die Präferenzen durch eine lineare Nutzenfunktion repräsentiert werden,
b) alle Ereignisse als gleich wahrscheinlich angesehen werden.

Wir werden diese Regel als *Laplace-Regel* bezeichnen, da sie mit dem Prinzip des unzureichenden Grundes zusammenhängt.

Regel 2:

Nehmen wir nun an, unsere Person sei extrem pessimistisch eingestellt und glaubt, daß das jeweils schlechteste Ereignis immer eintreten wird. Diese Einstellung wird sie dazu führen, für jede Zeile der Matrix den kleinsten Wert zu ermitteln und dann jene Zeile zu wählen (d. h. jene Aktion), wo dieses Minimum am größten ist, also zu bestimmen

$$\max_i \left\{ \min_j R_{ij} \right\}.$$

In unserem Beispiel würde diese Regel zur Wahl der Aktion a_2 führen. Wir werden diese Regel als *NM-Regel* bezeichnen, da sie in der von *John von Neumann* und *Oskar Morgenstern* geschaffenen Spieltheorie eine wichtige Rolle spielt, worauf wir im Kapitel 9 zurückkommen werden.
Diese Regel verkörpert eine extrem pessimistische Haltung, da sie beispielsweise impliziert, daß die Zeile

a_2: 1, 1, 1, 1

einer Zeile

a_k: 100, 0, 50, 50

vorgezogen wird. Das mag vielen Leuten als unvernünftig erscheinen, wenn auch ein Versicherungskaufmann anderer Meinung sein könnte.

Regel 3:

Es gibt natürlich auch eine Entscheidungsregel, welche extrem optimistisch ist und nach der jene Aktion gewählt werden soll, die den höchstmöglichen Gewinn erbringt. Gegen eine solche Regel können ähnliche Einwände wie gegen die NM-Regel vorgebracht werden. Es wäre aber denkbar, daß ein Kompromiß zwischen diesen beiden Regeln zu einer „vernünftigen" Entscheidungsregel führen könnte.

Hurwicz hat vorgeschlagen (ohne jedoch diesen Vorschlag selbst zu veröffentlichen), daß der Entscheidende einen Wert α als Ausdruck seines „Pessimismus" bestimmen sollte, wobei $0 \leq \alpha \leq 1$. Sodann sollte für jede mögliche Aktion das beste und das schlechteste Ergebnis ermittelt und mit α gewogen werden, worauf jene Entscheidung zu treffen wäre, für die gilt

$$\max_i \left\{ \alpha \min_j R_{ij} + (1-\alpha) \max_j R_{ij} \right\}.$$

Ist $\alpha = 1$, so ist der Betreffende ein vollkommener Pessimist, und die Hurwicz-Regel entspricht der NM-Regel. Nehmen wir an, $\alpha = {}^1/_2$, so würde das in unserem Beispiel zur Wahl von a_3 führen.

Diese Regel mag, von einem normativen Standpunkt aus betrachtet, nicht sehr attraktiv erscheinen, da sie für jede Entscheidung nur die beiden Extremergebnisse berücksichtigt, sie kann jedoch in einer deskriptiven Theorie sicherlich einiges über den Entscheidungsprozeß in der Praxis aussagen. So scheint auch die von *Shackle* [8] vertretene Theorie auf ähnlichen Argumenten zu beruhen wie die Hurwicz-Regel.

Regel 4:

Savage [6] hat indessen vorgeschlagen, der Entscheidende möge danach trachten, das *Bedauern („Regret")* zu minimieren, das aufkommen könnte, wenn sich herausstellt, daß seine Entscheidung „falsch" war.

Wählt jemand beispielsweise a_1, so wird er kein Bedauern fühlen, wenn das Ereignis E_1 eintritt, da er damit seinen größtmöglichen Gewinn erzielt hat. Sollte jedoch E_2 eintreten, so wird er bedauern, daß er nicht a_3 gewählt hat. Das Ausmaß des Bedauerns wird $4-2=2$ sein.

Auf diese Weise kann eine neue Matrix errechnet werden, indem jedes Element vom größten Element der betreffenden

Spalte subtrahiert wird, so daß die neue Matrix folgende Elemente enthält:

$$\max_j (R_{ij}) - R_{ij}.$$

Für unser Beispiel ergibt das:

	E_1	E_2	E_3	E_4
a_1	0	2	1	0
a_2	1	3	0	0
a_3	2	0	1	1
a_4	1	1	1	1

Aus dieser „Bedauernsmatrix" wird jene Zeile ausgewählt, für welche das maximale Element am kleinsten ist, was uns in unserem Fall zur Wahl von a_4 veranlaßt.

Die *Savage-Regel* wird einem Ökonomen, der daran gewöhnt ist, mit Gewinnen und Verlusten zu rechnen, etwas ungewöhnlich erscheinen. Ein Statistiker wird sich eher damit anfreunden können, da er an den Verlust denkt, der durch eine falsche Entscheidung entsteht. Auch dem jungen Angestellten, der bei einer Fehlentscheidung Vorwürfe durch den Chef fürchtet, wird diese Regel zusagen.

7.7

Die vier besprochenen Entscheidungsregeln sind alle in gewisser Hinsicht sinnvoll und können auch durch theoretische Argumente untermauert werden. Es erscheint daher durchaus plausibel, daß intelligente Leute Regeln dieser Art aufstellen und nach ihnen vorgehen. Störend ist aber, daß die vier Regeln in unserem einfachen Beispiel zu vier verschiedenen Entscheidungen geführt haben. Das bedeutet nämlich, daß wenigstens drei dieser Regeln „falsch" sein müssen und wir daher gezwungen sind, eine systematischere Untersuchung des Problems vorzunehmen. Es scheint uns selbstverständlich, von einer Entscheidungsregel zu fordern, daß sie uns eine vollständige Präferenzordnung über die Menge der möglichen Aktionen gibt, so daß nicht nur die beste, sondern auch die zweitbeste, drittbeste Aktion usw. bestimmt werden kann. Damit können wir einige allgemeine Bedingungen festlegen, denen eine vernünftige Entscheidungsregel genügen soll. Spezifizieren wir mehr und mehr solcher Bedingungen, so reduzieren wir damit die Anzahl der akzeptablen Entscheidungsregeln und können schließlich hoffen, daß uns eine einzige Regel übrigbleibt, welche die Lösung unseres Problems darstellt. Ein solcher Ansatz wurde von *Luce* und *Raiffa* ([2], Kap. 13) durchgeführt und bis ins Detail untersucht, wobei die Autoren verschiedene Sätze von Bedingungen anführen, denen eine gute Entscheidungsregel genügen sollte. Wir wollen diesen Ansatz aber nicht weiter diskutieren, da die Ergebnisse von *Savage* [7], die wir noch in diesem Kapitel behandeln werden, eine bessere Lösung des Problems zu versprechen scheinen. Zuvor möchten wir aber noch eine kurze Zusammenfassung einer Arbeit von *Milnor* [4] geben, die eine der elegantesten Anwendungen der abstrakten Mathematik auf ein anscheinend einfaches Problem der Sozialwissenschaften darstellt.

7.8

*Milnor*s Ausgangspunkt ist die $m \times n$-Nutzenmatrix, das ist jene Matrix, welche die Elemente $u_{ij} = u(R_{ij})$ enthält. Er formuliert folgende zehn Bedingungen, die eine brauchbare Entscheidungsregel erfüllen soll:

1. *Ordnung*. Die Regel soll eine vollständige Ordnung der Aktionen $a_i \in A$ angeben.
2. *Symmetrie*. Diese Ordnung soll unabhängig von der Numerierung der Zeilen und Spalten der Matrix sein.
3. *Strenge Dominanz*. a_i wird a_k vorgezogen, wenn u_{ij} für alle j u_{kj} vorgezogen wird.
4. *Stetigkeit*. Streben die Matrizen $\{u_{ij}(r)\}$ nach dem Grenzwert $\{u_{ij}\}$ und wird $a_i(r)$ für alle r $a_k(r)$ vorgezogen, so bleibt diese Präferenzordnung auch für die Grenzwerte erhalten.

5. *Linearität.* Wird die Matrix $\{u_{ij}\}$ durch die Matrix $\{\alpha u_{ij}+\beta\}$ ersetzt, so soll sich die Ordnung nicht ändern.
6. *Hinzufügung von Zeilen.* Die Ordnung der alten Zeilen soll durch das Hinzukommen neuer Zeilen nicht geändert werden.
7. *Spaltenlinearität.* Die Ordnung soll unverändert bleiben, wenn allen Elementen einer Spalte eine Konstante hinzugefügt wird.
8. *Spaltenverdopplung.* Die Ordnung soll nicht verändert werden, wenn eine neue Spalte, die mit einer alten identisch ist, der Matrix hinzugefügt wird.
9. *Konvexität.* Sind die Aktionen a_i und a_k äquivalent, so wird keine von ihnen einer Aktion mit der Auszahlung $^1/_2(u_{ij}+u_{kj})$, $(j=1, \ldots, m)$ vorgezogen.
10. *Hinzufügung spezieller Zeilen.* Die Ordnung der alten Zeilen soll durch das Hinzufügen einer neuen Zeile nicht geändert werden, vorausgesetzt, daß kein Element dieser Zeile einem entsprechenden Element aller alten Zeilen vorgezogen wird.

Milnor bewies sodann, daß keine der vier besprochenen Regeln alle zehn Bedingungen erfüllt, was sehr leicht einzusehen ist:

1. Die *Laplace-Regel* verletzt offensichtlich die Bedingung 8, wie wir in Abschnitt 7.4 gesehen haben.
2. Die *NM-Regel* verletzt Bedingung 7.
3. Die *Hurwicz-Regel*, die eine Verallgemeinerung der NM-Regel darstellt, verletzt ebenfalls Bedingung 7 und zusätzlich Bedingung 9.
4. Die *Savage-Regel* verletzt Bedingung 6.

Weiters wurde von *Milnor* bewiesen, daß jede der vier Regeln durch eine spezielle Teilmenge der zehn Bedingungen charakterisiert wird. Da die Beweise ein wenig verzwickt sind, werden wir uns auf die Ergebnisse beschränken:

1. Die einzige Regel, welche die Bedingungen 1, 2, 3, 6 und 7 erfüllt, ist die *Laplace-Regel.*
2. Die *NM-Regel* erfüllt als einzige die Bedingungen 1, 2, 3, 4, 6, 8 und 9.

3. Die einzige Regel, welche die Bedingungen 1, 2, 3, 4, 5, 6 und 8 erfüllt, ist die *Hurwicz-Regel.*
4. Die *Savage-Regel* genügt als einzige den Bedingungen 1, 2, 3, 4, 7, 8, 9 und 10.

7.9

Bisher ist unsere Suche nach einer guten Entscheidungsregel eher enttäuschend verlaufen. Wir wollen daher nach einem grundsätzlichen neuen Ansatz Ausschau halten. Nehmen wir versuchsweise an, eine Person beachte bei ihren Entscheidungen nur ihre eigenen Präferenzen, ohne ihr Vorgehen durch irgendwelche allgemein akzeptierten Prinzipien zu rechtfertigen. Sie betrachte die Befriedigung der eigenen Bedürfnisse für wichtiger als die Erfüllung von Axiomen. Die betreffende Person mag sich auf diese Weise völlig zufriedengestellt sehen, bis sie von jemandem den Hinweis erhält, daß ihre Präferenzordnung einige offensichtliche Widersprüche enthält. Um zu zeigen, was für Widersprüche dies sein können, wollen wir ein Beispiel von *Marschak* [3] zitieren. *Marschak* betrachtet ein Modell, in dem es drei verschiedene Situationen E_1, E_2 und E_3 und zwei mögliche Ergebnisse T und L gibt, die *Marschak* ganz dramatisch als *Tod* und *Leben* bezeichnet. Eine Tafel Schokolade und nichts könnten ebensogut als Ereignisse dienen. Es sind also $2^3 = 8$ verschiedene Aktionen möglich, so daß sich folgende Entscheidungsmatrix ergibt:

	E_1	E_2	E_3
a_1	T	T	T
a_2	L	T	T
a_3	T	L	T
a_4	T	T	L
a_5	T	L	L
a_6	L	T	L
a_7	L	L	T
a_8	L	L	L

Die möglichen Aktionen können auf 8! verschiedene Weisen angeordnet werden. Dem Entscheidenden steht es frei, jene Anordnung auszuwählen, die am besten seine Präferenzordnung repräsentiert. Einige dieser Anordnungen sind jedoch ganz offensichtlich inkonsistent.

Nehmen wir einmal an, die Aktion a_8 werde der Aktion a_1 vorgezogen. Das heißt, daß Leben dem Tod vorgezogen wird oder, mit anderen Worten, daß eine Präferenz für Schokolade herrscht. Gibt nun die betreffende Person an, daß sie a_1 der Aktion a_2 vorzieht, so merken wir sofort, daß sie inkonsistent ist, da wir nach der festgestellten Präferenz für Schokolade annehmen können, daß sie eine Chance, Schokolade zu bekommen, einer Situation, in der sie mit Sicherheit nichts bekommt, vorzieht. Wird a_2 der Aktion a_7 vorgezogen, so besteht ebenfalls der Verdacht auf Inkonsistenz, da die durch Aktion a_7 gebotene Chance auf ein heißbegehrtes Stück Schokolade mindestens ebenso gut ist wie die durch die Aktion a_2 gebotene Chance.
Nehmen wir nun an, daß jemand, der eine Präferenz für Schokolade bekundet hat, angibt, daß er a_2 der Aktion a_3 und a_3 der Aktion a_4 vorzieht, so können wir daraus schließen, daß der Betreffende glaubt, daß ihm von diesen drei Aktionen a_2 die beste Chance bietet, Schokolade zu erhalten oder, mit anderen Worten, daß

$$P(E_1) > P(E_2) > P(E_3).$$

Das heißt aber, daß der Betreffende auch annehmen muß, daß

$$P(E_1 \cup E_2) > P(E_2 \cup E_3),$$

woraus sich ergibt, daß a_7 der Aktion a_5 vorgezogen werden müßte.

Gibt der Betreffende an, daß er a_5 der Aktion a_7 vorzieht, so werden dadurch offensichtlich einige Regeln der Wahrscheinlichkeitsrechnung verletzt. Anders ausgedrückt bedeutet das, daß die Wahrscheinlichkeitsannahmen der betreffenden Person bezüglich des Eintritts der möglichen Ereignisse (Situationen) inkonsistent sind.

7.10

Eine Präferenzordnung kann also folgende Inkonsistenzen enthalten:

1. Inkonsistenzen in den Präferenzen für gewisse Ergebnisse, z. B. wenn a_8 der Aktion a_4 und diese a_5 vorgezogen wird.
2. Inkonsistenzen in den Annahmen über die Wahrscheinlichkeiten der möglichen Ereignisse, z. B. wenn a_2 der Aktion a_4, diese der Aktion a_5 und a_5 schließlich a_7 vorgezogen wird.

Natürlich existieren auch Präferenzordnungen, die keine der beiden Arten von Inkonsistenzen enthalten. Wir können eine solche dadurch finden, indem wir allen Auszahlungen einen Nutzen sowie allen möglichen Ereignissen eine bestimmte Wahrscheinlichkeit zuordnen und dann das Bernoulli-Prinzip anwenden. *Savage* [7] wählte einen anderen Ansatz. Er bewies in einem wichtigen Theorem, daß für alle Präferenzordnungen über die Menge der möglichen Aktionen, welche die Konsistenzbedingungen erfüllen, die Existenz

a) einer reellwertigen Funktion über die Menge der Ergebnisse $u(R_{ij})$, die bis auf positiv lineare Transformationen eindeutig bestimmt ist,
b) einer eindeutigen Funktion P über die Menge der Ereignisse E, welche folgende Eigenschaften aufweist:

$$P(E_j) \geq 0; \quad E_j \subset E;$$
$$P(E_j \cup E_k) = P(E_j) + P(E_k); \quad E_j \cap E_k = 0;$$
$$P(E) = P(E_1 \cup E_2 \cup \ldots \cup E_m \ldots) = 1,$$

so daß a_i, dann und nur dann, a_k vorgezogen wird, wenn gilt:

$$\sum_j P(E_j)\, u(R_{ij}) > \sum_j P(E_j)\, u(R_{kj}).$$

7.11

Wir werden den Beweis von *Savage* nicht wiedergeben, da er sehr lang ist und ziemlich fortgeschrittene mathematische

Kenntnisse erfordert. Die Eindeutigkeit des Theorems kann nämlich nur dann bewiesen werden, wenn die Menge der Ereignisse unendlich ist, was andererseits die Definition der Konsistenz ziemlich schwierig gestaltet.

Die dem Beweis zugrunde liegende Idee ist ziemlich einfach. Es ist klar, daß wir aus der Feststellung, daß a_i der Aktion a_k vorgezogen wird, folgende Ungleichung erhalten:

$$\sum_j P(E_j) u_{ij} > \sum_j P(E_j) u_{kj}.$$

Eine Präferenzordnung ergibt uns ein ganzes System solcher Ungleichungen und Gleichungen, wobei dieses System inkonsistent sein oder Lösungen haben kann. Wenn wir fordern, daß

$$\sum_j P(E_j) = 1,$$

so ist, wenn u_{ij} eine Lösung ist, offensichtlich auch $Au_{ij}+B$, $A>0$, eine Lösung, d. h. daß man das System u_{ij} nur bis auf eine positiv lineare Transformation bestimmen kann.

Ein konsistentes System von Ungleichungen ergibt in der Regel als Lösung Intervalle für die Unbekannten. Fügen wir dem System neue Gleichungen oder Ungleichungen hinzu, so kann es inkonsistent werden. Geschieht dies nicht, so können wir rein intuitiv annehmen, daß damit die Intervalle, welche die Lösung enthalten, verkleinert und schließlich sogar auf Punkte reduziert werden. Daß dies in der Tat der Fall ist, beweist *Savage* in seiner Arbeit. Wir benutzen noch einmal das einfache Beispiel aus 7.9 und nehmen an, daß L im allgemeinen T vorgezogen wird. Aus der Feststellung „a_2 wird a_5 vorgezogen" folgt dann:

$$P(E_1) > P(E_2) + P(E_3)$$

oder

$$P(E_1) > 1/2.$$

Fügen wir die Feststellung „a_3 ist äquivalent a_4" hinzu, so folgt daraus, daß

$$P(E_2) = P(E_3) < 1/4.$$

Um Entscheidungen treffen zu können, muß eine Präferenzordnung über die Menge der möglichen Aktionen erstellt werden. In der Regel wird es möglich sein, diese Präferenzordnung formell auf verschiedene Weisen zu „beschreiben". Die von *Savage* gefundenen Resultate besagen, daß die Präferenzordnung entweder inkonsistent ist oder daß es möglich ist, eine Nutzenfunktion und eine Wahrscheinlichkeitsverteilung zu spezifizieren, so daß die Präferenzordnung durch das Bernoulli-Prinzip beschrieben werden kann.

Bibliographie

[1] *Knight, F. H.:* Risk, Uncertainty and Profit, Houghton, Miffin & Co., 1921.
[2] *Luce, R. D.*, und *H. Raiffa:* Games and Decisions, Wiley, 1957.
[3] *Marschak, J.:* „Scaling of Utilities and Probability", S. 95—109; in *M. Shubik* (Hsg.): Game Theory and Related Approaches to Social Behavior, Wiley, 1964.
[4] *Milnor, J.:* „Games against Nature", S. 49—59; in *Thrall, Coombs* und *Davis* (Hsg.): *Decision Processes,* Wiley, 1954. Wiederabgedruckt in *M. Shubik* (Hsg.): Game Theory and Related Approaches to Social Behavior, Wiley, 1964.
[5] *Neumann, J. von,* und *O. Morgenstern:* Theory of Games and Economic Behavior, 2. Aufl., Princeton University Press, 1947.
[6] *Savage, L.J.:* „The Theory of Statistical Decision", *Journal of the American Statistical Association,* 1951, S. 55—67.
[7] *Savage, L.J.:* The Foundations of Statistics, Wiley, 1954.
[8] *Shakle, G. L. S.:* Expectation in Economics, Cambridge University Press, 1949.

8 Marktgleichgewicht bei Unsicherheit

8.1

In den vorangegangenen Kapiteln haben wir uns gefragt, welche Regeln eine rational denkende Person beachten wird, wenn sie Entscheidungen bei Unsicherheit zu treffen hat. Kennen wir diese Regeln, so sind wir in der Lage, Prognosen über das Verhalten der betreffenden Person in *gegebenen* Situationen zu machen.
Um Aussagen über das tatsächliche Verhalten des Entscheidenden treffen zu können, müssen wir die Situation kennen, in der er sich befindet. Aus den besprochenen Beispielen ergibt sich, daß die Unsicherheit, durch welche die Entscheidungen einer Person so erschwert werden, teilweise auf die Ungewißheit in bezug auf Entscheidungen anderer Personen zurückzuführen ist. Das bedeutet, daß in einem ökonomischen System die Entscheidungsprobleme der einzelnen Individuen in komplizierter Weise miteinander verbunden sind. Um das Verhalten eines solchen Systems als Ganzes verstehen und voraussagen zu können, müssen wir untersuchen, welcher Art diese Interdependenzen sind.
Eine allgemeine Behandlung dieses Problems erfordert eine genaue Kenntnis der Informationen, die jeder einzelnen Person zur Verfügung stehen bzw. der Möglichkeiten, die bestehen, untereinander in Verbindung zu treten. Wir werden auf diese Fragen jedoch nicht näher eingehen, sondern das Problem mit den Methoden der klassischen Ökonomie behandeln. Wir werden finden, daß diese Methoden, die in vielen Situationen gute Dienste leisteten, versagen, wenn wir die Unsicherheit in das Modell einbauen.

8.2

Zuerst wollen wir uns die klassischen Erkenntnisse über das Problem des *Tauschgleichgewichts* ins Gedächtnis zurückrufen,

Erkenntnisse, die auf *Walras* [6] zurückgehen und die in modernisierter Form in fast allen Lehrbüchern der Nationalökonomie enthalten sind.

Wir betrachten eine Wirtschaft oder einen Markt mit m Personen und n Gütern und nehmen an, daß in der Ausgangssituation Person i die Menge x_{ij} des Gutes j besitzt. Das bedeutet, daß die *Ausgangssituation* von Person i durch einen Vektor

$$x^{(i)} = (x_{i1}, \ldots, x_{in})$$

vollständig beschrieben wird. Die *ursprüngliche Verteilung* der Güter wird dann durch eine $m \times n$-Matrix

$$X = \begin{bmatrix} x_{11} & \ldots & x_{1n} \\ \vdots & & \\ x_{m1} & \ldots & x_{mn} \end{bmatrix}$$

repräsentiert. Nehmen wir nun an, die m Personen wünschten ihre Güter untereinander auszutauschen, so daß sich nach Abschluß dieser Transaktionen folgende *Endverteilung* der Güter ergibt:

$$Y = \begin{bmatrix} y_{11} & \ldots & y_{1n} \\ \vdots & & \\ y_{m1} & \ldots & y_{mn} \end{bmatrix}$$

Die *Endsituation* von Person i wird demnach durch einen Vektor

$$y^{(i)} = (y_{i1} \ldots y_{in})$$

beschrieben. Die traditionelle Interpretation dieses Modells lautet, daß jede Person die von ihr erzeugten Güter auf den Markt bringt und gegen von ihr benötigte Güter eintauscht, wobei oftmals einem dieser Güter die „Geldfunktion" übertragen wird. Jene Marktteilnehmer, die nur „Geld" besitzen, werden als „Käufer" bezeichnet, während die „Verkäufer" nur Güter anbieten, die nicht „Geld" sind.

8.3

Unser Problem besteht darin, aus einer gegebenen Anfangsverteilung X die Endverteilung Y zu bestimmen. Zur Lösung dieses Problems wurden von der klassischen ökonomischen Theorie Annahmen über das *Verhalten* der Marktteilnehmer gemacht. Diese Annahmen können auf verschiedene Art und Weise formuliert werden; wir haben folgende Darstellung gewählt:

Annahme 1: Jede Person hat eine Präferenzordnung über die Menge aller Verteilungsmatrizen und sucht von den möglichen Verteilungen die für sie beste zu erreichen. Das ist eine ziemlich triviale Rationalitätsannahme, die eigentlich eine Tautologie darstellt.

Annahme 2: Die Präferenzordnung von Person i ($i = 1, 2, \ldots, m$) kann durch eine Nutzenfunktion $u_i(z_{i1}, \ldots, z_{in})$ repräsentiert werden, wobei $z = (z_1, \ldots, z_n)$ die im Besitz von Person i befindlichen Güter sind.

Diese Annahme ist nicht trivial, da sie impliziert, daß der Nutzen einer bestimmten Verteilungssituation für Person i nur von der i-ten Zeile der Verteilungsmatrix abhängt. Damit wird jeder Zusammenhang zwischen dem Nutzen, den mir eine bestimmte Gütermenge bringt, und dem Lebensstandard der übrigen Mitglieder der Gesellschaft ausgeschlossen. Wenn wir glauben, daß das Bemühen, „mit den Nachbarn Schritt zu halten", in den relevanten ökonomischen Situationen eine gewisse Rolle spielt, so müssen wir diese Annahme zurückweisen, die, wenn wir ein drastisches Beispiel wählen, nichts anderes besagt, als daß uns eine Flasche Bier immer den gleichen Nutzen spendet, gleichgültig ob unsere Mitmenschen dursten oder im Champagner schwimmen.

Die Gültigkeit der Annahme 2 wurde erstmals von *Veblen* [4] ernsthaft angezweifelt. Kürzlich hat *Galbraith* [3] mit allem Nachdruck betont, daß diese Annahme in der „Wohlstandsgesellschaft" nicht gültig sei.

Annahme 3: Die *Marktpreise* $p=(p_1, p_2, \ldots, p_n)$ werden von allen Personen als vorgegeben und unbeeinflußbar angesehen. Es wird allgemein akzeptiert, daß alle Transaktionen zu diesen Preisen abgewickelt werden.

Diese Verhaltensannahme ist ganz offensichtlich nicht trivial. Sie wurde in der klassischen Theorie in der Regel gerechtfertigt, indem man annahm, daß es sehr viele Marktteilnehmer gibt, von denen jeder einen relativ unbedeutenden Marktanteil besitzt und sich daher an die vorgegebenen Preise anpaßt.

8.4

Aus den drei Annahmen ergibt sich für Person i folgendes Problem:
Es soll der Gütervektor $y^{(i)}=(y_{i1}, \ldots, y_{in})$ bestimmt werden, durch den die Nutzenfunktion $u_i(y_{i1}, \ldots, y_{in})$ maximiert wird, unter der Nebenbedingung

$$\sum_{j=1}^{n} p_j y_{ij} = \sum_{j=1}^{n} p_j x_{ij}.$$

Diese Bedingung wird gewöhnlich als „Budgetgleichung" bezeichnet. Sie gibt an, daß sich der *Wert* der im Besitz von Person i befindlichen Güter nicht ändert, wenn alle Transaktionen zu Marktpreisen abgewickelt werden. Die Bedingung ist homogen in p, d. h. die Lösung y erfährt keine Veränderung, wenn alle Preise im gleichen Verhältnis geändert werden. Man spricht auch davon, daß nur die *relativen Preise* von Bedeutung sind.
Die Lösung dieses Maximierungsproblems ist in den meisten ökonomischen Lehrbüchern enthalten und wird gewöhnlich wie folgt dargestellt:

$$\frac{\partial u_i}{\partial y_{ij}} p_1 = \frac{\partial u_i}{\partial y_{i1}} p_j \qquad (j=2, 3, \ldots, n)$$

wofür wir kurz schreiben

(1) $\quad p_1 u_{ij} = p_j u_{i1}.$

Zusammen mit der Budgetgleichung, die wie folgt umgeformt werden kann:

$$(2)\quad \sum_{j=1}^{n} p_j(y_{ij}-x_{ij})=0,$$

erhalten wir n Gleichungen, deren Lösung prinzipiell möglich ist und

$$y^{(i)}=(y_{i1},\ldots,y_{in})$$

als Funktionen des Preisvektors $p=(p_1,\ldots,p_n)$ sowie der Anfangsverteilung $x^{(i)}=(x_{i1},\ldots,x_{in})$, also

$$y_{ij}=f_{ij}(p,x^{(i)})$$

ergibt. Diese Lösung stellt eine *Nachfrage-Angebot*-Funktion für Person i für Gut j dar.

Finden wir $y_{ij}>x_{ij}$, so ist die betreffende Person i Käufer des Gutes j, gilt $y_{ij}<x_{ij}$, so ist sie Verkäufer, wenn der Preisvektor $p=(p_1,\ldots,p_n)$ vorgegeben ist.

8.5

Nehmen wir nun an, das beschriebene Problem sei von allen m Personen gelöst worden, d. h. Person i wird ihre Käufe und Verkäufe so einrichten, daß sie von Gut j

$$y_{ij}=f_{ij}(p,x^{(i)})$$

besitzt. Da wir ein geschlossenes Modell betrachten, wo Güter weder erzeugt noch vernichtet werden können, können die Wünsche aller Personen nur dann erfüllt werden, wenn gilt

$$(3)\quad \sum_{i=1}^{m} y_{ij}=\sum_{i=1}^{m} x_{ij} \qquad \text{für alle } j.$$

Formal heißt das, daß die Spaltensummen der Matrizen X und Y gleich sein müssen.

Die Bedingung (3), die für jedes Gut gelten muß, ergibt uns n Gleichungen für die Bestimmung der Preise $p_1,\ldots,p_n$. Betrachten unsere m Personen diese Preise als gegeben, so entspricht das Gesamtangebot der Gesamtnachfrage für jedes der n Güter. Wir bezeichnen die durch diese Gleichungen bestimmten Preise als *Gleichgewichtspreise.*

Zusammenfassend können wir sagen: Aus den grundlegenden Annahmen erhielten wir folgende drei Gleichungssysteme: System (1) besteht aus $n-1$ Gleichungen für jede der m Personen, also aus insgesamt $mn-m$ Gleichungen. System (2) besteht aus je einer Gleichung für jede der m Personen, während System (3) aus je einer Gleichung für jedes der n Güter besteht.

Daraus erhalten wir insgesamt $mn+n$ Gleichungen, die jedoch nicht unabhängig sind. Summieren wir die Gleichungen (2) über alle i, so erhalten wir

$$\sum_{i=1}^{m}\sum_{j=1}^{n} p_j(y_{ij}-x_{ij})=0,$$

ein Ergebnis, zu dem wir auch gelangen, wenn wir alle Gleichungen (3) mit $p_1, \ldots, p_j, \ldots, p_n$ multiplizieren und über alle j summieren. Das bedeutet aber, daß unser Gleichungssystem höchstens $mn+(n-1)$ linear unabhängige Gleichungen enthält und wir daher unter gewissen Bedingungen einen Preis, zum Beispiel $p_1=1$, beliebig festsetzen und daraus die $n-1$ verbleibenden Preise sowie die mn Mengen y_{ij} der Endverteilung bestimmen können.

8.6

Walras [6], der sich erstmalig mit diesem Problem beschäftigte, wählte einen etwas anderen Weg. Für ihn kam es darauf an, daß die Anzahl der Gleichungen mit der Anzahl der zu bestimmenden Unbekannten übereinstimmte. Dieser Ansatz war wohl ein bedeutender Fortschritt gegenüber der vor-walrasianischen Theorie, ist aber heute nicht mehr ganz befriedigend. Die bloße Tatsache, daß die Anzahl der Gleichungen der Anzahl der Unbekannten entspricht, garantiert nicht, daß das Gleichungssystem eine Lösung besitzt — ebensowenig, daß diese Lösung eindeutig ist.

Doch sogar dann, wenn das Gleichungssystem eine eindeutige Lösung besitzt, ist es nicht sicher, daß diese Lösung ökonomisch sinnvoll ist. Da die p_j und y_{ij} Preise und Mengen von Gütern repräsentieren, dürfen sie naturgemäß nicht negativ sein. Besitzt unser System eine sinnvolle Lösung, so sagen wir, es gibt in unserem Modell ein *Konkurrenzgleichgewicht.* Um die Existenz eines solchen Gleichgewichts zu sichern, müssen die Nutzenfunktionen und die Anfangsverteilung einigen ziemlich komplizierten Bedingungen genügen. Diese Bedingungen wurden zuerst von *Abraham Wald* [5] und später in allgemeinerer Form von *Arrow* und *Debreu* [2] formuliert. Wir werden uns damit nicht weiter beschäftigen, doch zum Abschluß möchten wir noch ein von *Wald* ([5], S. 389–390) gegebenes Beispiel bringen. Darin wird ein Drei-Personen-Drei-Güter-Markt betrachtet, wobei folgende Grenznutzenmatrix gegeben ist:

$$\{u_{ij}\} = \begin{bmatrix} \dfrac{1}{x_1} & \dfrac{b-x_2}{x_2^2} & 2\dfrac{c-x_3}{x_3^2} \\ \dfrac{1}{x_1^2} & \dfrac{1}{x_2} & 0 \\ \dfrac{1}{x_1^2} & 0 & \dfrac{1}{x_3} \end{bmatrix}$$

während die Anfangsverteilungsmatrix wie folgt aussieht:

$$\{y_{ij}\} = \begin{bmatrix} a & 0 & 0 \\ 0 & b & 0 \\ 0 & 0 & c \end{bmatrix}$$

Es ist leicht zu zeigen, daß in diesem Fall unser Gleichungssystem nur durch die Werte

$$p_2 = p_3 = 0,$$
$$y_{11} = a, \quad y_{12} = b, \quad y_{13} = c$$

befriedigt werden kann. Mathematisch mag diese „Lösung" akzeptabel sein, doch in ökonomischer Hinsicht ist sie sinnlos, da sie impliziert, daß die Personen 2 und 3 ihre Anfangsbestände ohne jede Entschädigung an Person 1 abgeben sollten.

8.7

Gibt es ein Konkurrenzgleichgewicht, dann existiert eine Menge von Preisen, durch die Angebot und Nachfrage ausgeglichen werden. Dabei ergibt sich jedoch die Frage, ob und wie man zu diesen Gleichgewichtspreisen gelangt.

In den Lehrbüchern wird gewöhnlich angenommen, daß sich der Markt so verhält, *als ob* es einen „Marktmanager" gäbe. Dieser Manager gibt seine Preise bekannt und erklärt sich bereit, selbst jede beliebige Menge von Gütern zu diesen Preisen zu kaufen und zu verkaufen. Sein Ziel ist es, alle Aufträge zu erfüllen, ohne Lager unverkaufter Güter zu bilden. Er kann dieses Ziel erreichen, indem er für das Gut j einen beliebigen Preis p_j festsetzt. Stellt sich heraus, daß er zu diesem Preis nicht genügend Güter kaufen kann, um die Nachfrage zu befriedigen, so wird er den Preis erhöhen. Dadurch steigt das Angebot für das Gut j, während die Nachfrage zurückgeht. Durch diese Methode kann er sich unter Umständen an den Gleichgewichtspreis herantasten.

Eine einfachere Interpretation des Modells stammt von *Adam Smith*: Jeden Tag wird von bestimmten Personen — beispielsweise von den Handwerkern in der Stadt und von den Bauern in der Umgebung — eine bestimmte gleichbleibende Menge von Gütern auf den Markt gebracht. Entsprechen die Preise nicht den Gleichgewichtspreisen, so wird es unter diesen Leuten jeden Tag einige Unzufriedene geben. Ist jemand nicht in der Lage, seine Waren zu den herrschenden Preisen zu verkaufen, so wird er am nächsten Tag zu niedrigeren Preisen anbieten, gelingt es ihm andererseits nicht, jene Güter zu kaufen, die er wünscht, so wird er gewillt sein, einen höheren Preis dafür zu zahlen. Nach einigen Tagen der Enttäuschung werden die Transaktionen unter Umständen zu Gleichgewichtspreisen abgewickelt und jedermann geht zufrieden nach Hause. Bei einer

solchen Interpretation des Modells könnte man von einer „unsichtbaren Hand" sprechen, welche das Marktgeschehen zum Vorteil aller ordnet.
Wenn wir an die Notwendigkeit eines fiktiven Marktmanagers glauben, so könnten wir ebensogut einen richtigen *Makler* fordern, der jene Aufgaben erledigt, die durch das „freie Spiel der Kräfte" nicht befriedigend gelöst werden können. Vom internationalen Goldpreis nimmt man an, daß er auf einer Zusammenkunft in London fixiert wird, wo führende Makler den Preis so festsetzen, daß ihre Einkaufs- und Verkaufsaufträge ausgeglichen werden.

8.8

Das statische Walras-Modell erfaßt sicherlich einige der wesentlichen Merkmale der Realität. Obwohl es keineswegs befriedigt, ist es schwierig, dieses Modell zu verbessern, ohne eine vollständig dynamische Theorie zu entwickeln.
So wäre es zum Beispiel interessant, zu untersuchen, was geschehen würde, wenn sich nach gewisser Zeit herausstellte, daß die bestehenden Preise keine Gleichgewichtspreise sind, d. h. daß kein Ausgleich von Angebot und Nachfrage erreicht werden kann. Das ist im Prinzip kein schwieriges Problem, doch können wir es nicht lösen, wenn wir nicht weitere detaillierte Annahmen treffen, so zum Beispiel über die Intelligenz der Leute, die ihnen zur Verfügung stehende Information usw., so daß wir ihre Reaktionen auf Preisänderungen voraussagen können. Damit sind wir aber wieder bei dem ursprünglichen Problem angelangt, nur hat sich die Anfangsverteilung geändert. Unser Versuch, das Modell realitätsbezogener zu gestalten, führt also dazu, daß wir das gleiche Problem mehrere Male hintereinander zu lösen haben. Es ist ganz natürlich, in einer theoretischen Untersuchung mit dem einfachsten Fall zu beginnen, nämlich mit der Annahme vollständiger Information sowie vollkommener Rationalität. In diesem Fall ist es auch nicht unvernünftig, anzunehmen, daß wir es schon von Anfang an mit Gleichgewichtspreisen zu tun haben.

8.9

Die Verhaltensannahmen, die dem Konkurrenzgleichgewichtsmodell zugrunde liegen, mögen ernster Kritik ausgesetzt sein. Der wirkliche Vorzug dieses Modells liegt jedoch darin, daß es zu einer *paretooptimalen* Verteilung der Güter führt.
Eine Verteilung Y ist dann paretooptimal, wenn es keine andere Verteilung Y gibt, so daß gilt

$$u_i(\bar{y}^{(i)}) \geq u_i(y^{(i)})$$

für alle i mit mindestens einer strikten Ungleichung. Ist diese Bedingung erfüllt, so gibt es keine weitere Umverteilung, durch welche der Nutzen *aller* Personen gesteigert werden kann. Es kann dann niemand mehr seine Position verbessern, ohne gleichzeitig die Position eines anderen zu verschlechtern. Wenn wir annehmen, daß keine rational denkende Person einer Minderung ihres Nutzens zustimmen wird, so folgt daraus, daß keine weitere Umverteilung stattfinden wird. Das bedeutet, daß das Konkurrenzgleichgewicht insofern stabil ist, indem es zu einer paretooptimalen Verteilung führt. Dieses Resultat ist in der ökonomischen Theorie von fundamentaler Bedeutung und wir werden zeigen, wie es bewiesen werden kann.
Betrachten wir eine Verteilung, die durch die Matrix $\{y_{ij}\}$ beschrieben wird, und nehmen wir an, daß durch eine geringfügige Umverteilung die Matrix die Form $\{y_{ij}+dy_{ij}\}$ annimmt. Durch diese Umverteilung ändert sich der Nutzen von Person i:

$$dU_i = \sum_{j=1}^{n} u_{ij}\, dy_{ij}.$$

Repräsentiert die Verteilung $\{y_{ij}\}$ ein Konkurrenzgleichgewicht, so folgt aus 8.4:

$$u_{ij} = p_j u_{i1},$$

wenn gilt $p_1 = 1$. Daraus ergibt sich

$$dU_i = u_{i1} \sum_{j=1}^{n} p_j\, dy_{ij}.$$

Für einen geschlossenen Markt gilt offensichtlich

$$\sum_{i=1}^{m} dy_{ij} = 0 \qquad \text{für alle } j.$$

Dividieren wir die vorhergehende Gleichung durch u_{i1} (unter der Voraussetzung $u_{i1} > 0$) und summieren wir über alle i, so erhalten wir

$$\sum_{i=1}^{m} \frac{dU_i}{u_{i1}} = \sum_{j=1}^{n} p_j \sum_{i=1}^{m} dy_{ij} = 0.$$

Daraus folgt aber, daß dU_i nicht für alle i positiv sein kann, d. h. daß durch die Umverteilung der Nutzen einer Person nicht gesteigert werden kann, ohne den Nutzen einer anderen Person zu verringern.

8.10

Das Modell des *Tauschgleichgewichts* ist das einfachste der von *Walras* untersuchten Modelle. In seiner Theorie des allgemeinen Gleichgewichts führt *Walras* zusätzlich die Möglichkeit der Produktion ein, die er durch Produktions- oder Transformationsfunktionen

(4) $\quad f_k(z_1, \ldots, z_n) = 0, \quad k = 1, 2, \ldots, r$

beschreibt. Ist $z_j > 0$, so sagen wir, daß Gut j einen *Output* des betreffenden Produktionsvorganges darstellt, ist $z_j < 0$, so ist Gut j ein *Input*. Der durch den Produktionsprozeß erzielte Gewinn ist dann

(5) $\quad P_k = \sum_{j=1}^{n} p_j z_j.$

Es wird angenommen, daß der Produzent jenen Input-Output-Vektor zu realisieren sucht, der seinen Gewinn nach (5) unter der Nebenbedingung (4) maximiert.
Dieses Problem hat eine ähnliche mathematische Struktur wie

jenes in 8.4. Die allgemein bekannte Lösung wird durch die Gleichungen

$$p_j \frac{\partial f_k}{\partial z_i} = p_i \frac{\partial f_k}{\partial z_j}$$

repräsentiert. Das entspricht in der Tat dem Gleichungssystem (1), nur daß dort Grenznutzen anstatt Grenzproduktivitäten stehen. Wir sehen daraus, daß durch die Einführung von Produktionsmöglichkeiten die mathematische Struktur des Modells nicht verändert wird.

Wir können daher durch folgende weitere Annahmen zu einem geschlossenen Modell gelangen:

1. Alle Güter außer Arbeitskraft und Naturschätzen werden produziert.
2. Alle Güter werden entweder konsumiert oder als Input in einem Produktionsprozeß verwendet.
3. Alle Konsumenten erhalten ihr Einkommen aus dem Produktionsprozeß, entweder als Lohn oder als Gewinn.

Damit haben wir eine vollständige ökonomische Theorie, die statischer Natur ist. *Walras* führt auch den Begriff des Kapitals ein und bringt es zustande, dem Modell gewisse dynamische Aspekte zu verleihen, ohne dessen mathematische Struktur zu verändern. Man kann auch für ein solches allgemeineres Modell auf ähnliche Art beweisen, daß ein Konkurrenzgleichgewicht paretooptimal ist. Das veranlaßte einige Enthusiasten, die Behauptung aufzustellen, daß freie Konkurrenz die „beste aller Welten" schaffen würde.

8.11

Die von *Walras* gefundenen Resultate sind nicht mehr unbedingt gültig, wenn wir das Problem der Unsicherheit einführen. Um zu zeigen, welcher Art die damit verbundenen Schwierigkeiten sind, betrachten wir zwei Personen, von denen jede eine Firma bzw. ein Prospekt besitzt.

Person 1 besitzt Firma 1, die ihr entweder einen Gewinn von 1 oder von 0 je mit Wahrscheinlichkeit $^1/_2$ bringt. Person 2 besitzt Firma 2, die ihr einen Gewinn von 2 mit Wahrscheinlichkeit $^1/_4$ oder von 0 mit Wahrscheinlichkeit $^3/_4$ bringt. Beträgt der Geldnutzen von Person 1 $u_1(x)$, so wird diese nach dem Bernoulli-Prinzip der Firma 1 bzw. ihrem Anfangsbestand folgenden Nutzen beimessen:

$$U_1(1,0) = {}^1/_2 u_1(0) + {}^1/_2 u_1(1),$$

während Person 2 den Nutzen ihres Unternehmens 2 wie folgt veranschlagen wird:

$$U_2(0,1) = {}^3/_4 u_2(0) + {}^1/_4 u_2(2).$$

Dies ist natürlich nichts anderes als ein Spezialfall des in Abschnitt 8.2 eingeführten allgemeinen Modells, wobei die Anfangsverteilung

$$X = \begin{bmatrix} 1 & 0 \\ 0 & 1 \end{bmatrix}$$

ist und wir an der von beiden Personen akzeptierten Endverteilung

$$Y = \begin{bmatrix} y_{11} & y_{12} \\ y_{21} & y_{22} \end{bmatrix}$$

interessiert sind. Sind die beiden Prospekte stochastisch unabhängig, so beträgt der Nutzen der beiden Personen nach der Umverteilung:

$$U_1(y_{11}, y_{12}) = \tfrac{3}{8} u_1(0) + \tfrac{3}{8} u_1(y_{11}) + \tfrac{1}{8} u_1(2y_{12}) + \tfrac{1}{8} u_1(y_{11} + 2y_{12}),$$
$$U_2(y_{21}, y_{22}) = \tfrac{3}{8} u_2(0) + \tfrac{3}{8} u_2(y_{21}) + \tfrac{1}{8} u_2(2y_{22}) + \tfrac{1}{8} u_2(y_{21} + 2y_{22}).$$

8.12

Um ein konkretes Beispiel zu geben, wollen wir annehmen, daß die Nutzenfunktionen folgendes Aussehen haben:

$$u_1(x) = 800x - 100x^2 - 350,$$
$$u_2(x) = 800x - 50x^2 - 350.$$

Wir finden dann

$$U_1(1,0) = U_2(0,1) = 0.$$

Man kann in diesem Fall leicht zeigen, daß es Umverteilungen gibt, welche den Nutzen beider Personen steigern. So finden wir beispielsweise

$$U_1(0{,}6,\ 0{,}4) = 4,$$
$$U_2(0{,}4,\ 0{,}6) = 22.$$

Sind unsere beiden Personen rational, so werden sie versuchen, eine Umverteilung dieser Art herbeizuführen. Wir machen nun die klassische Annahme, daß der Preis für Unternehmen 1 gleich 1 und jener für das zweite Unternehmen p sei, so daß ein Teil $y (0 \leq y \leq 1)$ des Unternehmens 1 gegen einen Teil $py (0 \leq py \leq 1)$ des Unternehmens 2 getauscht wird.
Eine Transaktion dieser Art bringt der Person 1 den Nutzen $U_1(1-y, py)$. Nimmt die betreffende Person an, daß sie keine Veränderung des Preises herbeiführen kann, so wird sie danach trachten, sich so gut wie möglich an diesen Preis anzupassen. Sie wird also versuchen, jenen Wert y zu bestimmen, durch den ihr Nutzen maximiert wird.
Dieser Wert wird durch die Gleichung

$$\frac{dU_1}{dy} = 350p - 300 - 100y(2p^2 - p + 1) = 0$$

oder

$$y = y_1 = \frac{3{,}5p - 3}{2p^2 - p + 1}$$

bestimmt. Das bedeutet, daß die betreffende Person gewillt ist, den Teil y_1 ihres eigenen Unternehmens gegen den Teil py_1 des Unternehmens 2 zu tauschen.
In gleicher Weise finden wir, daß die Transaktion der Person 2 einen Nutzen von $U_2(y, 1-py)$ erbringt, der dann seinen Maximalwert erreicht, wenn sie einen Anteil von

$$y_2 = \frac{7{,}5 - 6p}{2p^2 - p + 1}$$

an Unternehmen 1 erwirbt.
Sollen die Wünsche beider Personen erfüllt werden, dann muß offensichtlich gelten

$$y_1 = y_2,$$

woraus sich folgende Gleichung zur Bestimmung des *Gleichgewichtspreises* ergibt:

$$3{,}5p - 3 = 7{,}5 - 6p.$$

Als Ergebnisse finden wir

$$\begin{aligned} p &= 1{,}105, \\ y_1 = y_2 &= 0{,}371, \\ U_1(0{,}63,\ 0{,}41) &= 16, \\ U_2(0{,}37,\ 0{,}59) &= \ \ 8. \end{aligned}$$

Das ist eine paretooptimale Verteilung, d. h. kein weiterer Austausch kann beiden Personen einen höheren Nutzen erbringen.

8.13

Die diesem Ergebnis zugrunde liegenden Annahmen sind ziemlich wirklichkeitsfremd. Wir wollen sie daher fallenlassen und ganz allgemein das Problem des Austausches von Geschäftsanteilen oder Aktien betrachten. Nehmen wir an, die beiden Personen würden nach einiger Verhandlungszeit einer Vereinbarung zustimmen, nach der Person 1 einen Anteil x der Aktien von Unternehmen 1 und einen Anteil y der Aktien von Unternehmen 2 erhält, während der zweiten Person entsprechend die Anteile $1-x$ und $1-y$ zugesprochen werden. Aus dieser Vereinbarung ergibt sich für die beiden Personen folgender Nutzen:

$$U_1(x,y) = 400(x+y) - 50(x^2 + xy + 2y^2) - 350$$

und

$$U_2(1-x, 1-y) = 700 - 325x - 275y - \\ - 25(x^2 + xy + 2y^2) - 350.$$

Aus Tabelle 7 kann man den Nutzen der beiden Personen für einige ausgewählte Werte von x und y ablesen.

Tabelle 7

$U_1(x,y)$ = obere Ziffer; $U_2(x,y)$ = untere Ziffer.

x \ y	0	0,2	0,4	0,6	0,8	1,0
0	−350	−274	−206	−146	−94	−50
	350	293	232	167	98	25
0,2	−272	−198	−132	−74	−24	18
	284	226	164	98	28	−46
0,4	−198	−126	−62	−6	42	82
	216	157	94	27	−44	−119
0,6	−128	−58	4	58	104	142
	146	86	22	−44	−118	−194
0,8	−72	6	66	118	162	198
	74	13	−58	−121	−194	−271
1,0	0	66	124	174	216	250
	0	−62	−128	−198	−232	−350

8.14

Sobald wir die klassischen Verhaltensannahmen fallenlassen, steht es unseren zwei Personen theoretisch frei, jede Vereinbarung (x,y) zu akzeptieren, welche die Bedingungen

$$0 \leq x \leq 1,$$
$$0 \leq y \leq 1$$

erfüllt. Verhalten sich die beiden Personen jedoch rational, so kommen für sie nur Vereinbarungen in Frage, welche

1. die Bedingung

$$U_1(x,y) > U_1(1,0),$$
$$U_2(1-x, 1-y) > U_2(0,1) \quad \text{und}$$

2. die Bedingung, daß keine Vereinbarung $(\bar{x},\bar{y})$ existiert, so daß gilt

$$U_1(\bar{x},\bar{y}) > U_1(x,y),$$
$$U_2(1-\bar{x},1-\bar{y}) > U_2(1-x,1-y),$$

erfüllen. Die erste Bedingung impliziert *individuelle Rationalität* insofern, als niemand einer Austauschvereinbarung zustimmt, wenn er dabei nicht etwas gewinnt. Die zweite Bedingung drückt die Paretooptimalität bzw. *kollektive Rationalität* aus, d. h. daß unsere Personen keiner Vereinbarung (x,y) zustimmen, wenn es eine andere Vereinbarung $(\bar{x},\bar{y})$ gibt, die ihnen beiden einen höheren Nutzen bringt. Das bedeutet, daß die einzigen akzeptablen Vereinbarungen in Tabelle 7 jene wären, welche den Werten

$$x=0{,}8, \quad y=0{,}2,$$
$$x=0{,}6, \quad y=0{,}4$$

entsprechen.

8.15

Betrachten wir nun zwei Vereinbarungen (x,y) und $(x+dx, y+dy)$, wobei dx und dy sehr klein sind, und bilden wir die totalen Differentiale

$$dU_1(x,y) = \frac{\partial U_1(x,y)}{\partial x}\,dx + \frac{\partial U_1(x,y)}{\partial y}\,dy,$$

$$dU_2(1-x,1-y) = \frac{\partial U_2(1-x,1-y)}{\partial x}\,dx + \frac{\partial U_2(1-x,1-y)}{\partial y}\,dy.$$

Diese totalen Differentiale bringen zum Ausdruck, wie sich der Nutzen unserer beiden Personen ändert, wenn man von Vereinbarung (x,y) zu Vereinbarung $(x+dx,y+dy)$ übergeht. Die im vorhergehenden Abschnitt erwähnte Bedingung 2 ist offensichtlich dann erfüllt, wenn dU_1 und dU_2 für alle Werte von dx und dy entgegengesetzte Vorzeichen haben, d. h. wenn gilt

$$dU_1 \cdot dU_2 \leq 0,$$

wobei das Gleichheitszeichen nur für den Fall $dx = dy = 0$ gilt. Zur Vereinfachung führen wir folgende Bezeichnungen ein:

$$\frac{\partial U_1(x,y)}{\partial x} = U_{1x}, \quad \frac{\partial U_2(1-x, 1-y)}{\partial x} = U_{2x} \text{ usw.,}$$

so daß unsere Bedingung geschrieben werden kann:

$$(U_{1x}\,dx + U_{1y}\,dy)(U_{2x}\,dx + U_{2y}\,dy) \leq 0$$

oder

$$U_{1x}U_{2x}(dx)^2 + (U_{1x}U_{2y} + U_{1y}U_{2x})\,dx\,dy + \\ + U_{1y}U_{2y}(dy)^2 \leq 0.$$

Aus der Theorie der quadratischen Formen wissen wir, daß diese Ungleichung dann, und nur dann, erfüllt ist, wenn gilt:

$$U_{1x}U_{2x} \leq 0,$$
$$U_{1y}U_{2y} \leq 0,$$
$$(U_{1x}U_{2y} + U_{1y}U_{2x})^2 - 4\,U_{1x}U_{2x}U_{1y}U_{2y} \leq 0.$$

Die beiden ersten Bedingungen sind offensichtlich erfüllt. Die dritte Bedingung kann wie folgt umgeformt werden:

$$(U_{1x}U_{2y} - U_{1y}U_{2x})^2 \leq 0,$$

was nur dann erfüllt ist, wenn

$$U_{1x}U_{2y} = U_{1y}U_{2x}$$

oder

$$\frac{U_{1x}}{U_{2x}} = \frac{U_{1y}}{U_{2y}} = -k,$$

wobei k eine beliebige positive Konstante darstellt. Durch Variation von k erhalten wir eine Menge paretooptimaler Vereinbarungen.

8.16

In unserem numerischen Beispiel haben wir folgende Werte:

$$\begin{aligned} U_{1x} &= 400 - 100x - 50y, \\ U_{1y} &= 400 - 50x - 200y, \\ U_{2x} &= -325 - 50x - 25y, \\ U_{2y} &= -275 - 25x - 100y. \end{aligned}$$

Für die paretooptimalen Vereinbarungen finden wir

$$x = \frac{48 - 41k}{7(k+2)}, \quad y = \frac{16 - 9k}{7(k+2)}.$$

Einige dieser Vereinbarungen mit den dazugehörigen Nutzenwerten werden in Tabelle 8 dargestellt. Die Vereinbarung, die dem in Abschnitt 8.12 gefundenen Konkurrenzgleichgewicht entspricht, ist offensichtlich in der Tabelle enthalten, obwohl es ziemlich arbiträr erscheint, diese Vereinbarung als optimal zu bezeichnen. Wir können uns zumindest ganz gut vorstellen, daß zwei rational handelnde Personen eine andere, im mittleren Teil der Tabelle liegende Vereinbarung aushandeln.

Tabelle 8. Paretooptimaler Austausch von Firmenanteilen

		Von Person 1 gehaltene Anteile	
U_1	U_2	Firma 1	Firma 2
0	26	0,588	0,400
5	21	0,600	0,403
10	15	0,613	0,406
15	9	0,626	0,410
16	8	0,628	0,411
20	3	0,638	0,413
25	−2	0,651	0,416

8.17

Die gefundenen Lösungen sind insofern paretooptimal, als es keine anderen Möglichkeiten des Austausches von Anteilen gibt, die beiden Personen einen höheren Nutzen bringen. Doch könnten unsere zwei Personen immerhin auch an andere Transaktionen als an den Austausch von Geschäftsanteilen oder Aktien denken.

In unserem Modell gibt es nur drei mögliche nichttriviale „Ereignisse“:

> *Ereignis 1:* Unternehmen 1 hat Erfolg und Unternehmen 2 geht zugrunde: Gesamtgewinn $=1$.
>
> *Ereignis 2:* Unternehmen 1 geht zugrunde, während Unternehmen 2 Erfolg hat: Gesamtgewinn $=2$.
>
> *Ereignis 3:* Beide Unternehmen haben Erfolg: Gesamtgewinn $=3$.

Das tatsächliche Problem unserer beiden Personen besteht daher darin, irgendeine optimale Vereinbarung über die Aufteilung der Gewinne in jedem der möglichen Ereignisse zu treffen.

Arrow [1] hat gezeigt, daß dieses Problem im Rahmen der klassischen Theorie gelöst werden kann. Er nahm als zugrunde liegendes „Gut“ eine Geldeinheit an, die dann und nur dann zahlbar ist, wenn ein spezielles Ereignis eintritt. Wir erhalten dann ein klassisches Zwei-Personen-Drei-Güter-Modell, wobei die Güter durch sogenannte *Arrow-Zertifikate* verkörpert werden. Die Anfangsverteilung in diesem Modell wird durch die Matrix

$$X=\begin{bmatrix} 1 & 0 & 1 \\ 0 & 2 & 2 \end{bmatrix}$$

definiert, während wir die Endverteilung

$$Y=\begin{bmatrix} y_{11} & y_{12} & y_{13} \\ y_{21} & y_{22} & y_{23} \end{bmatrix}$$

ermitteln sollen. Bei Anwendung der in 8.12 gezeigten Annahmen und Methoden erhalten wir die Gleichgewichtspreise

$$p_1 = 1, \quad p_2 = 10/33, \quad p_3 = 9/33$$

und als Lösung

$$y_{11} = 0{,}644, \quad y_{12} = 0{,}949, \quad y_{13} = 1{,}254,$$

wobei $U_1 = 18$ und $U_2 = 9$.
Beide Personen können also einen höheren Nutzen erzielen, wenn sie die Restriktion aufgeben, daß nur Geschäftsanteile getauscht werden können, eine Restriktion, die mathematisch durch die Bedingung

$$y_{11} + y_{12} = y_{13}$$

definiert ist. Diese Bedingung besagt, daß Person 1 bei Eintreten von Ereignis 3 gleich viel erhalten muß, wie die Summe der Beträge, die sie bei Eintreten der Ereignisse 1 und 2 erhält.

8.18

Die im vorhergehenden Abschnitt gefundene Lösung ist folgender Vereinbarung äquivalent:

1. Die beiden Unternehmen werden zu einem einzigen verschmolzen.
2. Dieses Unternehmen gibt Vorzugsaktien aus, auf die eine Dividende von 1 ausbezahlt wird, wann immer es möglich ist.
3. Gewinne, die den Betrag von 1 überschreiten, werden als Dividende auf die gewöhnlichen Aktien des Unternehmens ausbezahlt.

Wenn wir dann Person 1 64,4% der Vorzugsaktien und 30,5% der gewöhnlichen Aktien zuteilen, so erhalten wir genau die Lösung des Abschnitts 8.17.
Da Person 1 eine höhere Risikoabneigung hat, ist es klar, daß die durch das freie Spiel der Kräfte zustande gekommene opti-

male Lösung so beschaffen sein sollte, daß ein Großteil der Vorzugsaktien im Portefeuille von Person 1 aufscheint. Das entspricht auch dem Ergebnis in 8.12, wo wir Person 1 den größten Teil der am wenigsten risikobehafteten Anteile, in diesem Fall der Anteile an Unternehmen 1, zuteilten.

8.19

Man könnte nun einwenden, daß die Leute daran gewöhnt sind, mit Aktien zu handeln und es keineswegs sicher ist, daß sie erkennen, daß jeder besser abschneidet, wenn Arrow-Zertifikate ausgetauscht werden. In unserem einfachen Beispiel könnten die beiden Personen freilich ohne Arrow-Zertifikate dadurch eine optimale Situation erreichen, indem sie sowohl gewöhnliche Aktien als auch Vorzugsaktien austauschen, es ist aber nicht leicht zu erklären, auf welche Weise sie zur Schaffung gerade der richtigen Art von Vorzugsaktien gelangen sollen.

Wir wollen daher einen allgemeineren Ansatz wählen. Unsere zwei Personen sollen eine Vereinbarung darüber treffen, wie der Gesamtgewinn in jeder der drei möglichen Situationen aufgeteilt werden soll. Nehmen wir an, sie hätten irgendwie vereinbart, daß Person 1 y_1, y_2 oder y_3 bei Eintreten der Ereignisse 1, 2 oder 3 und Person 2 entsprechend $1-y_1$, $2-y_2$, $1-y_3$ erhält. Diese Vereinbarung brächte den beiden Personen folgenden Nutzen:

$$\begin{aligned} U_1 &= 300y_1 + 100y_2 + 100y_3 - \\ &\quad - 12{,}5(3y_1^2 + y_2^2 + y_3^2) - 350; \\ U_2 &= 700 - 12{,}5(21y_1 + 6y_2 + 5y_3) - \\ &\quad - 6{,}25(3y_1^2 + y_2^2 + y_3^2) - 350. \end{aligned}$$

In diesem Fall wird also eine spezielle Vereinbarung durch einen dreielementigen Vektor (y_1, y_2, y_3) definiert. Wir können nun analog zu dem Vorgang in 8.15 die Menge der paretooptimalen Vereinbarungen ermitteln und finden dafür:

$$y_1 = 4 - \frac{11k}{1+k}, \quad y_2 = 4 - \frac{10k}{1+k}, \quad y_3 = 4 - \frac{9k}{1+k}.$$

Einige dieser Vereinbarungen mit den dazugehörigen Nutzenwerten werden in Tabelle 9 wiedergegeben. Es ist offensichtlich, daß wir — unter Umständen durch Interpolation — für jede Vereinbarung in Tabelle 8 eine entsprechende Vereinbarung in Tabelle 9 finden können, die beiden Personen einen höheren Nutzen erbringt. Das zeigt uns wiederum, daß beide Personen gewinnen können, wenn sie die unnötige *Beschränkung*, nur Aktien auszutauschen, aufgeben.

Tabelle 9. Paretooptimale Verteilungen

		Gewinne von Person 1		
U_1	U_2	Ereignis 1	Ereignis 2	Ereignis 3
0	28	0,600	0,908	1,217
5	22	0,612	0,920	1,228
10	17	0,624	0,931	1,238
15	11	0,637	0,943	1,249
16	10	0,640	0,945	1,251
18	9	0,644	0,949	1,254
20	6	0,651	0,955	1,260
25	0	0,663	0,966	1,269

8.20

Um zu zeigen, wie eine solche unnötige Beschränkung zu einer suboptimalen Vereinbarung führen kann, wollen wir ein anderes Beispiel betrachten, welches ein typisches Bargaining-Problem darstellt.

Nehmen wir an, ein Unternehmer stellt sich die Frage, ob er einen bestimmten Auftrag, der ihm einen Bruttogewinn von 1 oder 3 je mit einer Wahrscheinlichkeit von $^1/_2$ erbringen wird, übernehmen soll oder nicht. Er hat aus diesem Bruttogewinn einen Betrag w für die Arbeitskraft zur Erfüllung des Auftrags zu zahlen, während sein Risikoverhalten durch die Nutzenfunktion

$$u(x) = 8x - x^2$$

repräsentiert werden kann.

Nimmt der Unternehmer den Auftrag an, so ist sein Nutzen

$$\begin{aligned} U_1(w) &= {}^1/_2 u_1(1-w) + {}^1/_2 u_1(3-w), \\ &= 15 - (2+w)^2. \end{aligned}$$

Lehnt er den Auftrag ab, so wäre sein Gewinn und damit sein Nutzen gleich Null. Der Unternehmer wird daher den Auftrag annehmen, wenn

$$U_1(w) = 15 - (2+w)^2 > 0$$

oder

$$w < (15)^{1/2} - 2 = 1{,}87 = \overline{w}.$$

Betrachten wir nun die Situation vom Standpunkt der Arbeitskraft. Der Einfachheit halber wollen wir annehmen, daß diese dem Risiko gegenüber indifferent ist, d. h. daß ihre Nutzenfunktion

$$u_2(x) = x$$

ist. Ihr Nutzen beträgt daher, wenn der Lohn gleich w ist:

$$U_2(w) = {}^1/_2 w + {}^1/_2 w = w.$$

In diesem einfachen Fall sind alle möglichen Lohnvereinbarungen paretooptimal; es ist nicht möglich, den Nutzen des einen Partners zu erhöhen, ohne den Nutzen des anderen zu senken.

Geometrisch kann man alle diese Vereinbarungen durch Punkte auf der Kurve

$$U_1 = 15 - (2 + U_2)^2$$

im positiven Quadranten einer $U_1 U_2$-Ebene darstellen. Das Bargaining-Verhalten von Arbeiter und Unternehmer bestimmt dann den Punkt auf der Kurve, für welchen sich die beiden schließlich entscheiden werden.

8.21

Nehmen wir nun an, jemandem käme der Gedanke, daß eine *Gewinnbeteiligung* des Arbeiters für beide Seiten von Vorteil wäre. Es könnte dann eine Vereinbarung getroffen werden (w_1, w_2), nach welcher die Lohnzahlung w_1 beträgt, wenn der Bruttogewinn 1 ist, und w_2 beträgt, wenn der Bruttogewinn gleich 3 ist. Eine solche Vereinbarung brächte dem Unternehmer einen Nutzen von

$$\begin{aligned} V_1(w_1, w_2) &= {}^1/_2 u_1(1-w_1) + {}^1/_2 u_1(3-w_2), \\ &= 16 - {}^1/_2(3+w_1)^2 - {}^1/_2(1+w_2)^2 \end{aligned}$$

und dem Arbeiter einen Nutzen von

$$V_2(w_1, w_2) = {}^1/_2(w_1 + w_2).$$

Nun sind die paretooptimalen Vereinbarungen bekanntlich durch die Bedingung

$$\frac{\partial V_1/\partial w_1}{\partial V_2/\partial w_1} = \frac{\partial V_1/\partial w_2}{\partial V_2/\partial w_2} = -k$$

charakterisiert, was sich in unserem Fall auf die Bedingung

$$3 + w_1 = 1 + w_2 = 2k$$

oder

$$w_2 = 2 + w_1$$

reduziert. Die paretooptimalen Vereinbarungen erbringen also den beiden Partnern folgenden Nutzen:

$$\begin{aligned} V_1(w_1, 2+w_1) &= 16 - (3+w_1)^2, \\ V_2(w_1, 2+w_1) &= 1 + w_1. \end{aligned}$$

Durch Elimination von w_1 finden wir, daß diese Vereinbarungen durch die Punkte der Kurve

$$V_1 = 16 - (2 + V_2)^2$$

im positiven Quadranten der $V_1 V_2$-Ebene repräsentiert werden. Diese Kurve liegt „oberhalb" der in 8.20 gefundenen Kurve, was bedeutet, daß für jede Vereinbarung mit festem

Lohn eine Gewinnbeteiligungsvereinbarung gefunden werden kann, die beiden Partnern einen höheren Nutzen bringt.

8.22

Bis jetzt haben wir einige sehr einfache Beispiele betrachtet, die aber natürlich verallgemeinert werden können. Wir betrachten nun einen Markt mit n Personen und m „Gütern" und treffen folgende Annahmen:

1. Es gibt m „Prospekte". Prospekt i bringt eine Auszahlung von x_i, die eine Variable mit der Verteilungsfunktion $F_i(x_i)$ $(i=1, 2, \ldots, m)$ darstellt. Der Einfachheit halber nehmen wir an, daß diese Variablen unabhängig sind und daß

$$F_i(x_i)=0 \quad \text{für } x_i<0.$$

2. In der Anfangssituation hat Person j einen Anspruch auf einen Anteil von q_{ij} an der Auszahlung des Prospekts i, wobei

$$\sum_{j=1}^{n} q_{ij}=1 \quad \text{für alle } i,$$

$$q_{ij}\geq 0 \quad \text{für alle } i \text{ und } j.$$

3. Person j hat eine Präferenzordnung über die Menge aller Prospekte, die durch eine Bernoulli-Nutzenfunktion $u_j(x)$ repräsentiert werden kann.

Person j wird dann ihrem Anfangsbestand an Anteilen folgenden Nutzen beilegen:

$$U_j(q_{1j}, \ldots, q_{mj})=\int_0^\infty \ldots \int_0^\infty u_j\left(\sum_{i=1}^{n} q_{ij}x_i\right) dF_1(x_1)\ldots dF_m(x_m).$$

Bis jetzt haben wir die Möglichkeit des Vorhandenseins von Bargeld außer acht gelassen. Wir können jedoch ein Prospekt m einführen, für welches gilt:

$$F_m(x_m)=0 \quad \text{für } x_m<c,$$
$$F_m(x_m)=1 \quad \text{für } c\leq x_m,$$

wobei c die anfangs insgesamt vorhandene Bargeldsumme und cq_{mj} den Anfangsbestand an Bargeld von Person j darstellen.

8.23

Betrachten wir nun eine allgemeine Vereinbarung, die durch n Funktionen $y_1, \ldots, y_n$ bestimmt ist, wobei

$$y_j(x_1, x_2, \ldots, x_m) \quad (j=1, 2, \ldots, n)$$

die Auszahlung für Person j und $x_1, x_2, \ldots, x_m$ die Auszahlungen aus den m Prospekten darstellen.
Da wir mit einem geschlossenen Modell arbeiten, muß gelten:

$$\sum_{j=1}^{m} y_j(x_1, \ldots, x_m) = \sum_{i=1}^{m} x_i .$$

Setzen wir $\Sigma x_i = z$, so sehen wir, daß wir ohne Beschränkung der Allgemeinheit y_j als Funktion einer einzigen Variablen, nämlich z, auffassen können; das Problem besteht dann darin, eine Vereinbarung zu finden, die den Gesamtgewinn z unter den n Personen aufteilt.
Eine solche Vereinbarung bringt Person j einen Nutzen von

$$U_j(y) = \int_0^{\infty} u_j(y_j(z))\, dF(z),$$

wobei $F(z)$ die Verteilung der Variablen z, d. h. die Faltung der Verteilungen $F_1(x_1), \ldots, F_m(x_m)$ darstellt. Die paretooptimalen Vereinbarungen werden dann durch die n-tupel der Funktionen $y_j(z)$ dargestellt, durch welche

$$\sum_{j=1}^{n} k_j U_j(y) = \int_0^{\infty} \left\{ \sum_{j=1}^{n} k_j \mu_j(y_j(z)) \right\} dF(z)$$

unter der Nebenbedingung

$$\sum_{j=1}^{n} y_j(z) = z$$

maximiert wird, wobei $k_1, \ldots, k_n$ beliebige positive Konstanten darstellen. Offensichtlich muß die gesuchte Lösung den Integranden für jeden Wert von z maximieren. Das bedeutet aber eine Reduzierung des Problems auf die Aufgabe, einen Vektor $y = (y_1, \ldots, y_n)$ zu finden, für den gilt:

$$\max \sum_{j=1}^{n} k_j u_j(y_j),$$

unter der Nebenbedingung

$$(6) \quad \sum_{j=1}^{n} y_j = z.$$

Um dieses Problem zu lösen, bilden wir die *Lagrange*sche Form:

$$\sum_{j=1}^{n} k_j u_j(y_j) + \lambda \left(z - \sum_{j=1}^{n} y_j \right).$$

Durch Differentiation erhalten wir die first-order-Bedingungen für ein Maximum

$$k_j u_j'(y_j) = \lambda,$$

die wir in der Form

$$k_j u_j'(y_j) = k_1 u_1'(y_1) \qquad (j = 1, 2, \ldots, n)$$

schreiben. Gilt für die Nutzenfunktionen $u_j'(x) > 0$ und $u_j''(x) < 0$ für alle j, so erhalten wir durch die Bedingungen (6) und (7) ein einziges eindeutiges n-tupel $(y_1, \ldots, y_n)$ für gegebene $k_1, \ldots, k_n$. Variieren wir z, so geben uns die Bedingungen ein n-tupel von Funktionen z, die eine paretooptimale Vereinbarung darstellen. Wir erhalten eine Reihe solcher Vereinbarungen, indem wir $k_1, \ldots, k_n$ variieren.

8.24

Wir betrachten folgendes Beispiel:

$$n = 2, \quad u_1(x) = x^{1/2}, \quad u_2(x) = x^{3/4}.$$

Die paretooptimalen Auszahlungsfunktionen sind dann

$$k_1 \{y_1(z)\}^{-1/2} = k_2 \{y_2(z)\}^{-1/4}$$

oder

$$\{y_1(z)\}^2 - \left(\frac{k_2}{k_1}\right)^4 (z - y_1(z)) = 0.$$

Daraus erhalten wir

$$y_1(z) = (h^2 + 4hz)^{1/2} - h,$$
$$y_2(z) = z + h - (h^2 + 4hz)^{1/2},$$

wobei h eine beliebige nichtnegative Konstante ist. Offensichtlich kann eine paretooptimale Vereinbarung dieser Art nicht durch den Austausch von Aktien oder anderen gebräuchlichen Wertpapieren erreicht werden, sondern nur durch die Ausgabe und den Austausch von Arrow-Zertifikaten, die behandelt werden, als ob es sich um Güter herkömmlicher Art handelte. Wenn die Variable z nur eine endliche Anzahl von Werten annehmen kann, d. h. wenn die Zahl der möglichen Ereignisse endlich ist, dann ist auch die Anzahl der Arrow-Zertifikate endlich. In diesem Fall ist es nicht ganz unvernünftig, anzunehmen, daß der klassische Marktmechanismus funktioniert und unsere Personen zu einer paretooptimalen Vereinbarung gelangen. Kann jedoch z unendlich viele verschiedene Werte annehmen, zum Beispiel wenn es eine stetige Verteilung hat, so erhalten wir eine unendliche Anzahl von Arrow-Zertifikaten mit den dazugehörigen Preisen. Das führt uns auf die bereits erwähnte Tatsache zurück, nämlich, daß die Einführung der Unsicherheit mit dem Schritt vom Endlichen zum Unendlichen verbunden ist. Wir können diesen Schritt tun und dennoch den Rahmen der klassischen ökonomischen Theorie nicht verlassen, wenn wir bereit sind anzunehmen, daß der *homo oeconomicus* über unbeschränkte Rechenmöglichkeiten verfügt, um mit einer unendlichen Zahl von Preisen und Märkten zurechtzukommen. Wir können diese heroische Annahme treffen, wir können aber auch nach anderen, nicht klassischen Ansätzen Ausschau halten. Damit wollen wir uns in den folgenden Kapiteln beschäftigen.

Bibliographie

[1] *Arrow, K. J.:* „The Role of Securities in the Optimal Allocation of Riskbearing", *Review of Economic Studies,* 1964, S. 91—96. (Übersetzung aus dem Französischen aus dem Jahre 1952.)

[2] *Arrow, K. J.,* und *G. Debreu:* „Existence of an Equilibrium for a Competitive Economy", *Econometrica,* 1954, S. 265—290.

[3] *Galbraith, J. K.:* The Affluent Society, Harvard University Press, 1958.
[4] *Veblen, T.:* The Theory of the Leisure Class, 1899.
[5] *Wald, A.:* „On some Systems of Equations of Mathematical Economics", *Econometrica*, 1951, S. 368—403. (Übersetzung des Originalwerkes aus dem Deutschen aus dem Jahre 1936.)
[6] *Walras, L.:* Elements of Pure Economics, Richard D. Irwin, 1954. (Übersetzung des Originalwerkes, das 1874 bis 1877 in Lausanne veröffentlicht wurde.)

9 Das Zwei-Personen-Nullsummenspiel

9.1

Wir haben bereits mehrere Male, wenn auch nur kurz, auf die Spieltheorie und insbesondere auf das Buch von *von Neumann* und *Morgenstern* hingewiesen, ohne der Bedeutung, die diesem Werk in den heutigen Sozialwissenschaften zukommt, gerecht zu werden.
Wir wollen hier nicht den Versuch machen, den Einfluß der Spieltheorie auf die Ökonomie und die anderen Sozialwissenschaften darzustellen. Es soll jedoch erwähnt werden, daß praktisch alles, was in den vorhergehenden Kapiteln gesagt wurde, eine Umschreibung und Verarbeitung von Ideen darstellt, die erstmals im Rahmen der Spieltheorie formuliert worden sind. Dasselbe gilt für den größten Teil der Arbeiten der von uns zitierten Autoren, von denen wenige vor Erscheinen des richtungweisenden Buches von *von Neumann* und *Morgenstern* verfaßt worden hätten sein können.

9.2

Zur Einführung betrachten wir folgende Auszahlungsmatrix:

	E_1	E_2	E_3
a_1	18	2	0
a_2	1	3	10
a_3	5	4	5
a_4	16	3	2

Wie in Kapitel 7 wollen wir annehmen, daß wir uns für eine der Aktionen a_1, a_2, a_3, a_4 zu entscheiden hätten, während die „Ereignisse" E_1, E_2 und E_3 hier nicht als mögliche Zustände, sondern als Aktionen einer anderen Person interpretiert werden, die als *Gegner* bezeichnet wird. Wenn wir diesen Gegner und seine Motive nicht kennen, so haben wir klarerweise eine Situation vor uns, die der in Kapitel 7 beschriebenen äquivalent ist. Um das zu vermeiden, wollen wir annehmen, daß wir wüßten, daß unser Gegner intelligent ist und daß es sein Ziel ist, unseren Gewinn nach Möglichkeit zu reduzieren. Das ist offensichtlich eine wichtige Information, die uns unsere Entscheidung erleichtern sollte. Bevor wir an das Problem herangehen, möchten wir aber noch bemerken, daß unsere Annahme nicht notwendigerweise impliziert, daß wir es mit einem Gegner zu tun haben, dem es Freude macht, uns zu schaden. Es kann sich um einen durchaus freundlichen und uns gut gesinnten Menschen handeln, der sich jedoch in einer Situation befindet, in der seine Interessen in direktem Gegensatz zu unseren stehen. Indem er also versucht, seinen Verlust zu minimieren, minimiert er zugleich unseren Gewinn.

9.3

Wir wollen nun zunächst einmal *Laplaces* Prinzip des unzureichenden Grundes anwenden, d. h. annehmen, daß alle Aktionen des Gegners gleich wahrscheinlich sind. Diese Annahme kann durchaus vernünftig sein, da wir nicht wissen, was unser Gegner macht. Wir wählen daher Aktion a_4, die uns einen erwarteten Gewinn von

$$^1/_3(16+3+2)=7$$

erbringt. Ist unser Gegner intelligent, so kann er ganz gut erraten, daß wir diese Überlegung anstellen werden und daraufhin E_3 wählen, was unseren Gewinn auf 2 reduziert.

Benutzen wir nun unsere Kenntnisse über Motive und Intelligenz des Gegners, so werden wir schließen, daß er wirklich E_3 wählen wird. Offensichtlich werden wir uns dann für a_2 entscheiden, was uns einen Gewinn von 10 erbringt.

Wenn unser Gegner jedoch so klug ist, um unsere erste Schlußfolgerung zu erraten, so ist es durchaus möglich, daß er auch unsere zweite Überlegung errät. Das bedeutet, daß er unserer

Entscheidung a_2 durch die Wahl von E_1 begegnet und damit unseren Gewinn auf 1 herabsetzt. Als Gegenzug darauf haben wir offensichtlich a_1 zur Verfügung, mit einem Gewinn von 18. Errät unser Gegner abermals unsere Aktion, so wird er E_3 wählen, was unseren Gewinn auf 0 herabsenkt, worauf wir wieder a_2 wählen werden, in der Hoffnung, daß wir einen Gewinn von 10 machen — womit sich der Kreis schließt.

9.4

Das im vorigen Abschnitt gebrauchte Argument führt uns also in ein Dilemma. Wenn wir wissen, daß unser Gegner nur n Schritte vorauszudenken in der Lage ist, dann können wir dadurch einen Gewinn erzielen, indem wir $n+1$ Schritte vorausdenken. Ist jedoch unser Gegner geradeso schlau wie wir, so kann er unseren Gewinn ganz beträchtlich reduzieren, indem er ebenfalls $n+1$ Schritte vorausdenkt.

Ebenso können wir aber auch die Intelligenz unseres Gegners überschätzen. Denkt dieser nämlich nur zwei Schritte weit, so können wir beträchtlich verlieren, wenn wir annehmen, daß der Gegner unseren Gedankengängen weiter folgen wird.

Dieses Dilemma läßt den Ruf nach einem vollständig neuen Ansatz laut werden. Wir wollen daher die in Kapitel 7 diskutierte *Minimax*-Regel betrachten (NM-Regel), die in einem „Spiel gegen die Natur" als übermäßig pessimistisch erschiene, die jedoch in einem Spiel gegen eine Person, die danach trachtet, unseren Gewinn möglichst herabzusetzen, angebracht sein kann.

	E_1	E_2	E_3	Zeilenminimum
a_1	18	2	0	0
a_2	1	3	10	1
a_3	5	4	5	4
a_4	16	3	2	2
Spalten-maximum	18	4	10	4

Wir bestimmen also in jeder Zeile der Auszahlungsmatrix das kleinste Element und sehen dann, daß uns Aktion a_3 den größten *Mindestgewinn*, nämlich 4, erbringt. Die NM-Regel ist offensichtlich vorsichtig, denn sollte unser Gegner unsere Entscheidung erraten, so kann er trotzdem unseren Gewinn keinesfalls unter den Wert 4 herabdrücken.

Es mag nicht immer das klügste sein, auf „Nummer Sicher zu gehen". Wir wollen daher die möglichen Überlegungen unseres Gegners studieren. Benutzt dieser die Minimax-Regel, so wird er das größte Element in jeder Spalte bestimmen und schließlich jene Spalte wählen, welche unserem *kleinsten Höchstgewinn* entspricht, also E_2. Dadurch bewirkt er, daß unser Gewinn nicht größer als 4 werden kann.

Aus diesen Überlegungen folgt, daß die Minimax-Regel in gewisser Hinsicht zu einem *Gleichgewichtspaar* von Entscheidungen führt: (a_3, E_2). Wissen wir, daß unser Gegner diese Regel benutzt, so ist es auch für uns am vorteilhaftesten, sie anzuwenden, da keine andere Regel uns einen höheren Gewinn bringen kann.

In gewisser Hinsicht bedeutet das, daß wir genauso klug wie unser Gegner sein können, jedoch nicht klüger — wenn er so klug wie möglich ist.

Als weiteres Beispiel wollen wir folgende Auszahlungsmatrix betrachten:

	E_1	E_2	Zeilenminimum
a_1	0	3	0
a_2	1	2	1
Spalten-maximum	1	3	

Hier führt die Minimax-Regel zu den Entscheidungen (a_2, E_1), was ebenfalls ein Gleichgewicht darstellt. Weder wir noch unser Gegner können durch eine einseitige Änderung dieser Entscheidungen gewinnen.

9.5

In den beiden bisher betrachteten Beispielen funktionierte die Minimax-Regel sehr gut, da die Auszahlungsmatrizen einen *Sattelpunkt* hatten, d. h. ein Element besaßen, das gleichzeitig maximales Element seiner Spalte und minimales Element seiner Zeile war. Es gibt jedoch Auszahlungsmatrizen, die keinen Sattelpunkt besitzen, wie wir aus folgendem Beispiel ersehen:

	E_1	E_2	Zeilenminimum
a_1	2	0	0
a_2	1	3	1
Spalten-maximum	2	3	

Nach der Minimax-Regel müßten wir uns in dieser Situation für a_2, unser Gegner für E_1 entscheiden, was uns einen Gewinn von 1 erbrächte. Wenn wir aber wissen, daß unser Gegner die Minimax-Regel anwendet und daher E_1 wählt, dann ist es für uns offensichtlich von Vorteil, von a_2 auf a_1 zu wechseln und dadurch unseren Gewinn auf 2 zu erhöhen. Ein schlauer Gegner müßte jedoch unsere Überlegung erraten und E_2 wählen, was unseren Gewinn auf 0 reduzieren würde.
Wir bewegen uns also wiederum im Kreise, die Minimax-Regel führt in diesem Fall zu keinem Gleichgewicht.

9.6

Um aus dem Dilemma herauszukommen, wenden wir eine in der Mathematik gebräuchliche Methode an und geben der Unbekannten einen Namen.
Wir nehmen an, daß unser Gegner E_1 mit Wahrscheinlichkeit y und E_2 mit Wahrscheinlichkeit $1-y$ wählen wird. Wenn wir uns nun für a_1 entscheiden, so ist unser *erwarteter* Gewinn

$$v(1,y)=2y+0(1-y)=2y.$$

Wählen wir a_2, so beträgt der *erwartete* Gewinn

$$v(0,y) = y + 3(1-y) = 3 - 2y.$$

Das scheint uns noch nicht sehr weiterzuhelfen. Wir wollen daher auf die älteste aller Entscheidungsregeln zurückgreifen, d. h. die Entscheidung dem Zufall überlassen. Wir tun dies, indem wir einen Zufallsmechanismus einführen, welcher uns veranlaßt, a_1 mit Wahrscheinlichkeit x und a_2 mit Wahrscheinlichkeit $1-x$ zu wählen. Dadurch erhalten wir einen erwarteten Gewinn von

$$v(x,y) = xv(1,y) + (1-x)v(0,y)$$

oder

$$v(x,y) = 2(2x-1)y + 3 - 3x.$$

Für $x = {}^1/_2$ erhalten wir

$$v({}^1/_2, y) = {}^3/_2.$$

Das bedeutet, daß wir uns einen erwarteten Gewinn von ${}^3/_2$ sichern, *unabhängig davon, was unser Gegner macht*, wenn wir $x = {}^1/_2$ wählen. Es scheint, als ob unser Problem in der Tat durch einen Münzwurf gelöst werden könnte.

9.7

Bis jetzt haben wir nur gezeigt, daß wir durch die Wahl von $x = {}^1/_2$ sicherstellen können, daß unser erwarteter Gewinn ${}^3/_2$ beträgt. Wir können nun durchaus annehmen, daß es eine noch bessere Lösung gibt. Das Werfen einer Münze ist schließlich nicht gerade die komplizierteste Methode, um ein Entscheidungsproblem zu lösen.

Der im vorigen Abschnitt gefundene Ausdruck kann wie folgt geschrieben werden:

$$v(x,y) = (4y-3)x - 2y + 3.$$

Für $y = {}^3/_4$ finden wir dann

$$v(x, {}^3/_4) = {}^3/_2.$$

Indem unser Gegner also $y = ^3/_4$ wählt, kann er sicherstellen, daß unser erwarteter Gewinn nicht höher als $^3/_2$ ist, *was immer wir auch tun.* Das entspricht jedoch genau dem erwarteten Gewinn, den wir uns sichern, wenn wir $x = ^1/_2$ wählen, d. h. wenn wir unsere Entscheidung durch das Werfen einer Münze fällen. Damit sinkt unsere Hoffnung, eine bessere Lösung zu finden, denn wenn unser Gegner intelligent ist, so wird er alles daransetzen, damit unser erwarteter Gewinn $^3/_2$ nicht übersteigt.

9.8

Wir wollen nun eine kurze Rückschau halten. In 9.6 betrachteten wir ein Entscheidungsproblem mit unbekannten Wahrscheinlichkeiten, ähnlich jenen Problemen, die wir im Kapitel 7 diskutierten. Dabei wußten wir jedoch, daß unser Gegner intelligent ist, ebenso wie wir über seine Ziele informiert waren.

Mit Hilfe dieser Informationen konnten wir Voraussagen über das Verhalten unseres Gegners machen, d. h. wir waren in der Lage, die uns unbekannten Wahrscheinlichkeiten zu bestimmen. Damit führten wir unser Entscheidungsproblem auf einen einfacheren, im Kapitel 3 besprochenen Typ zurück.

Die Kenntnis dieser Wahrscheinlichkeiten erwies sich aber als nicht sehr nützlich. Wählt nämlich unser Gegner E_1 und E_2 mit den Wahrscheinlichkeiten $^3/_4$ und $^1/_4$, so beträgt unser erwarteter Gewinn höchstens $^3/_2$. Wissen wir jedoch, daß unser Gegner andere Wahrscheinlichkeiten verwendet, so zum Beispiel $(^1/_2, ^1/_2)$, d. h. daß er einen „Fehler" macht, so besitzen wir damit eine sehr nützliche Information. Es ist nämlich leicht zu sehen, daß

$$v(x, ^1/_2) = 2 - x,$$

so daß wir einen erwarteten Gewinn von 2 erhalten können, wenn wir Aktion a_2 wählen.

Es muß noch gesagt werden, daß es nicht genügt, zu wissen, daß unser Gegner *nicht* intelligent ist, d. h. einige Fehler macht.

Um eine solche Information gewinnbringend ausnützen zu können, müssen wir Genaueres über die Art der Fehler wissen, die er begeht.

9.9

Bevor wir versuchen, das gefundene Ergebnis zu verallgemeinern, wollen wir eine einfache ökonomische Anwendung betrachten. Nehmen wir an, unsere Firma und unser einziger Konkurrent auf dem Markt stünden vor der Wahl, entweder im Fernsehen oder in der Zeitung Werbung zu betreiben. Dabei werde der von uns eroberte Marktanteil in folgender Weise von den getroffenen Entscheidungen bestimmt:

		Konkurrenz	
		Zeitung	Fernsehen
Wir	Zeitung	60%	40%
	Fernsehen	50%	70%

Bei Einsatz äquivalenter Werbemethoden ist unsere Firma immer im Vorteil, was bedeuten könnte, daß sie über die besseren Werbefachleute verfügt. Besonders gut scheint die Fernsehwerbung zu sein, durch die auf jeden Fall die Hälfte des Marktes gesichert wird, gleichgültig, welcher Methoden sich die Konkurrenzfirma bedient.

9.10

Was die strategische Entscheidung betrifft, so ist es klar, daß die Situation nicht wesentlich verändert wird, wenn wir alle Elemente der obigen Matrix durch 10 dividieren und dann 4 abziehen. Wir erhalten dadurch eine neue Matrix:

		Konkurrenz Zeitung	Konkurrenz Fernsehen
Wir	Zeitung	2	0
	Fernsehen	1	3

die genau der in 9.5 betrachteten Matrix entspricht. Wenn wir also das Problem lösen, indem wir uns mit Hilfe eines Münzwurfes für eine der beiden Werbemethoden entscheiden, dann bringt uns diese „Strategie" einen *erwarteten* Marktanteil von 55%. Der Präsident unserer Gesellschaft wird vielleicht ziemlich erstaunt sein, wenn sein Marketingfachmann — mit einem Doktorgrad in Spieltheorie — vorschlägt, daß die Entscheidung durch das Werfen einer Münze getroffen werden soll. Er wird nach einer besseren Lösung Ausschau halten und unter Umständen das Argument vorbringen, unserer Fernseh-Werbeabteilung freie Bahn zu lassen, da sie so fähig zu sein scheint. Kann unser Konkurrent aber diese Überlegungen erraten, so würde er mit seiner Zeitungswerbung antworten und damit unseren Marktanteil auf 50% herunterdrücken.

Der Präsident, auf diese Tatsache aufmerksam gemacht, wird wahrscheinlich bald erkennen, daß es richtig ist, den Konkurrenten in Ungewißheit zu halten. Nach einigem Nachdenken wird er aber ebenso einsehen, daß der beste Weg, dies zu tun, darin besteht, sich selbst im Ungewissen zu lassen, d. h. die Entscheidung einem Zufallsmechanismus zu überlassen. Ganz allgemein können wir sagen, daß jedes Schema, welches wir uns ausdenken — ganz gleich, wie raffiniert dieses auch sei —, von unserem Konkurrenten durchschaut werden könnte.

9.11

Die von uns gefundene Lösung des Problems stellt eine *Optimalstrategie* dar, die durch die Wahrscheinlichkeitsverteilung ($^1/_2$, $^1/_2$) beschrieben wird. Wenn wir diese Strategie anwenden und unser Konkurrent seine optimale Strategie ($^3/_4$, $^1/_4$) einsetzt, so wird unser erwarteter Marktanteil 55% betragen.

Die Größe des Marktanteils stellt jedoch eine stochastische Variable dar. Wir können daher eine vollständige Beschreibung der Situation nur durch Angabe einer Wahrscheinlichkeitsverteilung über alle möglichen Ergebnisse, d. h. über alle Elemente der Matrix erhalten. Wenn beide Konkurrenten ihre Optimalstrategien anwenden, dann ist leicht zu sehen, daß unser Marktanteil

40% mit Wahrscheinlichkeit $^1/_8$,
50% mit Wahrscheinlichkeit $^3/_8$,
60% mit Wahrscheinlichkeit $^3/_8$,
70% mit Wahrscheinlichkeit $^1/_8$

sein wird. Wir können also mit Hilfe der von uns entwickelten Theorie nicht das Ergebnis eines Spieles *voraussagen.* Da hier dem Zufall überlassene Entscheidungen zum rationalen Verhalten gehören, sind Voraussagen nur in Feststellungen über Wahrscheinlichkeiten möglich, gleichgültig wie genau die Untersuchung durchgeführt wird. Das bedeutet, daß durch die Spieltheorie ein *Unsicherheitsmoment* in die Ökonomie eingeführt wurde, ähnlich wie es in der Physik durch die Quantentheorie geschah.

Das mag zwar für Ökonomen, die das Ergebnis einer Konfliktsituation voraussagen wollen, überraschend sein, nicht jedoch unbedingt für die an dieser Situation beteiligten Parteien. Diese können nämlich, wie wir in Kapitel 3 gesehen haben, die Wahrscheinlichkeitsverteilung durch ihr Sicherheitsäquivalent ersetzen. In unserem Beispiel haben wir stillschweigend angenommen, daß unser Nutzen in bezug auf Marktanteile linear ist. Das bedeutet, daß die oben angegebene Wahrscheinlichkeitsverteilung, die man als „Prospekt" interpretieren kann, einem mit Sicherheit zu erwartenden Marktanteil von 55% äquivalent ist.

9.12

In Abschnitt 9.6 haben wir einen ganz besonderen Fall des sogenannten *Minimax-Theorems* bewiesen. Wir werden nun dieses Theorem ganz allgemein formulieren, ohne einen vollständigen Beweis zu liefern. Ein allgemeines Zwei-Personen-Nullsummenspiel wird durch eine $m \times n$-Matrix $\{r_{ij}\}$ vollständig beschrieben. Dabei stellt r_{ij} die Auszahlung an Spieler 1 dar, wenn

1. Spieler 1 Aktion i ($i = 1, 2, \ldots, m$) und
2. Spieler 2 Aktion j ($j = 1, 2, \ldots, n$) wählt.

Die Auszahlung an Spieler 2 ist definitionsgemäß $-r_{ij}$.
In der Spieltheorie wird gewöhnlich der Ausdruck „reine Strategie“ dem bisher von uns verwendeten Ausdruck „Aktion“ vorgezogen.
Nehmen wir nun an, daß Spieler 1 eine *gemischte Strategie* anwendet, die durch den Vektor $x = \{x_1, \ldots, x_m\}$ definiert wird, wobei die Elemente dieses Vektors den Bedingungen

$$x_i \geq 0 \quad \sum_{i=1}^{m} x_i = 1$$

genügen. Das bedeutet, daß sich der betreffende Spieler entscheidet, die reine Strategie i oder Aktion i mit der Wahrscheinlichkeit x_i zu wählen. Er weiß dabei selbst nicht, was er tun wird, bevor er nicht sein Rouletterad in Bewegung gesetzt bzw. gewürfelt hat; somit hält er offensichtlich auch sein Gegenüber in Ungewißheit.
Wenn wir weiter annehmen, daß Spieler 2 ebenfalls eine gemischte Strategie anwendet, die durch den Wahrscheinlichkeitsvektor $y = \{y_1, \ldots, y_n\}$ beschrieben wird, so kann man leicht zeigen, daß die Wahl des Strategienpaares (x, y) dem Spieler 1 eine erwartete Auszahlung von

$$v(x,y) = \sum_{i=1}^{m} \sum_{j=1}^{n} r_{ij} x_i y_i$$

bringt.

9.13

Wenn nun Spieler 1 ein pessimistisches Verhalten an den Tag legt, was sich in unserem einfachen Beispiel als gerechtfertigt erwies, so wird er für jede seiner eigenen Strategien nach der wirksamsten Gegenmaßnahme seines Gegners Ausschau halten und annehmen, daß diese auch wirklich zur Anwendung kommt. Das bedeutet, daß er für jeden Vektor x

$$\min_{y} \{v(x,y)\}$$

berechnen wird und dann jenes x auswählen wird, für welches dieses Minimum am größten ist. Er wird also

$$\max_{x} \left\{\min_{y} \{v(x,y)\}\right\}$$

ermitteln. Trifft dies für die gemischte Strategie $\bar{x}$ zu und benutzt Spieler 1 diese „sicherste aller Strategien", so kann er sicher sei, daß sein erwarteter Gewinn nicht kleiner sein wird als v_1, unabhängig davon, was sein Gegner tun wird:

$$v(\bar{x}, y) \geq v_1 \quad \text{für alle } y.$$

Wenn Spieler 2, dessen erwarteter Gewinn $-v(x,y)$ beträgt, in gleicher Weise argumentiert, so wird er jene Strategie $\bar{y}$ wählen, für die gilt:

$$\min_{y} \left\{\max_{x} \{v(x,y)\}\right\}.$$

Sein erwarteter Gewinn kann dann nicht unter einen gewissen Wert $-v_2$ fallen, d. h.

$$v(x, \bar{y}) \leq v_2 \quad \text{für alle } x.$$

Das Minimax-Theorem besagt dann, daß

$$v_1 = v_2 = v(\bar{x}, \bar{y}).$$

9.14

Dieses Theorem wurde erstmals von *John von Neumann* [11] mit Hilfe topologischer Methoden im Jahre 1928 bewiesen. Später wurden von *von Neumann* selbst, aber auch von anderen Autoren einfachere Beweise veröffentlicht. In einem seiner Bücher präsentiert *Bellman* das Minimax-Theorem in ähnlicher Weise, wie wir es in diesem Kapitel getan haben, und fügt dann hinzu: „Dieses Resultat ist weder intuitiv noch trivial, doch es

stimmt!“ ([1], S. 286). Wir nehmen dieselbe Haltung ein. Das Theorem hat weitreichende Wirkungen, für die wir uns mehr interessieren werden als für die mathematischen Aspekte.
Die Tatsache, daß das Theorem von großer Bedeutung ist, wurde in einer von *Frechet* [7] in *Econometrica*, 1953, begonnenen Diskussion eindrucksvoll zum Ausdruck gebracht. Daraus geht hervor, daß das mathematische Problem, das als Zwei-Personen-Nullsummenspiel bekannt ist, erstmals im Jahre 1921 von *Emile Borel* formuliert wurde, der den Ausdruck „psychologische Spiele“ verwendete. *Borel* fand, daß das Minimax-Theorem für symmetrische Spiele, bei denen die Spieler nicht mehr als fünf verschiedene reine Strategien zur Verfügung haben, gültig ist, vermutete jedoch, daß das Theorem nicht allgemein gültig sein könne. Diese Intuition veranlaßte *Borel* zu der Annahme, daß es vorteilhaft sein müsse, die gemischte Strategie des Gegners zu kennen, auch wenn diese Tatsache in einfachen Fällen, wie in unserem Beispiel in Abschnitt 9.8, nicht klar herauskam.
Rein intuitiv können wir erkennen, daß es keinesfalls ein Nachteil für uns sein kann, wenn wir die von unserem Gegner verwendete gemischte Strategie kennen, wie auch das Beispiel in 9.8 beweist. Das Minimax-Theorem sagt nur, daß es eine Strategie gibt, die so sicher ist, daß unser Gegner sie uns bekanntgeben kann, ohne uns dadurch einen zusätzlichen Vorteil zu verschaffen.

9.15

Es gibt einige evidente Ähnlichkeiten zwischen einem Zwei-Personen-Nullsummenspiel und dem primären und dualen Problem des linearen Programmierens. Die beiden Probleme sind sogar äquivalent, wie *Dantzig* [3] bewies, was einen relativ einfachen Weg zum Minimax-Theorem eröffnet. Der Beweis selbst soll hier nicht reproduziert werden. Wir wollen das Ergebnis jedoch durch Umformung unseres Ausgangsproblems plausibel machen.

Spieler 1 möchte sichergehen, daß sein erwarteter Gewinn mindestens w beträgt, unabhängig davon, was Spieler 2 unternimmt, d. h. unabhängig davon, welche reine Strategie er auswählt. Spieler 1 wird dann versuchen, eine gemischte Strategie zu spielen, d. h. einen Vektor $x = \{x_1, x_2, \ldots, x_m\}$ mit nichtnegativen Elementen zu finden, der folgenden Bedingungen genügt:

$$\sum_{i=1}^{m} r_{ij} x_i \geq w \quad \text{für alle } j,$$

$$\sum_{i=1}^{m} x_i = 1.$$

Seine wirkliche Aufgabe ist es dann, den größten Wert von w zu suchen, sagen wir $\bar{w}$, für den ein solcher Vektor existiert. Spieler 2 wird analog dazu den kleinsten Wert von u, sagen wir $\bar{u}$, suchen, für den ein nichtnegativer Vektor $y = \{y_1, y_2, \ldots, y_n\}$ existiert, der den Bedingungen

$$\sum_{j=1}^{n} r_{ij} y_j \leq u \quad \text{für alle } i,$$

$$\sum_{j=1}^{n} y_j = 1 \quad \text{genügt.}$$

9.16

Der Einfachheit halber wollen wir annehmen, daß $\bar{w}$ und $\bar{u}$ beide positiv sind und die neuen Variablen

$$s_i = x_i / w \qquad (i = 1, 2, \ldots, m)$$

und

$$t_j = y_j / u \qquad (j = 1, 2, \ldots, n)$$

einführen.

Die Aufgabe von Spieler 1 kann dann wie folgt formuliert werden:

Minimiere

$$\frac{1}{w}=\sum_{i=1}^{m} s_i$$

unter den Bedingungen

$$\sum_{i=1}^{m} r_{ij} s_i \geq 1 \qquad (j=1, 2, \ldots, n),$$
$$s_i \geq 0 \qquad (i=1, 2, \ldots, m).$$

Das ist aber eine Standardaufgabe des *linearen Programmierens*, die durch eine Anzahl verschiedener Techniken gelöst werden kann, wie z. B. durch die Simplexmethode von *Dantzig* [4].
Die Aufgabe von Spieler 2 ist:

Maximiere

$$\frac{1}{u}=\sum_{j=1}^{m} t_j$$

unter den Bedingungen

$$\sum_{j=1}^{n} r_{ij} t_j \leq 1 \qquad (i=1, 2, \ldots, m),$$
$$t_j \geq 0 \qquad (j=1, 2, \ldots, n).$$

Auch das ist eine Aufgabe aus der linearen Programmierung, die das zu dem Problem des Spielers 1 *duale* genannt wird.
Das zentrale Theorem der linearen Programmierung sagt aus: Wenn beide Probleme Lösungen haben, sagen wir $\bar{w}$ und $\bar{u}$, dann $\bar{u}=\bar{w}$. Es ist nicht schwierig, dieses Ergebnis zu beweisen, und weiters ist leicht einzusehen, daß daraus das Minimax-Theorem für nichtdegenerierte Fälle resultiert. Eine lineare Programmierungsaufgabe hat aber nicht immer eine Lösung; so können zum Beispiel die Nebenbedingungen, die aus linearen Ungleichungen bestehen, inkonsistent sein. Die wahre Schwierigkeit liegt darin, zu beweisen, daß Probleme der linearen Programmierung, die aus Zwei-Personen-Nullsummenspielen entstehen, immer Lösungen haben. Diese Probleme werden in den

meisten fortgeschrittenen Lehrbüchern über lineare Programmierung besprochen, so zum Beispiel in dem Buch von *Dantzig* [5], so daß wir dieses Thema hier nicht weiter zu verfolgen brauchen.

9.17

In der Realität gibt es sicher viele Situationen, die als Zwei-Personen-Nullsummenspiele dargestellt und analysiert werden können. Das wunderbare Buch von *Williams* [13] bietet eine Anzahl von hervorragenden Beispielen. Es ist jedoch einleuchtend, daß die meisten interessanten ökonomischen Probleme nicht in diesen einfachen Rahmen gezwängt werden können. Die Nullsummen- (oder Konstantsummen-) Bedingung impliziert nämlich die Annahme der interpersonellen Vergleichbarkeit von Nutzen, die unrealistisch und bei ökonomischen Problemen meist auch gar nicht erwünscht ist. In dem Beispiel aus 9.9 ist natürlich anzunehmen, daß eine Vergrößerung des Marktanteils von 60 auf 70% einen kleineren Nutzenzuwachs darstellt als der entsprechende Verlust des Konkurrenten, dessen Marktanteil von 40 auf 30% sinkt. Dieses Absinken mag für den Konkurrenten eine Katastrophe bedeuten, während der Zuwachs nur einen sehr bescheidenen zusätzlichen Profit abwerfen kann — nach Abzug der Steuern. Wenn wir solche Überlegungen aber zulassen, dann wird die Lösung des Zwei-Personen-Nullsummenspiels irrelevant für unser Problem zweier konkurrierender Firmen.

Wir sollten die Lösung des Zwei-Personen-Nullsummenspiels durchaus als großen Fortschritt anerkennen, uns aber gleichzeitig auch darüber klar sein, daß sie doch nicht mehr ist als ein Ausgangspunkt, der vielleicht zu einer kompletten Revision der gängigen ökonomischen Theorie führen kann. Das entspricht auch durchaus der Anschauung von *von Neumann* und *Morgenstern*, die feststellen, „korrekt geht man so vor, daß man zunächst äußerste Präzision und Beherrschung in einem begrenzten Gebiet erreicht und dann zu einem etwas breiteren übergeht usw." ([12], S. 7). In diesem Zusammenhang zeigen sie auch auf, daß viele Ökonomen einfache Probleme, die durch ein Zwei-Personen-Nullsummenspiel dargestellt werden können, einfach übergehen, um Aussagen über größere und „brennendere" ökonomische Fragen machen zu können. Diese mangelnde Geduld mit „Details" kann jedoch dem Fortschritt sehr hinderlich sein.

9.18

Die Überlegungen des letzten Abschnitts sollen uns zeigen, daß die ökonomische Relevanz des Zwei-Personen-Nullsummenspiels nicht überschätzt werden soll. Es ist jedoch sicher nützlich zu zeigen, daß sogar dieses einfache Modell einige Elemente, von denen viele Ökonomen wohl annehmen, daß sie wichtig seien, es ihnen aber nicht möglich war, sie genau in den Griff zu bekommen und formal zu analysieren, ins rechte Licht setzen kann. Um das etwas näher auszuführen, wollen wir ein einfaches Beispiel durchgehen, das allerdings mehr intuitiven Reiz als praktische Bedeutung hat.

In Kapitel 8 nahmen wir an, daß der Nutzen, den ein Konsument einer gegebenen Menge von Gütern beimißt, unabhängig von den Gütern ist, die auch für andere Konsumenten erreichbar sind. Diese Annahme scheint zumindest für alle Güter, die man gewöhnlich als „notwendig" bezeichnet, und auch für jene „Luxusgüter", die es dem Konsumenten ermöglichen, ein reicheres und angenehmeres Leben zu führen, durchaus vernünftig. Viele Ökonomen haben jedoch darauf hingewiesen, daß diese Annahme nicht allgemein realistisch ist. Solche Überlegungen findet man schon bei *Adam Smith* in einer kurzen Bemerkung über den Knappheitswert von Diamanten (Wealth of Nations, 1. Buch, Kapitel IV):

Wenn Diamanten so häufig wären, daß jede Frau eine große Sammlung davon haben könnte, dann wäre der Nutzen des Diamanten gleich dem eines anderen hübschen Kieselsteines.

9.19

Einige Ökonomen haben versucht, diese Gedanken zu formalisieren. *Keynes* bemerkt, daß die Bedürfnisse von Menschen „... in zwei Klassen zerfallen — absolute Bedürfnisse —, und zwar in dem Sinn, daß wir sie unabhängig von der Lage unseres Mitmenschen empfinden und — relative Bedürfnisse —, und zwar in dem Sinn, daß wir sie nur dann empfinden, wenn deren Befriedigung uns über unsere Mitmenschen erhebt, uns überlegen fühlen läßt ..." [9]. *Keynes* schien zu glauben, daß mit steigender Produktivität die erste Klasse von Bedürfnissen für die Bevölkerung der ganzen Welt vollständig befriedigt werden könne, unter der Voraussetzung, daß keine größeren Kriege und ähnliche Katastrophen auftreten. Das impliziert aber, daß die Wirtschaftstheorie der Zukunft sich hauptsächlich mit Bedürfnissen der zweiten Art wird beschäftigen müssen. Dieser Gedanke wurde von *Galbraith* [8] aufgegriffen, der zu dem Ergebnis kommt, daß in der „Überflußgesellschaft" die Hauptaufgabe der Industrie darin bestehen wird, Güter zu produzieren, die die Bedürfnisse der *Keynes*schen zweiten Klasse befriedigen, d. h. Güter, die nur „relativen" Nutzen haben. Es ist einleuchtend, wie *Galbraith* überzeugend argumentiert, daß in einer solchen Situation eine ökonomische Theorie benötigt wird, die von der klassischen Theorie ganz wesentlich verschieden sein wird, die ja im wesentlichen die „Allokation" von knappen Resourcen analysiert. Er schließt weiters, daß diese neue Theorie Fluktuationen bedeutend mehr Raum widmen muß, als dies in den relativ stabilen klassischen Modellen der Fall ist.

9.20

Um diese Gedanken mathematisch formalisieren zu können, wollen wir ein Wirtschaftssystem betrachten, das durch zwei Personen und zwei Güter charakterisiert ist.
Wir wollen voraussetzen, daß Person A reicher ist und daß sie

entweder zwei Einheiten des einen Gutes oder je eine Einheit beider Güter kaufen kann, d. h. daß die Gütervektoren (2, 0), (1, 1) oder (0, 2) erworben werden können. Weiters wollen wir annehmen, daß die Person *B* ärmer ist und die Wahl zwischen den Gütervektoren (1, 0) oder (0, 1) hat.

Das wesentlich neue Element, das in das klassische Modell eingeführt werden soll, besteht darin, daß der Nutzen, den Person *A* ihrem Gütervektor beimißt, auch von dem von Person *B* gewählten Vektor abhängt. Diese Bedingung ist dann erfüllt, wenn der Nutzen von Person *A* durch eine „Auszahlungs"-matrix der Form

		Wahl von *B*	
		(1, 0)	(0, 1)
Wahl von *A*	(2, 0)	4	0
	(1, 1)	3	3
	(0, 2)	0	4

gegeben ist.

Unter den Annahmen der klassischen ökonomischen Theorie ist der Nutzen von *A* unabhängig von der Wahl von *B*; demnach sind die beiden Spalten der Matrix identisch. Wenn man jedoch annimmt, daß der Nutzen von *A* nicht nur von seiner eigenen Wahl abhängt, sondern auch von der von *B*, dann formulieren wir das Problem spieltheoretisch.

Um zu einem Nullsummenspiel zu gelangen, wollen wir willkürlich annehmen, daß der Nutzen von *B* für jedes Paar von Möglichkeiten gleich ist dem entsprechenden Nutzen von *A* mit entgegengesetztem Vorzeichen. Man sieht leicht, daß dann die optimalen Strategien

$$\text{für } A\text{: } \{0, 1, 0\},$$
$$\text{für } B\text{: } \{1/2, 1/2\}$$

sind.

Das heißt aber, daß *A* den Gütervektor (1, 1) kaufen und *B* entscheiden wird, ob er (1, 0) oder (0, 1) kaufen soll, indem er eine Münze wirft.

9.21

Um diese Nutzenfunktion auch intuitiv interpretieren zu können, wollen wir annehmen, daß Gut 1 ein neues Auto und Gut 2 ein Urlaub in Italien ist.

Wenn *A* und *B* (2, 0) bzw. (1, 0) wählen, so bedeutet das, daß sowohl *A* als auch *B* ein neues Auto kaufen. Da *A* jedoch der Reichere von beiden ist, kann er ein „doppelt so schönes", d. h. ein chromblitzendes und größeres Auto als *B* anschaffen. Das wird ihm dann das Gefühl geben, *B* „besiegt" zu haben; diesem Gefühl mißt er einen hohen Nutzen bei, zum Beispiel 4.

Die Konsumentscheidungen (0, 2) bzw. (0, 1) bedeuten demnach, daß *A* und *B* beide nach Italien fahren und daß die „Luxusreise" von *A* natürlich die „Sozialtourismus"-Reise von *B* aussticht. Die Auszahlungsmatrix sagt uns, daß *A* auch diesem Ereignis den Nutzen von 4 zuweist.

Wenn jedoch *A* und *B* (2, 0) und (0, 1) wählen, kann *B* gleichziehen. Wenn *A* mit seinem glänzenden neuen Wagen angibt, dann kann *B* über die Museen, das ausgezeichnete Essen und die Frauen in Florenz reden. Es ist vernünftig anzunehmen, daß *A* dieser verhältnismäßig frustrierenden Situation einen niederen Nutzen, sagen wir 0, zuweisen wird. Die Entscheidung (1, 1) von *A* kombiniert mit (1, 0) oder (0, 1) von *B* bedeutet, daß *B* mit *A* bei einem Gut gleichzieht und einfach behauptet, an dem anderen nicht interessiert zu sein. Das ist vielleicht nicht ganz überzeugend, zum Beispiel wenn beide die gleichen Wagen fahren und *B* sich einen Urlaub in Italien nicht leisten könnte. Es ist nur natürlich anzunehmen, daß *A* in diesem Fall ein angenehmes Gefühl der Überlegenheit haben wird, dem wir einen Nutzen von 3 zuweisen wollen.

9.22

Das einfache Beispiel, das wir eben diskutierten, zeigt, daß die Spieltheorie die Formulierung und Lösung von Problemen ermöglicht, die im Rahmen der klassischen Theorie keinen Platz haben. Einige Leute mögen vielleicht unser Beispiel amüsant finden, werden aber wahrscheinlich darauf bestehen, daß dieses Problem nicht wirklich wichtig sei. Ein „Villenviertelsnobismus" mag wohl existieren, stellt jedoch ein Element dar, von dem die meisten Ökonomen annehmen, es in einer ernsthaften Theorie einfach ignorieren zu können, zumindest solange die „Überflußgesellschaft" noch einige Jahrzehnte entfernt ist.

Das Problem kann jedoch durchaus ernst werden, wenn wir die Situation vom Blickpunkt eines Produzenten betrachten. Wenn unsere beiden Personen ihre optimale Strategie spielen, dann sind die Käufe von Person *B* und daher alle Käufe Zufallsvariable. Die Produzenten sehen sich dann einer Situation gegenüber, in der die Gesamtnachfrage (2, 1) oder (1, 2), je mit Wahrscheinlichkeit $^1/_2$, ist.

Das bedeutet aber, daß die Produzenten ihre Entscheidungen über die erwartete Nachfrage unter Unsicherheit treffen müssen. Das ist keine sehr überraschende Beobachtung. Jeder Geschäftsmann weiß, daß solche Unsicherheit in der Realität tatsächlich existiert. Ökonomen pflegen diese Unsicherheit mit Bemerkungen über „das mit Irrtümern behaftete Konsumentenverhalten" abzutun. Vielleicht gehen sie sogar noch einen Schritt weiter und behaupten, daß die klassische Nachfragetheorie unrealistisch sei, wenn sie rationales Konsumentenverhalten voraussetze. Die Analyse unseres Zwei-Personen-Nullsummenspiels zeigt jedoch, daß es Situationen gibt, wo es tatsächlich rational ist, sich „fehlerhaft" zu verhalten. Die Spieltheorie führt daher, wie schon in 9.11 angedeutet, ein Unsicherheitsprinzip in die rationale ökonomische Theorie ein.

Die von unseren Konsumenten verfolgten Ziele können einem Philosophen oder Moralisten vielleicht irrational erscheinen. Wenn diese vielleicht irrationalen Ziele rational verfolgt werden, dann sieht sich der Produzent einer Situation gegenüber, der er nicht gewachsen ist, besonders dann nicht, wenn seine Ausbildung sich auf die klassische ökonomische Theorie beschränkte.

9.23

Um das Problem des Produzenten genauer zu untersuchen, ist es wünschenswert, ein etwas allgemeineres Modell zu entwickeln. $x=(x_1, \ldots, x_n)$ und $y=(y_1, \ldots, y_n)$ sollen die Gütervektoren darstellen, die von unseren beiden Personen gekauft wurden. Der Gedanke, den wir ausdrücken wollten, ist, daß die reichere Person (A) wünscht, daß diese Vektoren in einem gewissen Sinn so ähnlich wie möglich sein sollten, da dadurch deren Überlegenheit besonders klar zum Vorschein kommt. Andererseits möchte die ärmere Person (B), daß diese Vektoren möglichst verschieden sein sollen, so daß sie, um ihren niedrigeren Lebensstandard zu vertuschen, behaupten kann, daß ihr Geschmack von dem der Person A verschieden ist.

Dieser Gedanke kann formalisiert werden, indem eine „Distanz" $|x-y|$ zwischen den beiden Vektoren definiert wird. Wir nehmen dann an, daß Person A diese Distanz minimieren will, Person B sie hingegen zu maximieren sucht. Das führt zu einem spieltheoretischen Problem, von dem wir annehmen wollen, daß es die Nullsummeneigenschaft aufweist.

Wir wollen voraussetzen, daß es nur zwei Güter mit den Preisen p_1 und p_2 gibt. Wenn die Einkommen unserer beiden Personen r und s sind, so erhalten wir die beiden Budgetgleichungen:

$$p_1x_1+p_2x_2=r,$$
$$p_1y_1+p_2y_2=s$$

unter der Voraussetzung, daß beide ihr gesamtes Einkommen für den Kauf der beiden Güter verwenden.

Um unsere Diskussion zu konkretisieren, wollen wir die Unähnlichkeit oder Distanz wie folgt definieren:

$$U=\frac{1}{2}\left(\frac{p_1x_1}{r}-\frac{p_1y_1}{s}\right)^2+\frac{1}{2}\left(\frac{p_2x_2}{r}-\frac{p_2y_2}{s}\right)^2.$$

Diese Definition ist allerdings willkürlich und kann eigentlich nur wegen ihrer mathematischen Einfachheit für unser Beispiel hingenommen werden. Die beiden Budgetgleichungen können wir dazu verwenden, x_2 und y_2 zu eliminieren. Wir erhalten dann:

$$U=\left(\frac{p_1x_1}{r}-\frac{p_1y_1}{s}\right)^2=(t_1-t_2)^2.$$

Im letzten Ausdruck sind t_1 und t_2 jene Bruchteile des Einkommens, die die beiden Personen für Gut 1 ausgeben.

9.24

Im Zwei-Personen-Nullsummenspiel, das im letzten Abschnitt beschrieben wurde, versucht Person A t_1 so zu wählen, daß U minimiert wird, und Person B t_2 versucht so zu wählen, daß U maximiert wird.

Übereinstimmend mit der gebräuchlichen ökonomischen Theorie nahmen wir an, daß x_1 und y_1 und daher auch t_1 und t_2 kontinuierliche Variable sind. Das bedeutet, daß unsere beiden Personen eine unendliche Menge von Strategien zur Verfügung haben, was zu einigen mathematischen Schwierigkeiten führt. Wenn die Auszahlungsfunktion in solch einem unendlichen Spiel ein Polynom ist, wird das Spiel normalerweise als *Polynomspiel* bezeichnet. Diese interessante Gruppe von Spielen wurde zuerst von *Dresher*, *Karlin* und *Shapley* [6] studiert. Das Spiel in unserem Beispiel wurde von *Bohnenblust*, *Karlin* und *Shapley* [2] vollständig gelöst, so daß wir hier die Lösung nur zu skizzieren brauchen.

Es ist klar, daß ein Paar gemischter Strategien in unserem Spiel durch die Wahrscheinlichkeitsdichten $f(t_1)$ und $g(t_2)$ gegeben ist. Wenn diese gemischten Strategien zur Anwendung kommen, dann ist die erwartete Auszahlung an Person A

$$W=\int_0^1\!\!\int(t_1-t_2)^2 f(t_1)g(t_2)\,dt_1\,dt_2=$$
$$=V_1+V_2+(E_1-E_2)^2.$$

E_1, E_2, V_1 und V_2 sind die Mittelwerte und Varianzen von $f(t_1)$ und $g(t_2)$. Person A, die W minimieren will, wird eine

Strategie auswählen, so daß $V_1=0$, d. h. eine reine Strategie, sagen wir $t_1=t$. Person B, die W maximieren will, wird versuchen, V_2 so groß wie möglich zu machen, ohne dadurch ihre Wahl von E_2 einzuschränken. Das kann durch Anwendung einer gemischten Strategie erreicht werden, die aus den beiden Extrema $t_1=0$ und $t_2=1$ mit Wahrscheinlichkeiten $1-q$ und q besteht. Diese Auswahl reduziert die Funktion der erwarteten Auszahlung auf

$$W=q(1-q)+(t-q)^2=q+t^2-2tq.$$

Man kann leicht nachweisen, daß diese Funktion einen Sattelpunkt bei $t=q={}^1/_2$ hat. Die optimalen Strategien sind daher:
Person A: Gibt zwei gleich große Beträge aus ihrem Einkommen für jedes der beiden Güter aus.
Person B: Gibt ihr gesamtes Einkommen für ein Gut aus, das sie mittels Münzwurfs oder eines ähnlichen Zufallsmechanismus auswählt.
Wenn beide Personen diese optimalen Strategien anwenden, dann ist die gesamte Nachfrage nach einem der beiden Gütervektoren mit jeweils gleicher Wahrscheinlichkeit

$$\left(\frac{r}{2p_1}, \frac{r}{2p_2}+\frac{s}{p_2}\right) \quad \text{oder} \quad \left(\frac{r}{2p_1}+\frac{s}{p_1}, \frac{r}{2p_2}\right).$$

9.25

Wenn sich die Konsumenten so verhalten, wie wir es in dem vorhergehenden Abschnitt darstellten, müssen die Produzenten eben mit dieser Unsicherheit leben und arbeiten. Dabei taucht natürlich die Frage auf, welche Auswirkungen diese Tatsachen auf das Gesamtwirtschaftsgeschehen haben. Um diese Frage beantworten zu können, müssen wir das Modell erst vervollständigen und Annahmen über das Verhalten der Produzenten machen. Wenn die Produzenten klassische Ökonomen sind, die an die Existenz von Nachfragekurven glauben, werden sie vielleicht ihre Preise vermindern, wenn die Nachfrage nach ihren

Produkten nachzulassen scheint. Ein weniger klassisch geschulter Produzent, der beobachtet, daß die Nachfrage nach seinem Produkt zurückgeht, mag dies vielleicht mit einer Geschmacksveränderung oder einer neuen Mode erklären. Vielleicht weiß er sogar, daß das eine sehr beliebte neoklassische Erklärung ist, wenn Beobachtungen nicht der ökonomischen Theorie entsprechen. Der Produzent wird es dann vielleicht mit einer Reklamekampagne versuchen, um die Nachfrage nach seinem Produkt aufzufrischen. Reklameagenturen werden ihn sicher noch dazu ermuntern, da sie ja mit einiger Berechtigung behaupten, daß sie Geschmack und Mode ändern können. Wenn jedoch das Spiel, das die Konsumenten gegeneinander spielen, an dem auffälligen Rückgang an Nachfrage schuld ist, dann ist das für die Reklame ausgegebene Geld vollkommen vergeudet. Es wäre besser gewesen, wenn der Produzent sein Geld der Kirche oder irgend jemand anderem übergeben hätte, der predigt: „Du sollst nicht das Eigentum deines Nachbarn begehren."

9.26

Wir wollen zu diesem Problem das Modell aus 9.23 als Ausgangspunkt heranziehen. Wir nehmen an, daß

1. $r=2$, $s=1$;
2. es nur zwei Preise, $^1/_2$ und 1, gibt.

Das ergibt vier mögliche Preiskombinationen, die zu folgender Nachfrage führen:

Preis	Nachfrage
$p_1=p_2=1$	(1, 2) oder (2, 1),
$p_1=1$, $p_2={}^1/_2$	(1, 4) oder (2, 2),
$p_1={}^1/_2$, $p_2=1$	(2, 2) oder (4, 1),
$p_1=p_2={}^1/_2$	(2, 4) oder (4, 2).

Der Bequemlichkeit halber wollen wir diese vier Preiskombinationen als „Zustand" E_1, E_2, E_3 und E_4 bezeichnen. Zustand

E_1 entspricht dem einfachen Fall aus 9.20. Weiters wollen wir folgende Annahmen über das Verhalten der Produzenten machen:

1. Wenn ein Produzent bemerkt, daß die Nachfrage nach seinem Produkt gleich 1 ist, dann wird er den Preis in der nächsten Periode reduzieren.

2. Wenn ein Produzent sieht, daß die Nachfrage nach seinem Produkt 4 ist, dann wird er seinen Preis in der folgenden Periode erhöhen.

3. Wenn beide Güter im selben Ausmaß nachgefragt werden, dann sollen die beiden Preise in der folgenden Periode gleich bleiben, d. h. entweder $p_1 = p_2 = 1$ oder $p_1 = p_2 = 1/2$ mit gleicher Wahrscheinlichkeit.

Wir wollen nun voraussetzen, daß die Wirtschaft im Zustand E_1 (d. h. $p_1 = 1$) ist. Die Nachfrage ist dann entweder (1, 2) oder (2, 1). Das bedeutet, daß einer der Preise in der folgenden Periode gesenkt wird, d. h. das System bewegt sich entweder nach E_2 ($p_1 = 1$, $p_2 = 1/2$) oder nach E_3 ($p_1 = 1/2$, $p_2 = 1$) mit gleicher Wahrscheinlichkeit.

Von E_2 kann sich das System nach E_3 (wenn die Nachfrage (1, 4) ist) oder (wenn die Nachfrage (2, 2) beträgt) nach E_1 oder nach E_4 bewegen. Die Wahrscheinlichkeiten für diese Bewegungen betragen jeweils $1/2$, $1/4$ und $1/4$.

9.27

Man sieht sofort, daß diese Fluktuationen unbegrenzt weitergehen. Allgemein können die Preisbewegungen in unserer Wirtschaft durch eine Markov-Kette mit der Übergangsmatrix

$$\begin{bmatrix} 0 & 1/2 & 1/2 & 0 \\ 1/4 & 0 & 1/2 & 1/4 \\ 1/4 & 1/2 & 0 & 1/4 \\ 0 & 1/2 & 1/2 & 0 \end{bmatrix}$$

beschrieben werden. Es ist auch leicht zu zeigen, daß die Wahrscheinlichkeiten der vier Zustände auf längere Sicht $^1/_6$, $^1/_3$, $^1/_3$ und $^1/_6$ sind.

Wenn wir statt der Annahme 3 in 9.26 voraussetzen, daß ein Produzent seinen Preis unverändert läßt, wenn die Nachfrage nach seinem Produkt 2 beträgt, erhalten wir ein System, in dem Preisbewegungen durch eine Markov-Kette mit der Übergangsmatrix

$$\begin{bmatrix} 0 & ^1/_2 & ^1/_2 & 0 \\ 0 & ^1/_2 & ^1/_2 & 0 \\ 0 & ^1/_2 & ^1/_2 & 0 \\ 0 & ^1/_2 & ^1/_2 & 0 \end{bmatrix}$$

beschrieben werden. E_1 und E_4 sind „Übergangsstadien" und die Wahrscheinlichkeiten auf lange Sicht sind 0, $^1/_2$, $^1/_2$, 0. Wenn sich das System einmal in E_2 oder E_3 befindet, fluktuiert es zwischen diesen beiden Zuständen.

9.28

In unseren beiden Beispielen waren die Annahmen über das Verhalten der Produzenten durchaus konventionell. Sie wurden von einigen Autoren als unrealistisch bezeichnet, so daß es durchaus der Mühe wert ist, daneben wenigstens eine unorthodoxe Annahme zu diskutieren:

Produzent 1 erhöht den Preis seines Produkts, wenn die Nachfrage 4 ist, und reduziert den Preis, wenn die Nachfrage sich bei 1 befindet.

Produzent 2 richtet sich nach Produzent 1 und verlangt immer den Preis, den dieser in der vorhergehenden Periode festsetzte.

Das führt wieder zu einer Markov-Kette mit der Übergangsmatrix

$$\begin{bmatrix} ^1/_2 & 0 & ^1/_2 & 0 \\ ^1/_2 & 0 & ^1/_2 & 0 \\ 0 & ^1/_2 & 0 & ^1/_2 \\ 0 & ^1/_2 & 0 & ^1/_2 \end{bmatrix}$$

Im Grenzfall finden wir, daß alle Zustände die Wahrscheinlichkeit $^1/_4$ haben. Eine andere unorthodoxe und möglicherweise unrealistische Annahme ist, daß die Produzenten die Natur der Nachfrage nach ihren Produkten vollkommen kennen. In diesem Fall sollten sich die Produzenten wegen Fluktuationen in ihren Verkäufen gar nicht den Kopf zerbrechen. Sie können ja die Preise so festsetzen, daß diese gemäß ihren Zielen optimal sind und dann die Fluktuationen gelassen beobachten.

9.29

Die einfachen Beispiele, die wir diskutiert haben, zeigen, wie es die Spieltheorie ermöglicht, eine Formulierung von Annahmen zu liefern, die viele Ökonomen als wesentlich für eine realistische ökonomische Theorie ansehen. Der überzeugendste unter diesen Ökonomen ist wahrscheinlich *Morgenstern* [10], der mehr als sonst irgend jemand gezeigt hat, wie diese unbefriedigende Lage verbessert werden kann.

Unser erster Schritt war es, die Fluktuationen in der Nachfrage nach Konsumgütern zu erklären. Das Resultat ist an und für sich nicht wichtig, sogar wenn unsere Erklärung stimmt. Es ist jedoch klar, daß eine Wirtschaft in große Bedrängnis kommen kann, wenn der Grund von Fluktuationen nicht richtig verstanden wird. Wenn die Regierung und die privaten Unternehmer hartnäckig eine spieltheoretische Welt so behandeln, als gehorche sie den Gesetzen der klassischen ökonomischen Theorie, dann werden sie wahrscheinlich einige unliebsame Überraschungen erleben. Wenn zum Beispiel die von uns betrachteten Produzenten an die Existenz von glatten Nachfragekurven glauben, dann können sie vielleicht in eine Panikstimmung kommen, wenn die Verkäufe zurückgehen oder einige Zeit auf einer niedrigeren Stufe bleiben. Wenn sie versuchen, diese Situation durch Preiskürzungen zu retten — möglicherweise auf den Rat eines angesehenen Ökonomen, der in der klassischen Theorie gut bewandert ist —, dann können sie leicht in Schwierigkeiten geraten. Auch in der Gesamtwirtschaft kann es zu Krisen kommen, wenn die Produzenten zum Beispiel drastische Veränderungen in ihren Investitionen vornehmen, sobald die Nachfrage fällt oder steigt.

Aus dem Unsicherheitsprinzip, das die Spieltheorie einführte, ergibt sich, daß es nicht möglich ist, Nachfrage und Preise vorherzusagen; das muß notwendigerweise einige traditionelle Ansichten in der Ökonomie erschüttern. Das Unsicherheitsprinzip besagt, daß eine Wahrscheinlichkeitsverteilung über zukünftige Zustände die beste erreichbare Vorhersage ist. Das bedeutet aber, daß Ökonomen mit einer Aussage der folgenden Art zufrieden sein müssen: „Die Wahrscheinlichkeit ist 2 : 1, daß ein projektiertes Stahlwerk im Wert von 100 Millionen Dollar tatsächlich gebaut wird." Sie müssen sich damit abfinden, daß eine Aussage dieser Art alles Wissen vermittelt, das wir überhaupt erhalten können; es gibt keine absolute Sicherheit. Es wird nichts gewonnen und viel geht verloren, wenn man diese Aussage wie folgt umformt: „Die beste Schätzung der Investitionen in der Stahlindustrie ist 67 Millionen Dollar." Es hilft nicht sehr viel, wenn wir zusätzlich angeben, daß die Standardabweichung 47 Millionen Dollar beträgt.

Nur wenn wir das Gesetz der Großen Zahlen heranziehen und die Unsicherheit auf diesem Weg eliminieren können, kommen wir wieder zur klassischen Ökonomie. Eine Aussage wie „schätzungsweise werden 8,2 Millionen Autos in den USA im nächsten Jahr verkauft" erscheint dann nützlich und drückt praktisch die gesamte zur Verfügung stehende Information aus.

Bibliographie

[1] *Bellman, R.:* Dynamic Programming, Princeton University Press, 1957.

[2] *Bohnenblust, H. F., S. Karlin* und *L. Shapley:* „Games with Continuous, Convex Pay-off", *Annals of Mathematics Studies,* Nr. 24, Princeton University Press, 1950, S. 181—192.

[3] *Dantzig, G. B.:* „A Proof of the Equivalence of the Programming Problem and the Game Problem", S. 330—335; in *T. C. Koopmans* (Hrsg.): Activity Analysis of Production and Allocation, Wiley, 1951.

[4] *Dantzig, G. B.:* „Maximization of a Linear Function of Variables Subject to Linear Inequalities", S. 339—347; in *T. C. Koopmans* (Hrsg.): Activity Analysis of Production and Allocation, Wiley, 1951.

[5] *Dantzig, G. B.:* Linear Programming and Extensions, Princeton University Press, 1963.

[6] *Dresher, M., S. Karlin* und *L. Shapley:* „Polynomial Games", *Annals of Mathematics Studies*, Nr. 24, Princeton University Press, 1950, S. 161—180.

[7] *Frechet, M.:* „Emile Borel, Initiator of the Theory of Psychological Games and its Application", *Econometrica*, 1953, S. 95—96.

[8] *Galbraith, J. K.:* The Affluent Society, Harvard University Press, 1958.

[9] *Keynes, J. M.:* „Economic Possibilities for our Grand-children", *Essays in Persuasion*, London, 1931.

[10] *Morgenstern, O.:* „Demand Theory Reconsidered", *Quarterly Journal of Economics*, 1948, S. 165—201.

[11] *Neumann, J. von:* „Zur Theorie der Gesellschaftsspiele", *Mathematische Annalen*, 1928, S. 295—320.

[12] *Neumann, J. von*, und *O. Morgenstern:* Theory of Games and Economic Behavior, Princeton University Press, 1944.

[13] *Williams, J. D.:* The Compleat Strategyst, McGraw-Hill, 1954.

10 Das allgemeine Zwei-Personen-Spiel

10.1

In diesem Kapitel wollen wir die „Nullsummen"-Voraussetzung des Kapitels 9 fallenlassen. Diese Verallgemeinerung bedeutet aber, daß das Spiel nicht mehr durch nur eine Matrix beschrieben werden kann. Wir benötigen vielmehr *zwei Auszahlungsfunktionen:*

$$M_1(i,j) = \text{Auszahlung an Spieler 1},$$
$$M_2(i,j) = \text{Auszahlung an Spieler 2},$$

wenn

1. Spieler 1 die reine Strategie i $(i=1, 2, \ldots, m)$
2. Spieler 2 die reine Strategie j $(j=1, 2, \ldots, n)$

wählt.

Wenn die Spieler ein Paar gemischter Strategien verwenden, die durch die Wahrscheinlichkeitsvektoren $x = \{x_1, \ldots, x_m\}$ und $y = \{y_1, \ldots, y_n\}$ charakterisiert werden, dann ist die erwartete Auszahlung an Spieler 1

$$\bar{M}_1(x,y) = \sum_{i=1}^{m} \sum_{j=1}^{n} M_1(i,j)\, x_i y_j$$

und die von Spieler 2

$$\bar{M}_2(x,y) = \sum_{i=1}^{m} \sum_{j=1}^{n} M_2(i,j)\, x_i y_j .$$

Die Aufgabe jedes Spielers ist es nun, eine gemischte Strategie zu finden, die seine Auszahlung maximiert. In Kapitel 9 stellte die Minimax-Strategie die Lösung unseres Problems dar. Es ist jedoch klar, daß diese Lösung nicht zufriedenstellend sein kann, wenn die Nullsummenbedingung

$$M_1(i,j) + M_2(i,j) = 0$$

wegfällt. Die Minimax-Strategie ist die Entscheidungsregel des extremen Pessimisten, der immer an den schlechtestmöglichen

Ausgang denkt. Diese Einstellung erweist sich dann als gerechtfertigt, wenn die Interessen der beiden Spieler einander direkt entgegengesetzt sind, d. h. wenn die Nullsummenbedingung gilt, man kann jedoch nicht erwarten, daß sie auch im allgemeinen Fall funktioniert.

10.2

Als erste Illustration eines Problems, wie man sie oft bei Nichtnullsummenspielen vorfindet, wollen wir das folgende einfache Beispiel betrachten:

$$\begin{aligned}&m=n=2,\\&M_1(1,1)=2,\ M_1(2,2)=1,\ M_1(1,2)=M_1(2,1)=0,\\&M_2(1,1)=1,\ M_2(2,2)=2,\ M_2(1,2)=M_2(2,1)=0.\end{aligned}$$

Es ist leicht einzusehen, daß dieses Spiel durch die folgende Auszahlungsmatrix beschrieben werden kann:

		Spieler 2: 1	2
Spieler 1	1	(2, 1)	(0, 0)
	2	(0, 0)	(1, 2)

Wir wollen nun das Paar gemischter Strategien $(x, 1-x)$ und $(y, 1-y)$ betrachten; d. h. die beiden Spieler verwenden ihre ersten Strategien mit den Wahrscheinlichkeiten x und y. Die erwarteten Auszahlungen sind dann:

$$\begin{aligned}\bar{M}_1(x,y)&=2xy+(1-x)(1-y)=1-x-(1-3x)y,\\\bar{M}_2(x,y)&=xy+2(1-x)(1-y)=2-2y-(2-3y)x.\end{aligned}$$

Man kann aus diesen Ausdrücken erkennen, daß Spieler 1, wenn $x={}^1/_3$ gewählt wird, eine erwartete Auszahlung von ${}^2/_3$ unabhängig davon erreichen kann, was sein Gegenspieler tut. Spieler 2 kann auf dieselbe Art seine erwartete Auszahlung gleich ${}^2/_3$ machen, indem er $y={}^2/_3$ wählt.

Es ist jedoch klar, daß diese Minimax-Lösung nicht dieselben Stabilitätseigenschaften haben kann wie im Nullsummenspiel. Wenn Spieler 1 *weiß*, daß Spieler 2 ein eingefleischter Pessimist ist und sicher die Minimax-Strategie spielt, so kann er sein Wissen zu seinem Vorteil verwenden. Aus dem Ausdruck

$$\bar{M}_1(x, {}^2/_3) = {}^1/_3 + x$$

kann Spieler 1 ersehen, daß er, wenn er $x = 1$ wählt, die erwartete Auszahlung auf ${}^4/_3$ steigern kann. Spieler 2 kann jedoch Überlegungen ganz ähnlicher Art anstellen, und wenn er den Ausdruck

$$\bar{M}_2({}^1/_3, y) = {}^4/_3 - y$$

betrachtet, so kann er schließen, daß er y mit 0 annehmen sollte. Wenn jedoch jeder der beiden pessimistisch eingestellten Spieler beschließt, einen Versuch zu machen, den Pessimismus des Gegenspielers auszunützen, dann bekommen beide die Auszahlung 0, da

$$\bar{M}_1(1,0) = \bar{M}_2(1,0) = 0.$$

Das zeigt jedoch, daß es riskant sein kann, von der Minimax-Strategie abzuweichen, selbst wenn diese Strategie ungewöhnlich pessimistisch scheint.

10.3

Wenn die beiden Spieler in unserem Beispiel jedoch die Möglichkeit haben, miteinander zu verhandeln und ihre Auswahl zu koordinieren, wird das Spiel beinahe trivial. Es scheint in diesem Fall natürlich zu sein, daß die Spieler sich dahingehend einigen sollten, entweder das Paar reiner Strategien (1, 1) oder (2, 2) zu verwenden. Diese koordinierte Auswahl ermöglicht eine totale Auszahlung von 3, und das einzige Problem besteht dann nur noch in der Aufteilung der Auszahlung zwischen den Spielern. Diese Überlegungen zeigen, daß die Auszahlungsmatrix in 10.2 keine komplette Beschreibung des Spieles bietet.

Die Spielregeln sind nämlich noch nicht festgelegt worden, und ohne diese Regel können wir unser Problem überhaupt nicht lösen, d. h. wir können die besten Strategien für die beiden Spieler nicht finden. Das führt nun dazu, zwischen zwei verschiedenen Arten von Spielen zu entscheiden:

1. Ein Spiel, bei dem gemäß den Spielregeln jeder Spieler seine Strategie auswählen muß — rein oder gemischt —, ohne die Möglichkeit zu haben, seine Auswahl mit der des Gegners zu koordinieren, wollen wir ein *nichtkooperatives* Spiel nennen.
2. Ein Spiel, in dem die Spieler die Möglichkeit haben, ihre Auswahl zu koordinieren — zu ihrem gegenseitigen Vorteil —, wollen wir ein *kooperatives* Spiel nennen.

Diese Unterscheidung ist jedoch bei Nullsummenspielen bedeutungslos, da die Spieler nicht *beide* durch Koordination ihrer Auswahl gewinnen können.
Bei kooperativen Spielen scheint es manchmal wünschenswert, festzustellen, ob Seitenzahlungen erlaubt sind oder nicht. In den von uns zu besprechenden Spielen ist diese Unterscheidung jedoch nicht sehr wichtig. Wenn in unserem Beispiel Seitenzahlungen unzulässig oder physisch unmöglich sind, dann gibt es keine Gesamtauszahlung von 3 mehr, die unter den beiden Spielern aufgeteilt werden soll. Die Spieler können sich jedoch einigen, entweder das Paar (1, 1) als reine Strategie oder das Paar (2, 2) anzuwenden und ihre Entscheidung einem Zufallsmechanismus überlassen. Wenn dieser Mechanismus (1, 1) mit Wahrscheinlichkeit p und der Mechanismus (2, 2) mit Wahrscheinlichkeit $1-p$ auswählt, so bekommt Spieler 1 eine erwartete Auszahlung von

$$2p+1-p=1+p$$

und Spieler 2 eine erwartete Auszahlung von

$$p+2(1-p)=2-p.$$

Das gibt daher eine erwartete Gesamtauszahlung von 3, die durch geeignete Auswahl von p ganz verschiedenartig aufgeteilt werden kann.

10.4

Das Spiel, das wir in den vorangegangenen zwei Paragraphen diskutiert hatten, ist gewöhnlich unter dem Namen „der Kampf der Geschlechter" bekannt, und zwar wegen der folgenden Interpretation: „Ein Mann, Spieler 1, und eine Frau, Spieler 2, haben beide zwei Möglichkeiten, sich am Abend zu unterhalten. Jeder von beiden kann entweder zu einem Boxkampf oder zu einem Ballettabend gehen. Im Normalfall wird es dann so aussehen, daß der Mann den Kampfabend bevorzugt und die Frau das Ballett. Beiden ist es jedoch wichtiger, daß sie zusammen ausgehen, als dem von ihnen bevorzugten Vergnügen nachzugehen" ([6], S. 91).
Dieses Spiel kann leicht ökonomisch interpretiert werden. Es kann zum Beispiel sehr gut folgende Situationen beschreiben:

1. Zwei Versicherungsgesellschaften erwägen eine Reklamekampagne, die sich entweder auf Krankenversicherungen oder auf Lebensversicherungen beziehen kann.
2. Die Marktlage ist derart, daß Reklame nutzlos ist, außer wenn beide Gesellschaften ihre Mittel dafür verwenden, für nur eine Art von Versicherung zu werben.
3. Gesellschaft 1 gewinnt am meisten, wenn sich die Nachfrage nach Krankenversicherungen erhöht.
4. Gesellschaft 2 gewinnt am meisten durch eine Nachfrageerhöhung nach Lebensversicherungen.

Wenn es solche einfache, vollkommen klare Situationen in der Realität gibt, scheint es beinahe undenkbar, daß die beiden Parteien sich dafür entscheiden sollten, ihre Minimax-Strategie zu spielen, d. h. nichtkooperativ. Wir würden viel eher annehmen, daß die beiden Gesellschaften sich zusammensetzen und versuchen, eine Einigung über eine gemeinsame Reklamekampagne zu erzielen. Ein erfahrener Geschäftsmann dürfte jedoch darauf aufmerksam machen, daß das nur eine halbe Lösung ist und tatsächlich nur die leichtere Hälfte. Der wichtigere Teil des Problems ist es nämlich, durch Verhandlungen zu einer Einigung zu kommen. Das bedeutet, daß die Theorie der kooperativen Spiele zu einem großen Teil eine Theorie des Verhandelns ist, worauf wir in Abschnitt 10.8 noch zurückkommen werden.

10.5

Als weiteres Beispiel wollen wir zwei konkurrierende Firmen betrachten und die folgenden Annahmen machen:

1. Wenn beide Firmen ihren Verkaufspreis beibehalten, erzielt jede einen Gewinn von 1.
2. Wenn eine Firma den Preis senkt, so kann sie ihren Gewinn verdoppeln, vorausgesetzt allerdings, daß die andere Firma den Preis beibehält. Diese Firma wird dadurch einen Verlust von 2 erleiden.
3. Wenn beide Firmen den Preis senken, verlieren sie beide 1.

Auch das ist ein beinahe klassisches Spiel, dem man ganz verschiedene Interpretationen geben kann. Es ist gewöhnlich unter dem Namen „Das Dilemma des Gefangenen" ([6], S. 94) bekannt. Es ist leicht einzusehen, daß dieses Problem durch die folgende Auszahlungsmatrix dargestellt werden kann:

	Firma 2	
	Preis beibehalten	Preis senken
Firma 1		
Preis beibehalten	(1, 1)	(−2, 2)
Preis senken	(2, −2)	(−1, −1)

$$\begin{bmatrix} (1,1) & (-2,2) \\ (2,-2) & (-1,-1) \end{bmatrix}$$

Das Problem wäre als kooperatives Spiel leicht zu lösen. Die „Lösung" wäre natürlich, daß die Firmen übereinkommen, den Preis beizubehalten. Diese Lösung wird vielleicht durch bloßen Instinkt erreicht, sogar wenn eine Kommunikation ausgeschlossen ist. Wenn jedoch eine rationale Analyse versucht wird, kann ein ganz verschiedenes Ergebnis erreicht werden. Um das zu illustrieren, wollen wir wie in unseren anderen Beispielen annehmen, daß die Firmen den Preis unverändert lassen, und zwar mit den Wahrscheinlichkeiten x und y. Das ergibt dann folgende erwartete Auszahlung:

$$\bar{M}_1(x,y) = -x + 3y - 1,$$
$$\bar{M}_2(x,y) = 3x - y - 1.$$

Man sieht sofort, daß es keine Strategie gibt, die einem Spieler einen erwarteten Gewinn einräumt, der unabhängig von dem Verhalten des Gegenspielers ist. Es ist klar, daß die Firma 1, die Kontrolle über x hat, $x=0$ wählen muß, um $\bar{M}_1$ so groß wie möglich zu machen, und daß die Firma 2 $y=0$ setzen muß, um $\bar{M}_2$ zu maximieren. Daher werden beide Firmen den Preis senken und einen Verlust erleiden. Das ist kein sehr zufriedenstellendes Ergebnis, und es ist schwer, dies als endgültige Lösung eines Spieles anzunehmen, das von zwei sich rational verhaltenden Personen gespielt wird. Man kann wohl annehmen, daß die Spieler irgendwie eine Möglichkeit finden werden, das Spiel kooperativ zu spielen.

10.6

Wir fanden heraus, daß „das Dilemma des Gefangenen" als kooperatives Spiel eigentlich trivial ist. Das kann aber leicht eine sehr voreilige Behauptung sein. Um das klarzumachen, wollen wir annehmen, daß die Spieler sich geeinigt hätten, beide die erste Strategie, d. h. „Preis unverändert" zu spielen. Dann kann aber jeder Spieler durch Bruch des Abkommens einen Gewinn erzielen, unter der Voraussetzung allerdings, daß der andere Spieler sich daran hält. Wenn er den anderen Spieler verdächtigt, daß er das Abkommen brechen könnte, so wird er wahrscheinlich aus purer Notwehr das Abkommen selbst brechen.

Wenn es die Spielregeln unmöglich machen, ein solches Abkommen zu brechen wenn es einmal beschlossen ist, so ist das Spiel relativ einfach, nämlich in dem Sinn, daß es wieder zu einem Verhandlungsproblem wird. Wenn Möglichkeiten zum Schwindeln bestehen, wird die Lage schwieriger. Es ist nämlich dann so, daß der Ausgang des Spieles von einer ganzen Zahl von Elementen abhängt, wie zum Beispiel den ethischen Vorstellungen der Spieler, dem Ausmaß an gegenseitigem Vertrauen und der Versuchung, ein Abkommen zu brechen, d. h. der Größe des Gewinns usw. Es ist schwierig, diese Elemente in einer operationellen Art und Weise genau zu spezifizieren, und es ist sicher nicht sehr vielversprechend, unsere allgemeine Spekulation auf intuitiver Basis darüber, wie sich rationale Menschen — wie wir — in solchen Situationen verhalten werden, fortzusetzen. Ein fruchtbarerer Ansatz ist es wahrscheinlich, Beobachtungen in der Realität zu machen, um herauszufinden, wie sich Leute tatsächlich in solchen Situationen verhalten, die man als nichtkooperative Zwei-Personen-Spiele bezeichnen könnte. Es wird schwierig sein, geeignete Situationen dieser Art zu finden, wir sollten solche also konstruieren, d. h. kontrollierte Experimente ausführen. Bei solchen Experimenten können wir die Verhaltensweise der Spieler beobachten, wobei wir Spielregeln und Auszahlungen je nach Belieben variieren können.

10.7

Wir werden experimentelle Spiele in Kapitel 11 noch detailliert diskutieren, wenn wir auch schon die Grundbegriffe der Theorie entwickelt haben; es mag aber an dieser Stelle günstig sein, eine Arbeit von *Lave* [4, 5] über Spiele zu erwähnen, die dem „Dilemma des Gefangenen" ähnlich sind. *Lave* studierte ein Spiel mit folgender Auszahlungsmatrix:

		Spieler 2	
		1	2
Spieler 1	1	(a, a)	(b, c)
	2	(c, b)	(d, d)

wobei $c > a > d > b$. Einige Serien solcher Spiele wurden mit Gruppen von Studenten durchgeführt, wie das meistens bei solchen Experimenten der Fall ist. *Lave* fand ganz wie erwartet, daß die Spieler dazu tendierten, kooperativ zu spielen mit einer steigenden Tendenz, in den letzten Spielen einer Sequenz die anderen hineinzulegen. In einer Folge von n Spielen fand *Lave*, daß die Spieler tendierten, kooperativ zu spielen, wenn

$$k(d-b)<n(a-d).$$

In dieser Ungleichung ist k ein Parameter, der von der allgemeinen Lebensanschauung der Subjekte abhängt oder, wenn man will, von der Sozialstruktur der Gruppe von Subjekten. Bei seinen ersten Versuchen mit Studenten vom Reed-College ergab sich ein k von ungefähr 3, bei späteren Experimenten mit Studenten von Harvard fand er eine stärkere Tendenz zur Kooperation, d. h. einen niederen Wert von k, ganz unabhängig von den Auszahlungen. Dies mag vielleicht andeuten, daß man andere zu verantwortlichem Verhalten dadurch bringen kann, indem man selbst mit gutem Beispiel vorangeht. Die Erkenntnisse *Laves* können wohl kaum als psychologische Gesetze betrachtet werden, die durch Versuche verifiziert wurden, obwohl diese Formel einen gewissen intuitiven Reiz hat. $(a-d)$ stellt den Gewinn dar, der durch Kooperation in einer einzelnen Phase des Spieles erreicht wurde, und $n(a-d)$ den Gewinn, der bei Kooperation während der ganzen Serie von n Phasen realisiert werden kann. $(d-b)$ bedeutet den Verlust, den man dann erleidet, wenn man kooperativ spielen möchte, der Gegenspieler darauf aber nicht eingeht.

Es scheint vernünftig anzunehmen, daß diese beiden Faktoren die Entscheidungen der Spieler beeinflussen werden. Es mag überraschend sein, daß $(c-a)$, der Gewinn, der durch Hineinlegen des Gegners erzielt werden kann, nicht in *Laves* Formel aufscheint. Man könnte dies wohl zu erklären versuchen, wir werden uns aber hier nicht weiter damit beschäftigen. Experimente dieser Art können von beträchtlichem psychologischem Interesse sein, aber ihre Bedeutung für die Wirtschaftstheorie ist fraglich. Das Verhalten eines Studenten, der um einige Pfennige spielt, trägt nicht wesentlich zu unserem Wissen über ökonomische Verhaltensweisen bei. Es ist dabei auch zwecklos, wenn der Leiter des Experiments die Studenten anweist, sich so zu verhalten, als wären sie zum Beispiel der Präsident der Vereinigten Amerikanischen Stahlwerke und hätten Entscheidungen zu treffen, bei denen es um Millionen von Dollars geht. Dadurch erhalten wir, so sagt *Lave*, nur eine Information darüber, „wie ein Subjekt persönlich (beinahe immer naiv) denkt, wie sich Roger Blough verhält" ([5], S. 30). Das mag wohl für einen Psychologen sehr interessant sein, aber ein Ökonom wird eine solche Information als irrelevant für seine Fragestellungen betrachten müssen.

10.8

Nichtkooperative Spiele sind ein wirklich faszinierendes Thema, das wir nur mit Widerstreben verlassen. Es scheint jedoch, daß die kooperativen Spiele für die ökonomische Theorie bei weitem wichtiger sind. In unseren beiden Beispielen gewinnen beide Spieler, wenn sie sich verständigen und ihre Entscheidungen koordinieren. Das heißt aber, daß Kommunikation einen Wert hat, und es ist daher ganz natürlich, anzunehmen, daß dieser Wert von den Spielern realisiert wird, es sei denn, die Lage ist so, daß die Kommunikation physisch unmöglich ist. Um die nun folgende Diskussion etwas näher zu beleuchten, wollen wir ein Spiel mit folgender Auszahlungsmatrix betrachten:

$$\begin{array}{lcc} & \multicolumn{2}{c}{\text{Spieler 2}} \\ & 1 & 2 \\ \text{Spieler 1} \quad 1 & (3, 2) & (0, 0) \\ \phantom{\text{Spieler 1}} \quad 2 & (0, 0) & (1, 3) \end{array}$$

Wir bemerken zuerst, daß

> Spieler 1 sich einen erwarteten Gewinn von $^3/_4$ sichern kann, indem er die Strategie 1 mit Wahrscheinlichkeit $^1/_4$ wählt.
>
> Spieler 2 kann sich einen erwarteten Gewinn von $^6/_5$ sichern, indem er Strategie 1 mit Wahrscheinlichkeit $^3/_5$ wählt.

Wenn Seitenzahlungen erlaubt sind, so scheint es klar, daß beide Spieler ihre erste Strategie wählen und sich darüber einigen sollten, wie der Gesamtgewinn von 5 aufgeteilt werden könnte. Dadurch erreichen die beiden Spieler folgende Auszahlungen:

(1) $M_1' = 5x$ und $M_2' = 5(1-x)$,

wobei x hier eine Zahl bedeutet, die durch Verhandlungen bestimmt wird ($0 \leq x \leq 1$).
Es ist anzunehmen, daß ein rationaler Spieler nur dann kooperieren wird, wenn er durch die Zusammenarbeit einen Gewinn erzielt, d. h. wenn er mehr bekommt, als er sich durch Gebrauch der Minimax-Strategie sichern könnte. Das bedeutet aber, daß x folgende Bedingungen erfüllen muß:

(2) $M_1' = 5x \geq {}^3/_4$,
$M_2' = 5(1-x) \geq {}^6/_5$.

Bedingung (1) und (2) sind klarerweise von derselben Art, wie wir sie schon in 8.14 gefunden haben.
Wenn Seitenzahlungen nicht erlaubt sind, dann werden sich zwei rationale Spieler dahingehend einigen, die reine Strategie (1, 1) mit Wahrscheinlichkeit y und das Paar (2, 2) mit Wahrscheinlichkeit $1-y$ zu verwenden. Das gibt dann die folgenden Auszahlungen:

$$M_1 = 2y + 1 \quad \text{und} \quad M_2 = 3 - y.$$

y ist wieder eine Zahl, die durch Verhandlungen festgestellt werden muß und außerdem folgenden Bedingungen genügen muß:

$$2y - 1 \geq {}^3/_4 \quad \text{und} \quad 3 - y \geq {}^6/_5.$$

10.9

Wir wollen nun das allgemeinere Problem betrachten und annehmen, daß die beiden Spieler einander treffen und diskutieren, wie sie ihre Entscheidungen zu ihrem jeweiligen Wohl koordinieren sollten. Jeder Spieler wird dann ein Paar von Entscheidungen (reine oder gemischte Strategien), die für ihn günstig sind, vorschlagen. Er kann natürlich irgendein Argument verwenden, von dem er annimmt, daß es den Gegenspieler überzeugen wird. Es ist jedoch so, daß er in einer Versammlung von rational handelnden Personen nur dann hoffen kann, etwas zu erreichen, wenn er Argumente der folgenden zwei Arten vorbringt:

1. Er kann drohen, jede *Kooperation abzulehnen*, d. h. er droht, eine eigene Strategie zu spielen, ohne Rücksicht auf die Wünsche und Vorstellungen der anderen Spieler und ohne sie über seine Wahl zu informieren.

2. Er kann sich auf ein *generelles* Prinzip der Fairneß oder Ethik berufen, von dem er annimmt, daß es von den anderen Spielern akzeptiert wird.

Aus den Argumenten der ersten Art folgt, daß wir ein kooperatives Spiel nur dann lösen können, wenn wir das entsprechende nichtkooperative Spiel in Erwägung ziehen. Das bedeutet aber, daß nichtkooperative Spiele gewissermaßen grundlegender sind als die kooperativen. Jeder Spieler kann es ablehnen zu kooperieren, und die Auszahlung, die er dadurch erreichen kann, muß wieder ein Element seiner Verhandlungsstärke in den kooperativen Spielen sein.

Das vielleicht interessanteste Problem der Verhandlungstheorie ist es, ein „allgemeines Prinzip" zu formulieren, das von rational handelnden Personen akzeptiert wird (Argumente des zweiten Typs).

Um das Problem noch etwas deutlicher zu umreißen, wollen wir noch einmal zu dem Beispiel, das in Kapitel 8 diskutiert wurde, zurückkehren. In Tabelle 8 in 8.16 fanden wir die paretooptimalen Ergebnisse, die durch Austausch von gewöhnlichen Aktien in beiden Firmen erreicht wurden. Wenn man davon absieht, daß diese Arrangements nicht wirklich optimal sind (nämlich wegen der unnötigen Beschränkung, daß nur gewöhnliche [nicht Vorzugs-]Aktien ausgetauscht werden können), dann können wir versuchen, eine Annahme zu finden, die ein bestimmtes Arrangement heraushebt, so daß sich zwei rationale Personen darauf einigen können.

In 8.12 nahmen wir an, daß sich die zwei Personen so verhielten, wie es die klassische ökonomische Theorie vorschreibt; wir fanden heraus, daß sich dadurch eine einzige Lösung ergab, die den beiden Personen den Nutzen von

$$U_1 = 16 \quad \text{und} \quad U_2 = 8$$

zuteilte.

Es sind jedoch durchaus auch andere Annahmen denkbar. So wollen wir zum Beispiel annehmen, daß unsere beiden Personen aus irgendeinem Grund sich darauf geeinigt haben, daß ihre beiden Firmen denselben inneren Wert hätten (da beide denselben erwarteten Gewinn bieten), so daß, um fair zu sein, die Aktien in einem Verhältnis von 1 : 1 ausgetauscht werden müßten.

In 8.16 fanden wir, daß die paretooptimalen Arrangements durch die folgenden Beziehungen bestimmt wurden:

$$x = \frac{48 - 41k}{7k + 14} \quad \text{und} \quad y = \frac{16 - 9k}{7k + 14},$$

wobei x und y hier die Anteile bedeuten, die Person 1 an den Firmen 1 bzw. 2 besitzt. Bei unserer neuen, zusätzlichen Annahme erhalten wir natürlich $x + y = 1$. Dadurch wird wieder ein einziges Arrangement bestimmt, das den beiden Personen die Nutzen

$$U_1 = 4 \quad \text{und} \quad U_2 = 12$$

zuteilt. Die dazugehörenden Anteile sind dann

$$x = 0{,}598 \quad \text{und} \quad y = 0{,}402.$$

10.10

Die zusätzliche Annahme, die wir im vorigen Kapitel einführten, mag vielleicht sehr künstlich erscheinen. Sie entspricht jedoch einem Prinzip, das oft bei Rückversicherungen angewendet wird. Wenn zwei befreundete Versicherungsgesellschaften von ungefähr derselben Größe beschließen, einen gegenseitigen Rückversicherungsvertrag abzuschließen, werden sie sich gewöhnlich darauf einigen, daß der Austausch der Polizzen auf der Basis der Nettoerträge erfolgen soll. Das bedeutet, daß sie sich einverstanden erklären, nur den *erwarteten* Gewinn aus den Polizzen in Erwägung zu ziehen, die sie vertragsgemäß austauschen. Die Folgen eines solchen Vertrages hat *Borch* detailliert in [1] und [2] diskutiert.

Unser Beispiel zeigt, daß Verhandlungen über ein Arrangement, über das sich die beiden Parteien einigen sollten, durch Verhandlungen über ein generelles Prinzip ersetzt werden können, das im Falle eines Konflikts zur Lösung angewendet werden soll. Es scheint, daß man in der Praxis oft so vorgeht. In unserem Beispiel ist es sehr wahrscheinlich, daß Person 1 für eine Lösung des Konflikts gemäß den Regeln der freien Konkurrenz sein wird, also durch Anwendung der klassischen ökonomischen Theorie, da ja dadurch ein für sie günstiges Arrangement erzielt wird. Person 2 wird andererseits wieder für ein Vorgehen nach irgendeinem „Prinzip eines fairen Preises" sein, da sie dadurch besser abschneiden würde.

Bei Verhandlungen zwischen der Arbeiterschaft und dem Management führen Prinzipien, wie zum Beispiel „gleiche Bezahlung für gleiche Arbeit" oder „Bezahlung auf Grund der Produktivität", zu ganz verschiedenen Lösungen, und jede Partei wird für Anwendung jenes Prinzips sein, das ihren Interessen am besten dient.

Ein generelles Prinzip zur Lösung von Konfliktsituationen sollte für alle Betroffenen akzeptabel sein. Wir könnten es auch so formulieren: Das Prinzip soll uns fair erscheinen, bevor wir wissen, welche Rolle wir in dem Spiel zugeteilt bekommen. Dieser Gedanke ist oft der Hintergrund unserer Gesetzgebung. Wir halten ein Gesetz dann für gut, wenn wir es akzeptieren können, ganz gleich wie wir damit in Berührung kommen: als Käufer oder Verkäufer, als Pächter oder Eigentümer, als Schuldner oder Gläubiger usw.

10.11

Wir wollen uns nun einem solchen generellen Prinzip zuwenden, das von *Nash* [7] vorgeschlagen wurde und woraus sich eine eindeutige Lösung für Zwei-Personen-Verhandlungsprobleme ergibt. *Nash* führt die folgenden vier Bedingungen an, die ein Arrangement erfüllen muß, um als „Lösung" eines Problems in Betracht zu kommen:

1. Eine Lösung muß gegenüber linearen Transformationen der Nutzenskala invariant sein.
2. Eine Lösung muß paretooptimal sein.
3. Angenommen, wir haben eine Lösung und reduzieren das Problem, indem wir einige mögliche Arrangements, die keine Lösung darstellen, ausscheiden. Die Lösung des ursprünglichen Problems muß dann auch eine Lösung des reduzierten Problems sein.
4. Wenn das Problem vollkommen symmetrisch ist, dann muß als Lösung der Gewinn, der durch Kooperation erzielt wurde, zu gleichen Teilen zwischen den Parteien aufgeteilt werden.

Nash beweist dann, daß das einzige Arrangement, das den vier Bedingungen genügt, jenes ist, das das *Produkt* der Nutzenzuwächse maximiert, die zwei Personen durch Zusammenarbeit erreichen.
Angewandt auf das Beispiel von Kapitel 8 führt das Nash-Prinzip zum Austausch der gewöhnlichen (und nicht der Vorzugs-)Aktien (x,y), wodurch das Produkt

$$\{U_1(x,y) - U_1(1,0)\}\{U_2(1-x,1-y) - U_2(0,1)\}$$

maximiert wird. Diese Lösung teilt den beiden Personen den Nutzen $U_1 = 8$ und $U_2 = 12$ zu. Dieses Ergebnis ist verschieden von den zwei „Lösungen", die wir in 10.9 fanden.

10.12

Die Nash-Bedingungen können mathematisch präzise angegeben und streng bewiesen werden. Der Beweis unterbleibt hier, doch sollen die Bedingungen auf das Beispiel von 10.8

angewandt werden, um die wichtigen Gedanken, die hinter dem Beweis stehen, anzudeuten. Im Beispiel von 10.8 wird der Fall ohne Seitenzahlungen durch Abbildung 9 dargestellt. Die Paare der möglichen Auszahlungen (M_1, M_2) werden durch die Punkte

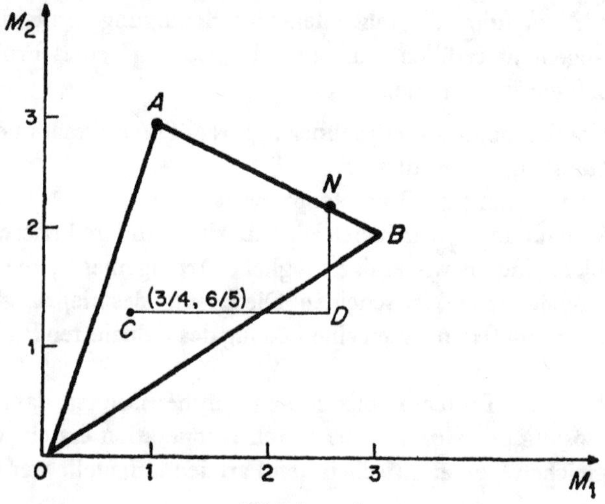

Abbildung 9

im Dreieck *OAB* mit den Koordinaten (0, 0), (1, 3) und (2, 3) dargestellt. Die paretooptimalen Paare liegen auf dem Geradenabschnitt *AB*. Der Punkt *C* ($^3/_4$, $^6/_5$) bedeutet die Auszahlungen im Falle der Nichtkooperation.

N soll ein Punkt auf der Geraden *AB* sein und *D* seine Projektion auf der horizontalen Linie durch *C*. Wir wollen *N* so wählen, daß das Produkt $CD \times DN$ maximiert wird, d. h. *N* ist der Punkt ($^{107}/_{40}$, $^{173}/_8$).

Wir wollen nun den Ursprung der Nutzenskala verschieben, so daß er mit *C* zusammenfällt; wir führen dazu neue Variable ein, die wie folgt definiert sind:

$$M_1' = M_1 - {}^3/_4,$$
$$M_2' = M_2 - {}^6/_5.$$

(Darstellung siehe Abbildung 10.) Der Punkt *N* hat nun die Koordinaten ($^{77}/_{40}$, $^{77}/_{80}$). Weiters wollen wir auch die Nutzen-

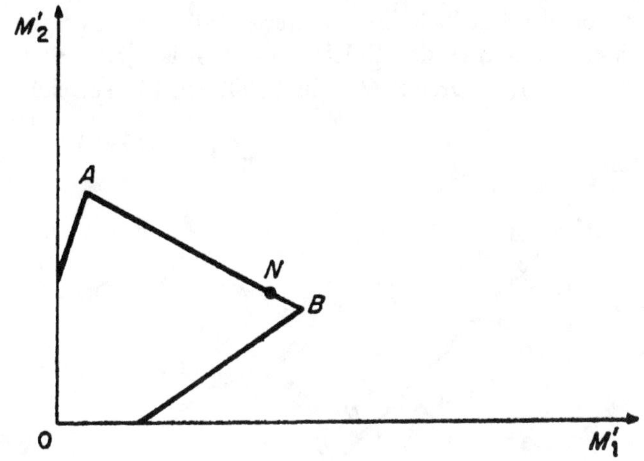

Abbildung 10

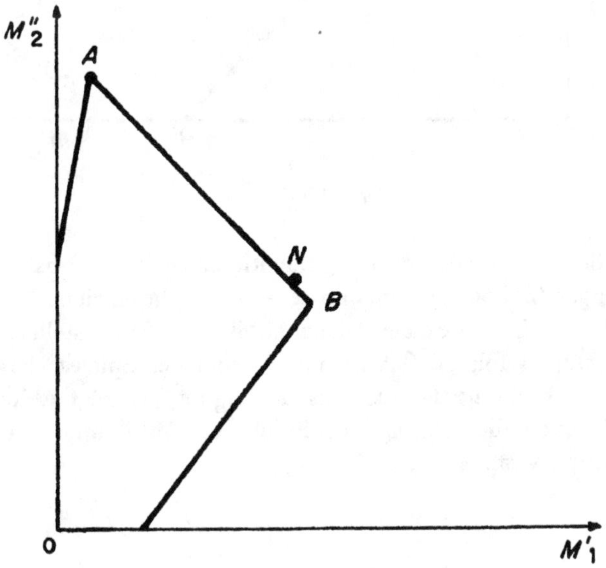

Abbildung 11

skala der Person 2 durch die Transformation $M_2''=2M_2'$ verändern (Darstellung siehe Abbildung 11). N hat dadurch die Koordinaten ($^{77}/_{40}$, $^{77}/_{40}$).

Wir wollen schließlich ein erweitertes oder fiktives Spiel betrachten, in dem es den Spielern möglich ist, jedes Paar von Auszahlungen im Dreieck *OAB* in Abbildung 12 zu erreichen.

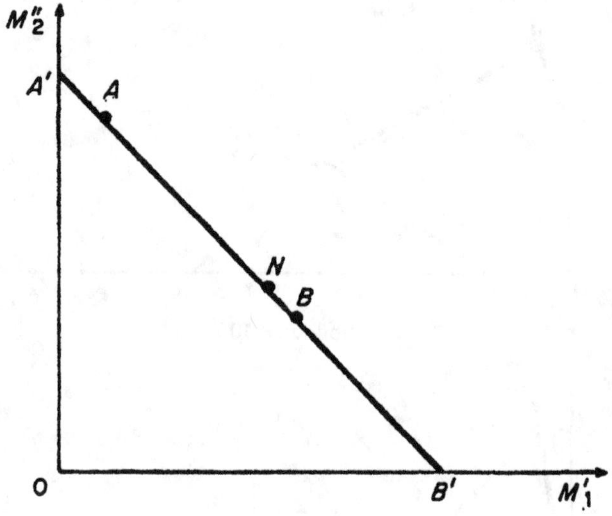

Abbildung 12

Wir können nun rückwärts argumentieren. Aus den Nash-Bedingungen (2) und (4) folgt, daß der Punkt *N* die einzige Lösung des symmetrischen Spieles (siehe Abbildung 12) darstellt. Aus Bedingung (3) folgt, daß *N* auch die Lösung des Spieles, dargestellt in Abbildung 11, ist. Aus Bedingung (1) folgt weiters, daß *N* auch die Lösung der Spiele aus Abbildung 10 und Abbildung 9 ist.

10.13

Die von *Nash* dargelegten Bedingungen sind sehr einfach und sehen sehr unschuldig aus. Auf den ersten Blick scheint es beinahe selbstverständlich, daß jedes Arrangement, das ernsthaft als Lösung betrachtet werden kann, diesen Bedingungen genügen muß; vielleicht ist man ein wenig überrascht, daß nur ein einziges solches Arrangement existiert. Die Nash-Bedingungen können jedoch in einigen Fällen zu Lösungen führen, die von vielen als unsinnig bezeichnet werden. Wir wollen als Beispiel das Spiel aus Abbildung 13 heranziehen. Die möglichen Arrangements werden dort durch die Punkte eines

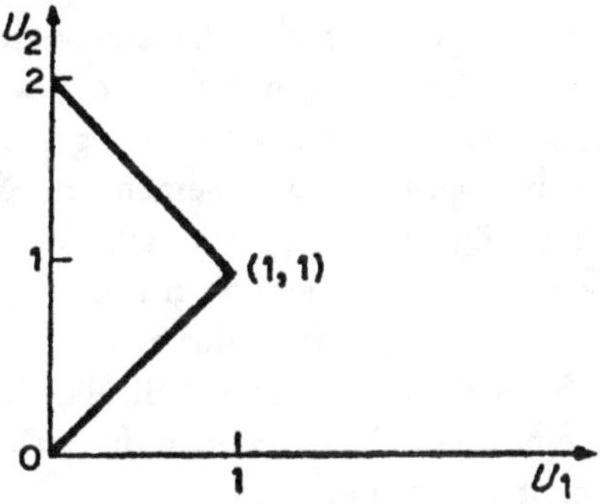

Abbildung 13

Dreiecks mit den Koordinaten (0, 0), (1, 1) und (0, 2) dargestellt.

Die Nash-Lösung ist, wie unmittelbar einleuchtet, der Punkt (1, 1). Das bedeutet aber, daß Spieler 1 die höchste Auszahlung bekommt, die er überhaupt erreichen kann, während Spieler 2 nur die Hälfte seines Maximalgewinns, den er sich erhofft hat, ausbezahlt bekommt. Wenn Spieler 2 nun argumentiert, daß dies unfair sei, so verwirft er implizite die Bedingung 3, d. h. daß die Lösung unabhängig von „irrelevanten Alternativen" sein soll. Wenn Spieler 2 nun auf seinem Argument besteht, so kann er drohen, jede Kooperation überhaupt abzulehnen und dadurch die Auszahlung beider Spieler auf 0 zu reduzieren. Damit lehnt er jedoch auch Bedingung 2 ab, welche besagt, daß die Lösung paretooptimal sein soll.

Diese Überlegungen zeigen, daß man streng darauf achten muß, wie man die „Lösung" einer Verhandlungssituation oder allge-

meiner eines kooperativen Spieles definiert oder spezifiziert.
Es liegt nahe, zu verlangen, daß eine Lösung es ermöglichen sollte, den Ausgang einer Verhandlungssituation *vorauszusagen*. Das ist aber sicher zuviel verlangt, außer wenn wir akzeptieren, daß solche Vorhersagen nur mit einer Wahrscheinlichkeitsverteilung angegeben werden können. Ähnliches fanden wir ja schon in unserer Diskussion des Zwei-Personen-Nullsummenspieles, wo die beste Vorhersage, die wir überhaupt erreichen zu können hofften, eine Wahrscheinlichkeitsverteilung über die Mengen aller möglichen Ausgänge des Spieles war.
Für Vorhersagezwecke ist die Nash-Lösung nicht sehr attraktiv, da sie nur paretooptimale Arrangements in Erwägung zieht. Es gibt jedoch genügend Beweismaterial, daß Verhandlungssituationen, wie sie sich tatsächlich im Leben abspielen, oft nicht zu optimalen Ergebnissen führen. Es gibt zum Beispiel immer wieder Streiks, auch wenn ein Streik niemals das optimale Ergebnis eines Konflikts zwischen der Arbeiterschaft und dem Management sein kann.
In unserem Beispiel kann ein Spieler drohen, jede Kooperation abzulehnen und dadurch einen optimalen Ausgang des Spieles verhindern. Wenn wir jedoch annehmen, daß es sich in einer Verhandlungssituation um rationale Personen handelt, so scheinen solche Drohungen unglaubwürdig. Wenn wir annehmen, daß in tatsächlichen Verhandlungssituationen Drohungen eine Rolle spielen, so müssen wir uns damit abfinden, daß das Ergebnis oft ein suboptimales Arrangement ist.
Eine Lösung, die das Ergebnis einer Verhandlungssituation in Form einer Wahrscheinlichkeitsverteilung angibt, ist eine Hypothese, die durch Experimente erhärtet werden kann. Dieser Aspekt einer Theorie ist sehr interessant und es gibt eine große Literatur über sogenannte experimentelle Spiele. Die Arbeit von *Lave* [4, 5] wurde bereits erwähnt. Es mag vielleicht auch nützlich sein, von einem weiteren Experiment zu berichten, das von *Stone* [9] mit Studenten an der Stanford-Universität durchgeführt wurde. *Stone* fand, daß die Nash-Lösung keine sehr gute Vorhersage einer Reihe von Spielen gab, die im wesentlichen nicht kooperativ waren.

10.14

Wir können eine Verhandlungssituation, statt sie quasi von außen zu betrachten, um den Ausgang vorherzusagen, auch von oben, d. h. wie ein Schiedsrichter betrachten und generelle Regeln aufstellen, die wir anwenden wollen, um das Problem zu lösen. Das führt nun dazu, eine „Lösung" als ein *Entscheidungskriterium* anzusehen, d. h. als eine Anzahl von Regeln, die es dem Schiedsrichter ermöglichen, ein Arrangement vorzuschlagen, das von allen Parteien als „fair" angenommen wird. Dieser Gedanke wurde zuerst von *Raiffa* [8] formuliert, ist aber schon in vielen frühen Arbeiten über Spieltheorie angedeutet. Ein solches Entscheidungskriterium gibt uns nämlich genau jenes „allgemeine Prinzip" oder jene „zusätzliche Annahme", die wir schon früher in diesem Kapitel gesucht haben.

Die Nash-Lösung scheint nun als solches Entscheidungskriterium sehr attraktiv zu sein. Es scheint selbstverständlich, daß ein erzieltes Arrangement paretooptimal sein muß, wenn es von den Spielern akzeptiert werden soll [Bedingung (2)]. Es wäre auch schwer, ein Entscheidungskriterium zu rechtfertigen, das nicht zu einer symmetrischen Lösung führt, wenn doch der Grundtatbestand selbst völlig symmetrisch ist [Bedingung (4)].

Die einzige Schwierigkeit taucht in Zusammenhang mit Bedingung (2) auf, die wir nun wie folgt ausdrücken wollen: „Wenn ein mögliches Arrangement, das jedoch verworfen wurde, nachträglich unmöglich wird, sollte dadurch die Entscheidung des Schiedsrichters nicht beeinflußt werden." Diese Bedingung ist wohl vernünftig, aber sie führte in 10.13 zu einem Arrangement, das von vielen als unfair verworfen wird. Das nun folgende Argument soll dazu beitragen, dieses offensichtliche Paradoxon zu klären.

Wenn es einem Spieler möglich ist, seinem Gegner einen Verlust zuzufügen, so kann er das auch androhen. Solche Möglichkeiten, zu drohen, stärken seine Verhandlungsposition, was auch im endgültigen Arrangement zum Ausdruck kommen sollte, das ja gewissermaßen eine Kompensation für den Spieler enthalten muß, der seine Drohungen nicht ausgeführt hat. Die Nash-Lösung trägt dem insofern Rechnung, als alle Gewinne an der Mindestauszahlung gemessen werden, die ein Spieler sich sichern kann, unabhängig davon, was der Gegner tut. Andererseits scheint es nicht gerechtfertigt, daß die Verhandlungsposition eines Spielers dadurch geschwächt werden sollte, daß er seinem Gegner einen „guten Dienst" erweisen kann. Bedingung (3) sagt im wesentlichen aus, daß solche Möglichkeiten, „Barmherzigkeit zu üben", irrelevant sind und vom Schiedsrichter nicht beachtet werden sollen. Praktisch werden solche Möglichkeiten aber sehr wohl in Erwägung gezogen, und zwar auf Grundlage von vage formulierten ethischen Gründen. Es bringt wahrscheinlich mehr ein, eine „reiche" Versicherungsgesellschaft mit schwachem Rechtsgrund zu klagen, als dem „armen" Nachbarn mit einem verhältnismäßig klaren Anspruch zu kommen.

10.15

Es ist nicht schwierig, in der Realität Situationen zu finden, die sich als Zwei-Personen-Nicht-Nullsummenspiele darstellen lassen. Im folgenden wollen wir etwas ausführlicher ein Beispiel aus dem Handel diskutieren. Dieses Beispiel ist von besonderem Interesse, da dieser Sektor der Wirtschaft normalerweise nicht sehr gut in den Rahmen der klassischen ökonomischen Theorie paßt.

Zuerst betrachten wir das Problem eines Einzelhändlers, der jeden Freitag die Güter bestellen muß, die er nächste Woche verkaufen will, ohne genau zu wissen, wieviel er verkaufen kann. Wenn er am Wochenende noch über unverkaufte Waren verfügt, so wird er einen Verlust erleiden; wenn er unfähig ist, die Nachfrage der Konsumenten zu befriedigen, entgeht ihm ein Gewinn.

Wir nehmen an, daß er nur eine Ware verkauft, die er direkt vom Produzenten bezieht. Die Nachfrage nach diesem Gut soll eine stochastische Variable x sein, mit der Wahrscheinlichkeitsdichte

$$f(x)=\alpha e^{-ax}.$$

Weiters wollen wir annehmen, daß der Händler pro verkaufter Einheit einen Gewinn von a_1 macht und daß seine Lagerkosten pro Einheit b_1 betragen. Wenn er nun über ein Lager y verfügt, so ist sein erwarteter Profit

$$P(y)=\int_0^y a_1 x f(x)\,dx+a_1 y\int_y^\infty f(x)\,dx-b_1 y.$$

Wenn wir nach y differenzieren, dann finden wir

$$P'(y)=a.\int_0^\infty f(x)\,dx-b_1=a_1[1-F(y)]-b_1=a_1 e^{-ay}-b_1.$$

Der erwartete Profit wird daher maximiert, wenn y durch die folgende Gleichung bestimmt wird:

$$e^{-ay}=b_1/a_1.$$

Diese Lösung ist natürlich nur dann sinnvoll, wenn

$$0\leq b_1\leq a_1.$$

Angenommen, daß die Nachfrage die vorhandene Gütermenge übersteigt, so kann der Händler eine zusätzliche Menge bis zur Größe z vom Großhändler nachbestellen, wobei er einen Gewinn von a_2 durch den Verkauf dieser Einheiten erzielt. Wir wollen annehmen, daß $a_2<a_1$. Man kann dann a_1-a_2 als das *Pönale* interpretieren, das unser Händler pro nachgefragtes Stück, das er aus seinem Lager nicht liefern kann, bezahlen muß. Sein erwarteter Gewinn in dieser Lage ist dann

$$M_1(y,z)=a_1\int_0^y x f(x)\,dx+a_1 y\int_y^{y+z} f(x)\,dx+a_2\int_y^{y+z}(x-y)\cdot$$

$$\cdot f(x)\,dx+(a_1 y+a_2 z)\int_{y+z}^\infty f(x)\,dx-b_1 y=$$

$$=\frac{1}{\alpha}\left\{a_1(1-e^{-ay})+a_2(e^{-ay}-e^{-a(y+z)})\right\}-b_1 y.$$

Wenn der Händler z kennt, so wird sein optimales Lager durch die Gleichung

$$\frac{\partial M_1}{\partial y} = a_1 e^{-\alpha y} - a_2 e^{-\alpha y} + a_2 e^{-\alpha(y+z)} - b_1 = 0$$

bestimmt.

10.16

Wir wollen uns nun dem Großhändler zuwenden, der ein Lager hält, in der Hoffnung, Gewinne zu machen. Seine Verkäufe sind eine stochastische Variable, die augenscheinlich von y abhängt, dem Lager, das der Detailhändler hält. Wenn der Großhändler einen Vorrat von z lagert, so ist sein erwarteter Gewinn

$$M_2(y,z) = a_3 \int_y^{y+z} (x-y) f(x)\,dx + a_3 z \int_{y+z}^{\infty} f(x)\,dx - b_2 z =$$
$$= \frac{1}{\alpha} a_3 \left(e^{-\alpha y} - e^{-\alpha(y+z)}\right) - b_2 z,$$

wobei a_3 seinen Gewinn bedeutet und b_2 die Lagerkosten pro Einheit. Kennt der Großhändler y, so maximiert er seinen erwarteten Gewinn, indem er einen Vorrat von z hält, der durch die Gleichung

$$\frac{\partial M_2}{\partial z} = a_3 e^{-\alpha(y+z)} - b_2 = 0$$

determiniert wird. Der Detailhändler kann nun keine Entscheidung über ein optimales y treffen, außer er kennt den Wert, den der Großhändler für z gewählt hat. Andererseits kann auch der Großhändler solange kein optimales z festsetzen, als er nicht die Entscheidung des Einzelhändlers kennt. Es handelt sich also im wesentlichen um ein Zwei-Personen-Spiel.

Wir wollen folgende Parameterwerte verwenden:

$$a_1 = 8, \quad a_2 = a_3 = 4, \quad b_1 = 2, \quad b_2 = 1,$$
$$\alpha = \frac{\log 2}{100} = 0{,}00693,$$

daraus ergibt sich

$$M_1(y,z) = 144\{8 - 4(^1/_2)^{y/100} - 4(^1/_2)^{(y+z)/100}\} - 2y,$$
$$M_2(y,z) = 144\{4(^1/_2)^{y/100} - 4(^1/_2)^{y+z/100}\} - z.$$

In Tabelle 10 werden $M_1(y,z)$ und $M_2(y,z)$ für einige ausgewählte Werte von y und z berechnet. Das ist nichts anderes als die Auszahlungsmatrix in unserem früheren Beispiel.

Tabelle 10
Erwartete Gewinne des Einzelhändlers (obere Zahl) und des Großhändlers (untere Zahl)

y \ z	0	50	100	150	200	300	∞
0	0	170	290	375	430	505	575
	0	120	190	225	230	205	—
50	245	355	440	500	535	595	645
	0	70	100	110	100	55	—
100	375	460	520	560	590	630	665
	0	35	45	35	15	−50	—
150	445	500	545	575	595	620	650
	0	10	0	−20	−40	−120	—
200	465	505	535	555	570	590	610
	0	−10	−30	−60	−90	−175	—
250	450	480	500	515	525	530	550
	0	−20	−50	−80	−125	−210	—

Die Tabelle zeigt deutlich den grundlegenden Interessenskonflikt zwischen den beiden Parteien. Der Großhändler profitiert dann, wenn er den Einzelhändler dazu bewegen kann, nur ein kleines Lager zu halten; der Einzelhändler will wiederum, daß der Großhändler ein möglichst großes Lager hält. Der Einzelhändler kann drohen, sein Lager zu vergrößern und dadurch den erwarteten Profit des Großhändlers zu reduzieren. Um dem zu entgehen, kann der Großhändler sein Lager tatsächlich erhöhen oder er kann seinerseits drohen, sein Lager zu verkleinern, und dadurch würde wieder der Einzelhändler verlieren.

10.17

Um nun zu sehen, wie sich die Lage entwickeln kann, wollen wir zunächst annehmen, daß der Einzelhändler glaubt, daß er praktisch so handeln kann, als wäre $z=\infty$. Das kann vielleicht daher kommen, daß ihm der Großhändler eine derartige Zusicherung gegeben hat, oder weil diese Annahme gewöhnlich in der Literatur über Lagerhaltung gemacht wird. Der Einzelhändler berechnet dann

$$\frac{\partial M_1(y,\infty)}{\partial y}=4(1/2)^{y/100}-2$$

und findet, daß sein erwarteter Profit maximiert wird, wenn $y=100$ (siehe Tabelle 10). Ein raffinierter Großhändler kennt diese Überlegungen des Einzelhändlers und weiß daher, daß er $y=100$ wählen wird. Der Großhändler berechnet dann

$$\frac{\partial M_2(100,z)}{\partial z}=4(1/2)^{(100+z)/100}-1$$

und findet, daß sein erwarteter Gewinn bei $z=100$ maximiert wird. Wenn der Einzelhändler und der Großhändler auf dieselbe Art argumentieren, so werden sie beide finden, daß 100 das optimale Lager darstellt. Wenn sie demgemäß handeln, dann wollen wir sagen, daß die Lager im *Stadium* (100, 100) sind.

Wenn das Lager des Großhändlers $z=100$ ist, dann ist der erwartete Gewinn des Einzelhändlers 520 und nicht 665, wie er glaubte, als er sein Lager bei $y=100$ festlegte. Voraussetzung dafür ist jedoch, daß die Nachfrage 200 übersteigt, d. h. wenn er mehr Güter bestellen muß, als der Großhändler liefern kann. Die Wahrscheinlichkeit dafür ist

$$\int_{200}^{\infty} \alpha e^{-\alpha x}\, dx = e^{-200\,\alpha} = (^1/_2)^2 = {^1/_4}.$$

Wenn der Einzelhändler entdeckt, daß das Lager des Großhändlers nur 100 ist, so wird er sein eigenes auf sagen wir 150 (siehe Tabelle 10) erweitern, um den erwarteten Gewinn x zu maximieren. Das bedeutet aber, daß die Lager vom Stadium (100, 100) sich auf (150, 100) ändern.

Andererseits kann aber der Großhändler entdecken, daß der Detailhändler ein größeres Lager hält. Um seinen Gewinn zu maximieren, muß er dann sein eigenes Lager reduzieren. Das bedeutet aber, daß sich das Stadium (150, 100) auf zum Beispiel (150, 50) ändern wird. Um die Wahrscheinlichkeit dieses Überganges festzustellen, müssen wir einige zusätzliche Annahmen über die verfügbare Information des Großhändlers machen. Wir können zum Beispiel postulieren, daß der Großhändler entdeckt, daß der Detailhändler sein Lager vergrößert hat, indem er zum Beispiel sein Bestellbuch studiert.

Wenn die Nachfrage das nächste Mal 200 übersteigt, dann wird der Einzelhändler feststellen, daß der Großhändler sein Lager auf 50 reduziert hat. Wir können nun unser Argument wiederholen und sehen, daß es einen weiteren Übergang zum Stadium (200, 50) und schließlich zu (200, 0) geben wird, wo der Prozeß endet. Das heißt, daß der Großhändler aus dem Markt ausgeschieden ist und der Kleinhändler nun die ganze Verantwortung für die Lagerhaltung trägt.

10.18

Das Stadium (200, 0) ist augenscheinlich keine sehr zufriedenstellende Lösung, da es ja eine Anzahl anderer Stadien gibt, wie zum Beispiel (50, 200), die beiden Parteien einen höheren erwarteten Gewinn garantiert. Man sollte doch annehmen, daß zwei rationale Personen imstande sein sollten, zu einer besseren Lösung zu gelangen. Um das zu erreichen, müssen sie jedoch einen Weg zur Koordination ihrer Entscheidungen finden, um das Spiel kooperativ spielen zu können. Wenn Seitenzahlungen erlaubt sind, dann ist es klar, daß der erste Schritt zu einer Lösung die Maximierung des Gesamtgewinns ist, d. h.

$$M_1(y,z)+M_2(y,z)=144\{8-8(^1/_2)^{(y+z)/100}\}-2y-z.$$

Es ist leicht einzusehen, daß das Maximum bei 710 liegt und daß es erreicht wird, wenn $y=0$ und $z=300$, also im Stadium (0, 300). Diese Lösung bedeutet, daß beide Parteien sich geeinigt haben, die niederen Lagerkosten des Großhändlers voll auszunutzen.

Der nächste Schritt besteht nun darin, sich darüber zu einigen, wie der erwartete Gewinn von 710 aufgeteilt werden soll. Dabei ist zu beachten, daß der Einzelhändler sich durch Halten eines Lagers von $y=100$ einen erwarteten Gewinn von 465 sichern kann, unabhängig davon, was der Großhändler tut. Ähnlich kann der Großhändler, indem er $z=0$ wählt, sich einen nichtnegativen Gewinn sichern. Die Nash-Lösung ergibt sich daher durch Aufsuchen von

$$\max(M_1-465)M_2$$

unter der Bedingung

$$M_1+M_2=710.$$

Die Lösung ist dann

$$M_1=588, \quad M_2=122.$$

Wenn Seitenzahlungen nicht erlaubt sind, so ergibt sich die Nash-Lösung aus

$$\max_{y,z}\{M_1(y,z)-465\}M_2(y,z)$$

unter der Bedingung $y\geq 0$. Die Lösung ist dann

$$y=0, \quad z=330$$

und

$$M_1=515, \quad M_2=185.$$

10.19

Wir haben bisher eine ganze Anzahl von möglichen Lösungen gefunden, doch war keine vollkommen zufriedenstellend. In 10.17 nahmen wir an, daß sich beide Parteien so verhalten, wie sie es gemäß der klassischen ökonomischen Theorie tun sollten, d. h. daß sie ihre Lage unabhängig voneinander analysieren und die Entscheidungen so treffen sollten, daß sie glauben, ihren erwarteten Gewinn zu maximieren. Diese Annahme gab uns Stadium (100, 100) als eindeutige Lösung. Es ergab sich jedoch, daß diese Lösung *nicht stabil* ist. Nach einigen Perioden ändern beide Parteien ihre Entscheidungen und erreichen schließlich Stadium (200, 0); dabei bleiben sie. Dieses Stadium kann jedoch nicht als „optimal" angesehen werden, außerdem bedeutet es, daß der Großhändler aus dem Markt ausscheidet. Da es jedoch in jeder Branche Großhändler gibt, wird unser Schluß durch Beobachtungen widerlegt.

In 10.18 nahmen wir an, daß sich beide Parteien wie rationale Spieler in einem kooperativen Spiel verhalten. Das ergab uns als Lösung, daß der Einzelhändler die Aufgabe eines Agenten erfüllt, indem er nämlich Bestellungen entgegennimmt und an den Großhändler weiterleitet. Auch das widerspricht jedoch der Erfahrung, da es ja zweifelsohne Einzelhändler gibt, die selbst Lager halten und das Risiko der Lagerhaltung tragen.

Das von uns diskutierte Modell ist sehr einfach, und es ist daher nicht erstaunlich, daß es nicht sehr wirklichkeitsnah ist. Es ist jedoch so, daß auch kompliziertere Modelle zu extremen Lösungen streben, bei denen einige Spieler eliminiert werden. Diese Frage wurde in einer anderen Arbeit diskutiert [3], und wir werden sie hier nicht weiter verfolgen. Es soll jedoch nicht unerwähnt bleiben, daß es keine zwingenden Gründe gibt, das Vorhandensein mehrerer unabhängiger Entscheidungsträger in bezug auf die Lagerung auf dem Weg eines Gutes vom Produzenten zum Konsumenten für optimal zu halten.

10.20

In 8.10 wurde angedeutet, wie die *Produktion* in das klassische Gleichgewichtsmodell von *Walras* eingeführt werden kann. Für unsere Zwecke genügt es nun, diese Erkenntnisse wie folgt zusammenzufassen:

1. Wenn eine Menge von Gleichgewichtspreisen bekannt ist und
2. jeder Konsument jenen Vektor von Gütern erwirbt, der seinen Nutzen maximiert, und
3. jeder Produzent jenen Input-Output-Vektor auswählt, der seinen Gewinn maximiert, dann ist die daraus resultierende Lösung paretooptimal.

Das bedeutet aber, daß gemäß dem Walras-Modell Entscheidungen *dezentralisiert* getroffen werden können, mit anderen Worten, es kann nichts durch Koordination von Entscheidungen und „kooperatives Spiel" gewonnen werden.

In der klassischen Theorie wird angenommen, daß die Güter direkt vom Produzenten zu den Konsumenten gehen. Einzelhändler und Großhändler erscheinen nur als Mittelsmänner, die keinen eigentlichen Platz in der Theorie haben. In der Realität stellen sie jedoch einen wichtigen Sektor in der Wirtschaft dar, und es ist daher wünschenswert, eine Theorie zur Verfügung zu haben, die erklärt, wie dieser Sektor funktioniert. Diese Theorie wäre jedoch äußerst trivial, wenn sie nicht die Unsicherheit berücksichtigt; das ist wahrscheinlich auch der Grund, warum der Sektor Handel bisher von den meisten Ökonomen vernachlässigt wurde. Wenn die Konsumenten ihr zukünftiges Einkommen mit Sicherheit wüßten und detaillierte und feste Pläne über ihre Einkommensverwendung machen könnten, dann könnte sich das gesamte Wirtschaftsleben im Wege der brieflichen Bestellung abspielen.

Wenn jedoch die Unsicherheit berücksichtigt wird, wird die Funktion des Handels evident. Die Güter werden in der modernen Industrie nämlich nach genauen Produktionsplänen hergestellt; noch mehr trifft das vielleicht für die Landwirtschaft zu. Wenn diese Pläne jedoch nicht genau mit den Konsumentenwünschen in Einklang gebracht werden können, dann ist es notwendig oder zumindest wünschenswert, daß Lager gehalten werden. Diese Funktion kann von Entscheidungsträgern ausgeführt werden, die von Konsumenten und Produzenten unabhängig sind. Es ist dann natürlich, diese Entscheidungsträger als Unternehmungen im Sinne der klassischen Theorie anzusehen und anzunehmen, daß sie ihren erwarteten Gewinn (oder Nutzen) maximieren wollen. Das führt zu einer Theorie, die wesentlich wirklichkeitsnäher ist. In dieser Theorie ist es jedoch möglich, daß dezentralisierte Entscheidungen zu einer suboptimalen Lösung führen, wie schon in unserem Beispiel angedeutet wurde.

Bibliographie

[1] *Borch, K.:* „Reciprocal Reinsurance Treaties", *The ASTIN Bulletin,* 1960, S. 170—191.

[2] *Borch, K.:* „Equilibrium in a Reinsurance Market", *Econometrica,* 1962, S. 424—444.

[3] *Borch, K.:* „Models for Hierarchial Decisions Involving Inventories", *Academy of Management Journal,* 1965, S. 179—189.

[4] *Lave, L.:* „An Approach to the Prisoner's Dilemma", *Quarterly Journal of Economics,* 1962, S. 424—436.

[5] *Lave, L.:* „Factors Affecting Co-operation in the Prisoner's Dilemma", *Behavioral Science,* 1965, S. 26—38.

[6] *Luce, R. D.,* und *H. Raiffa:* Games and Decisions, Wiley, 1957.

[7] *Nash, J.:* „The Bargaining Problem", *Econometrica,* 1950, S. 155 bis 162.

[8] *Raiffa, H.:* „Arbitration Schemes for Generalized Two-person Games", *Annals of Mathematics Studies,* Nr. 28, Princeton University Press, 1953, S. 361—387.

[9] *Stone, J.:* „An Experiment in Bargaining Games", *Econometrica,* 1958, S. 286—296.

11 Elemente der allgemeinen Spieltheorie

11.1

Die einfachen Beispiele, die in den vorangegangenen Kapiteln diskutiert wurden, sollten den Leser davon überzeugt haben, daß die Spieltheorie der natürlichste Ansatzpunkt einer Wirtschaftstheorie mit Berücksichtigung der Unsicherheit ist. Die Spieltheorie ist jedoch weitaus tiefer, als unser einfaches Zwei-Personen-Spiel-Beispiel beweisen kann. Daher soll eine kurze Skizze der allgemeinen Theorie gegeben werden; wir werden sehen, daß eine ganze Zahl neuer Aspekte, die zweifelsohne ökonomisch relevant sind, in Spielen mit drei oder mehr Spielern auftreten. Allgemein wird ein n-Personenspiel durch folgende drei Elemente beschrieben:

1. Eine Menge N von n Spielern,
2. n Mengen von Strategien, $S_1, S_2, \ldots, S_n$.
   Die Menge von Strategien S_i besteht aus reinen Strategien $s_{i1}, s_{i2}, \ldots$, die dem Spieler i zur Verfügung stehen.
3. n Auszahlungsfunktionen $M_1, M_2, \ldots, M_n$.

Die Funktion $M_i = M_i(s_{1r_1}, s_{2r_2}, \ldots, s_{nr_n})$ ist die Auszahlung an Spieler i, wenn

Spieler 1 die Strategie $s_{1r_1} \in S_1$,
Spieler 2 die Strategie $s_{2r_2} \in S_2$,
. . . .
Spieler n die Strategie $s_{nr_n} \in S_n$

verwendet.

11.2

Aus dem Minimax-Theorem folgt, daß Spieler i sich eine Mindestauszahlung sichern kann, die nicht unter einen Wert $v(\{i\})$ fällt, und zwar unabhängig davon, was die $n-1$ anderen

Spieler tun. Wir wollen nun annehmen, daß Spieler i und Spieler j zusammengehen und eine *Koalition* formen, die in diesem Spiel als eine Person gegen die übrigen $n-2$ Spieler auftritt. Durch Anwendung einer Minimax-Strategie kann diese Koalition sicher sein, daß ihre erwartete Auszahlung nicht unter einen bestimmten Wert $v(\{i,j\})$ fällt. Es ist anzunehmen, daß die beiden Spieler nicht verlieren können, wenn sie eine Koalition bilden, so daß gilt:

$$v(\{i,j\}) \geq v(\{i\}) + v(\{j\}).$$

Um diesen Gedanken zu verallgemeinern, wollen wir eine beliebige Menge von Spielern $S \subset N$ betrachten. Wir wollen annehmen, daß diese Spieler durch Bildung einer Koalition sich eine Auszahlung sichern können, die mindestens gleich $v(S)$ ist.

Weiters wollen wir zwei Koalitionen betrachten, dargestellt durch zwei disjunkte Untermengen R und S aus N, wobei $v(R \cup S)$ den Mindestgewinn darstellen soll, den diese Koalition durch Vereinigung ihrer Kräfte erreichen kann. Das schon oben angeführte Argument führt nun zu der Annahme, daß

$$v(R \cup S) \geq v(R) + v(S).$$

Die Funktion $v(S)$ wird die *charakteristische Funktion* eines Spieles genannt. Sie ist eine reellwertige, superadditive Funktion, die für alle Untermengen von N definiert ist. Es kann bewiesen werden, daß die ganze strategische Struktur eines Spieles in der charakteristischen Funktion enthalten ist.

Durch diese sehr summarische Darstellung des wichtigsten Begriffes der Spieltheorie haben wir eine Menge von Schwierigkeiten einfach übergangen. Es ist zum Beispiel nicht sinnvoll, über $v(S)$ als Auszahlung einer Koalition zu sprechen, ohne daß wir sehr weitreichende Annahmen über die „interpersonelle Vergleichbarkeit von Nutzen" und die unbeschränkten Möglichkeiten von Seitenzahlungen innerhalb einer Koalition machen. Wir wollen diese Annahmen hier jedoch nicht genau formulieren. Die meisten der nun folgenden Ergebnisse können ohne diese Annahmen und die sehr mühsame Notation, die sich dadurch ergibt, ausgedrückt werden, wenn wir bereit sind, vektorwertige charakteristische Funktionen einzuführen. Das Beispiel in 10.8 gibt einige Hinweise über die Gestalt einer allgemeineren Theorie.

11.3

Als nächstes betrachten wir einen beliebigen Auszahlungsvektor, $x=(x_1, x_2, \ldots, x_n)$, d. h. ein Arrangement, das dem Spieler i die Auszahlung $x_i (i=1, 2, \ldots, n)$ zuteilt. Ein Auszahlungsvektor wird eine *Imputation* genannt, wenn er den folgenden beiden Bedingungen genügt:

(1) $x_i \geq v(\{i\})$ für alle i,

(2) $\sum_{i=1}^{n} x_i = v(N)$.

Diese zwei Bedingungen drücken die individuelle und kollektive Rationalität, der wir in den vorangegangenen Kapiteln schon einige Male begegnet sind, aus. Ein Auszahlungsvektor muß eine Imputation sein, wenn er als potentielle Lösung einer Verhandlungssituation in Frage kommen soll, zumindest wenn wir die Lösung als ein „Entscheidungskriterium" betrachten. Es ist jedoch so, daß nicht alle Imputationen gleichwertige Lösungen darstellen, und unsere Aufgabe ist es dann, die weniger attraktiven Imputationen zu eliminieren.

von Neumann und *Morgenstern* sind an diese Aufgabe durch Einführung des Begriffes der *Dominanz* herangegangen. Eine Imputation $y=(y_1, \ldots, y_n)$ *dominiert* eine andere Imputation $x=(x_1, \ldots, x_n)$, wenn es eine Koalition S (eine Untermenge von N) gibt, so daß

(1) $v(S) \geq \sum_{i \in S} y_i$,

(2) $y_i > x_i$ für alle $i \in S$.

Eine Imputation, die derart dominiert wird, ist als Lösung kaum akzeptabel, da sich diese Spieler durch Bildung einer Koalition gegen die anderen Spieler verbessern können. *von Neumann* und *Morgenstern* definieren die *Lösung* eines Spieles als die Menge A von Imputationen, die den folgenden zwei Bedingungen genügt:

1. Keine Imputation in A wird durch eine andere Imputation in A dominiert.
2. Jede Imputation, die nicht in A ist, wird durch eine Imputation aus A dominiert.

Um die Bedeutung dieses Lösungsbegriffes zu erläutern, wollen wir ihn auf ein paar einfache Beispiele anwenden.

11.4

Als erste Illustration wollen wir ein Zwei-Personen-Spiel von der Art betrachten, wie wir es schon in 10.8 diskutiert haben. Dort sind die Imputationen die Auszahlungsvektoren (x_1, x_2), die folgenden Bedingungen genügen:

$$x_1 + x_2 = v(\{1,2\}) = 5,$$
$$x_1 \geq v(\{1\}) = {}^3/_4,$$
$$x_2 \geq v(\{2\}) = {}^6/_5.$$

In diesem Fall kann es keine Dominanz geben, so daß die Lösung aus *allen* Imputationen oder, in der früher verwendeten Terminologie, aus allen paretooptimalen Arrangements besteht.

Das nächste Beispiel soll ein Drei-Personen-Spiel sein, das durch die charakteristische Funktion

$$v(\{1\}) = v(\{2\}) = v(\{3\}) = 0,$$
$$v(\{1,2\}) = v(\{1,3\}) = v(\{2,3\}) = 1,$$
$$v(\{1,2,3\}) = 1$$

definiert wird. Zuerst wollen wir die Menge F betrachten, die aus drei Imputationen besteht,

$(^1/_2, ^1/_2, 0)$,
$(^1/_2, 0, ^1/_2)$,
$(0, ^1/_2, ^1/_2)$,

und beweisen, daß diese Menge eine Lösung ist. Sei

$$(x_1, x_2, x_3)$$

eine beliebige Imputation. Aus der Definition folgt

$$\sum_{i=1}^{3} x_i = 1, \quad x_i \geq 0.$$

Daraus ist ersichtlich:

1. Zwei Elemente in diesem Vektor sind gleich $^1/_2$ und der dritte ist 0 oder
2. zwei Elemente sind kleiner als $^1/_2$.

Im ersten Fall gehört unsere Imputation zu der Ausgangsmenge F. Im zweiten Fall wird unsere Imputation durch eine der drei Imputationen in der Ausgangsmenge F dominiert. Es ist nun leicht einzusehen, daß keine der drei Imputationen die beiden anderen dominiert. Daher ist die Menge F eine Lösung.

11.5

Betrachten wir nun die Menge $F_1(c)$ aller Imputationen der Form (c, x_2, x_3), wobei c eine nichtnegative Konstante ist. Es ist unmittelbar einleuchtend, daß

$$x_2 + x_3 = 1 - c$$

und daß keine Imputation in $F_1(c)$ eine andere Imputation in der Menge dominiert.
Betrachten wir nun die Imputation (y_1, y_2, y_3), die nicht in $F_1(c)$ ist, und überlegen wir die folgenden zwei Fälle:

1. Wenn $c < y$, so erhalten wir $x_2 + x_3 > y_2 + y_3$. In diesem Fall finden wir eine Imputation $F_1(c)$, die (y_1, y_2, y_3) dominiert, indem wir $x_2 > y_2$ und $x_3 > y_3$ wählen.

2. Wenn $c > y_1$, so erhalten wir $x_2 + x_3 < y_2 + y_3$. y_2 und y_3 können beide nicht größer als $^1/_2$ sein. Wenn $c < ^1/_2$, dann können wir entweder x_2 oder x_3 größer als $^1/_2$ wählen und finden daher die Imputation (c, x_2, x_3) in $F_1(c)$, die (y_1, y_2, y_3) dominiert.

Aus diesen Überlegungen folgt, daß eine Lösung aus einer der folgenden vier Mengen von Imputationen besteht:

1. F: $(^1/_2, ^1/_2, 0)$, $(^1/_2, 0, ^1/_2)$ und $(0, ^1/_2, ^1/_2)$;
2. $F_1(c)$: (c, x_2, x_3);
3. $F_2(c)$: (x_1, c, x_3); $0 \leq c < ^1/_2$;
4. $F_3(c)$: (x_1, x_2, c).

Das bedeutet, daß eine Imputation in unserem einfachen Drei-Personen-Spiel zu einer Menge gehört, die gemäß der Definition von *von Neumann* und *Morgenstern* eine *Lösung* des Spieles ist. Das ist keine sehr zufriedenstellende Folgerung für unsere Zwecke. Wir wollten ja einen Auszahlungsvektor finden, den wir als die einzige Lösung einer Verhandlungssituation akzeptieren können. Es ist daher sicher störend, herauszufinden, daß praktisch jeder Auszahlungsvektor als Lösung in Frage kommt. Es wäre jedoch verfrüht, den Lösungsbegriff von *von Neumann* und *Morgenstern* aus diesem Grunde allgemein zu kritisieren. Der Großteil der Spiele, die wir bisher untersucht haben, wie auch unser einfaches Beispiel haben eine verwirrend große Anzahl von Lösungen. Bisher ist es jedoch noch nicht möglich gewesen zu beweisen, daß *jedes* Spiel eine Lösung hat, d. h. daß in jedem Spiel eine nichtleere Menge A von Imputationen existiert, die den Bedingungen in 11.3 genügt. *von Neumann* und *Morgenstern* zeigen ausführlich und einleuchtend, daß nur die Menge A in ihrer Gesamtheit als Lösung betrachtet werden kann. Wir wollen nicht versuchen, diese Argumente zusammenzufassen, uns jedoch auf ein geradezu lyrisches Zitat aus einem anderen Buch über Spieltheorie berufen: „Der volle Geschmack ihrer Argumente ist sehr schwer wiederzugeben und man kann nur empfehlen, daß sich der Leser selbst an ihre Ausführungen über Lösungen in ihrem Buch hält" ([5], S. 206).

11.6

Der grundlegende Gedanke hinter dem Lösungsbegriff von *von Neumann* und *Morgenstern* ist, daß eine Imputation gewisse Stabilitätseigenschaften haben muß, um als Lösung in Frage zu kommen. Um dies wieder etwas näher zu erläutern, wollen wir uns nochmals der Menge von Imputationen F, die wir in 11.4 studiert haben, zuwenden. Angenommen, die Spieler haben irgendwie den Auszahlungsvektor ($^1/_2$, $^1/_2$, 0) erreicht. Damit wird aber Spieler 3 nicht zufrieden sein und an Spieler 2 herantreten, um folgende Imputation vorzuschlagen (0, $^3/_4$, $^1/_4$). Dadurch wird die erste Imputation durch die Koalition (2, 3) dominiert. Wenn Spieler 2 annimmt, so ist wieder Spieler 1 unzufrieden. Er kann nun seinerseits an Spieler 3 herantreten und die Imputation ($^1/_2$, 0, $^1/_2$) vorschlagen, die wieder (0, $^3/_4$, $^1/_4$) durch die Koalition (1, 3) dominiert. Damit wird Spieler 3 wahrscheinlich einverstanden sein. Nun kann aber wieder Spieler 2 an irgendeinen der anderen zwei Spieler herantreten und Imputationen wie zum Beispiel ($^3/_4$, $^1/_4$, 0) oder (0, $^1/_4$, $^3/_4$) vorschlagen. Diese beiden Spieler sollten aber aus dem bisherigen Verhalten des Spielers 2 gelernt haben. Er wollte unbedingt mehr erreichen, als ihm laut Lösung zustand; deswegen verlor er auch alles. Die Imputation ($^1/_2$, 0, $^1/_2$) wird daher wahrscheinlich stabil bleiben.

11.7

In 11.3 definierten wir Imputation als Auszahlungsvektor $x = (x_1, \ldots, x_n)$, der den beiden Bedingungen

(1) $x_i \geq v(\{i\})$ für alle i,

(2) $$\sum_{i=1}^{n} x_i = v(N)$$

genügte.

Die erste dieser Bedingungen drückt die individuelle Rationalität aus, d. h. daß kein Spieler sich mit weniger zufrieden geben wird, als er allein gegen die anderen $n-1$ Spieler erreichen könnte. Es liegt nahe, daß jede Koalition mit demselben Ausmaß an Rationalität wie ein individueller Spieler vorgehen wird. Wir müssen also eine dritte Bedingung hinzufügen:

(3) $\sum_{i \in S} x_i \geq v(S)$ für alle S, die in N enthalten sind.

Die Menge aller Imputationen, die diesen drei Bedingungen genügt, wird der *Kern* eines Spieles genannt, ein Begriff, der zuerst von *Gillies* [2] eingeführt wurde. Zunächst erscheint der Begriff des Kerns sehr brauchbar zu sein, bietet er doch genau die Antwort auf unsere Frage nach einem Mittel zur Verringerung der Anzahl der Imputationen, die als Lösungen des Problems in Frage kommen. Die Schwierigkeit ist jedoch oft, daß der Kern diese Aufgabe zu gründlich erledigt. In einer Zahl von Spielen ist der Kern nämlich leer, d. h. es gibt keine Imputation, die diesen drei Bedingungen genügt. In dem Drei-Personen-Spiel, das wir in 11.4 diskutierten, ist der Kern die Menge von Vektoren (x_1, x_2, x_3) mit nichtnegativen Elementen, die den vier folgenden Bedingungen genügen:

$$\begin{aligned} x_1+x_2 &\geq v(\{1,2\})=1, \\ x_1+x_3 &\geq v(\{1,3\})=1, \\ x_2+x_3 &\geq v(\{2,3\})=1, \\ x_1+x_2+x_3 &= v(\{1,2,3\})=1. \end{aligned}$$

Wenn wir die ersten drei Bedingungen zusammenzählen, erhalten wir

$$x_1+x_2+x_3 \geq {}^3/_2,$$

was aber offensichtlich der vierten Bedingung widerspricht. Wenn der Kern nicht leer ist, d. h. wenn

$$v(\{1,2\})+v(\{1,3\})+v(\{2,3\}) \leq 2v(\{1,2,3\})$$

gilt, dann können wir das folgende Intervall für die Auszahlung an Spieler 1 erhalten:

$$v(\{1\}) \leq x_1 \leq v(\{1,2,3\})-v(\{2,3\}).$$

Die Ungleichung auf der rechten Seite stellt fest, daß Spieler 1 nicht mehr erhalten kann, als er selbst beiträgt, indem er sich der Koalition der beiden anderen Spieler anschließt.

11.8

Der Beitrag, den ein Spieler leisten kann, indem er einer Koalition beitritt, scheint schon rein intuitiv ein essentielles Element seiner Verhandlungsstärke zu sein. Um diesen Gedanken noch etwas weiterzuspinnen, wollen wir eine beliebige Koalition S von s Spielern betrachten und annehmen, daß der Spieler i, der nicht in S war, der Koalition beitritt. Der Betrag, den Spieler i zur Gesamtauszahlung leistet, ist

$$v(S \cup \{i\}) - v(S).$$

Wir wollen nun postulieren, daß die charakteristische Funktion so beschaffen ist, daß eine Koalition aus allen Spielern gebildet werden muß, um die maximale Gesamtauszahlung zu erreichen. Weiters wollen wir annehmen, daß diese n-Spielerkoalition sukzessive gebildet wird, d. h. daß 2-, 3-, 4-, ... Spielerkoalitionen entstehen. Die n Spieler können in $n!$ verschiedenen Arten angeordnet werden. Daher kann eine n-Personenkoalition auf $n!$ verschiedene Arten gebildet werden. Die s Spieler, die in der Koalition S sind, bevor sich der Spieler i der Koalition anschließt, können auf $s!$ verschiedene Arten angeordnet werden. Die $n-s-1$ Spieler, die der Koalition nachträglich beitreten, können auf $(n-s-1)!$ verschiedene Arten geordnet werden. Wenn alle $n!$ Arten, auf die die n-Spielerkoalitionen gebildet werden können, gleich wahrscheinlich sind, dann ist die Wahrscheinlichkeit, daß Spieler i der Koalition S beitritt,

$$\frac{s!\,(n-s-1)!}{n!}.$$

Wir wollen nun voraussetzen, daß die Auszahlung an Spieler i genau seinem Beitrag $v(S \cup \{i\}) - v(S)$ entsprechen soll. Das bedeutet, daß die erwartete Auszahlung an Spieler i

$$\varphi_i = \sum_{S \subset N} \frac{s!(n-s-1)!}{n!} \{v(S \cup \{i\}) - v(S)\}$$

ist, wobei über alle Untermengen von N summiert wird. i nennt man den „Shapley-Wert“ eines Spieles für Spieler i. Der obige Ausdruck wurde von *Shapley* [12] abgeleitet, wobei allerdings ein ganz anderer Ansatz als der unsrige verwendet wurde. *Shapley* studierte den *Wert*, den ein Spieler dem Recht, an einem Spiel teilzunehmen, beimessen sollte. Er schlug folgende drei Bedingungen für einen vernünftigen Wertbegriff vor:

1. Der Wert soll durch die charakteristische Funktion determiniert werden und unabhängig von der Anordnung der Spieler sein.
2. Die Menge von Werten für die n Spieler soll eine Imputation sein.
3. Wenn zwei Spiele zu einem vereinigt werden, so ist der Wert des neuen Spieles gleich der Summe der Werte der beiden ursprünglichen Spiele.

Aus diesen Bedingungen folgt, daß der Wert eine gewichtete Summe der Werte der charakteristischen Funktion sein muß. Es mag überraschend sein, daß diese harmlos klingenden Bedingungen genügen sollen, um eine eindeutig bestimmte Menge von Gewichten festzulegen. Es ist weniger überraschend, daß diese Gewichte genau jene sind, die auch wir gefunden haben. Andere Gewichte würden nämlich implizieren, daß einige Arten der Bildung von n-Personenkoalitionen wahrscheinlicher sind als andere.

11.9

Zur Illustration wollen wir den Shapley-Wert für einige einfache Spiele berechnen. Für $n=2$ gibt es nur vier Untermengen $\{\varphi,\}$ $\{1\}$, $\{2\}$ und $\{1,2\}$, so daß der Shapley-Wert für Spieler 1

$$\begin{aligned}\varphi_1 &= {}^1/_2\{v(\{1,2\}) - v(\{2\}) + \}{}^1/_2\{v(\{1\}) - v(\{0\})\} \\ &= {}^1/_2\{v(\{1,2\}) - v(\{2\}) + v(\{1\})\}.\end{aligned}$$

$v(\{0\})=0$, d. h. die leere Koalition bekommt 0 als Auszahlung. Für Spieler 2 erhalten wir

$$\varphi_2={}^1/_2\{v(\{1,2\})-v(\{1\})+v(\{2\})\}.$$

Wenn es sich um ein Nullsummenspiel handelt, dann ergibt sich $v(\{1,2\})=0$ und $v(\{1\})=-v(\{2\})$, so daß sich der Ausdruck auf

$$\varphi_1=v(\{1\}) \quad \text{und} \quad \varphi_2=v(\{1\})$$

reduziert. Das ist die Minimax-Lösung des Spieles.
Die Nash-Lösung des Spieles ist der Auszahlungsvektor (x_1, x_2), der folgendes Produkt

$$\{x_1-v(\{1\})\}\{x_2-v(\{2\})\}$$

unter der Nebenbedingung

$$x_1+x_2=v(\{1,2\})$$

maximiert.
Bei Lösung dieses Maximierungsproblems ergibt sich

$$x_1=\varphi_1 \quad \text{und} \quad x_2=\varphi_2.$$

Für das vorher besprochene Drei-Personen-Spiel erhält man:

$$\begin{aligned}\varphi_1={}&{}^2/_6\{v(\{1,2,3\})-v(\{2,3\})\}+{}^1/_6\{v(\{1,2\})-v(\{2\})\}\\&+{}^1/_6\{v(\{1,3\})-v(\{3\})\}=\\={}&{}^1/_3.\end{aligned}$$

Da es sich um ein symmetrisches Spiel handelt, ist der Shapley-Wert der beiden anderen Spieler ebenso gleich $^1/_3$. Diese Beispiele zeigen, daß der Shapley-Wert die Minimax-Lösung und die Nash-Lösung als Sonderfälle enthält. Das deutet aber selbst wieder darauf hin, daß dem Shapley-Wert als Lösung unseres Problems sehr große Bedeutung zukommt.
Hinzuzufügen wäre noch, daß der Shapley-Wert gleich ist der Durchschnittsauszahlung der drei Imputationen in der Menge F (siehe 11.4). Wenn also diese drei Imputationen als gleich wahrscheinlich betrachtet werden können, so ist die erwartete Auszahlung eines Spielers der Shapley-Wert.

11.10

Der Shapley-Wert stellt ein sehr vernünftiges *Entscheidungskriterium* dar. Es scheint doch natürlich, daß ein Schiedsrichter die Beiträge, die ein Spieler zu allen möglichen Koalitionen machen kann, in Erwägung ziehen und dann eine Auszahlung zuteilen soll, die ein gewichteter Durchschnitt dieser potentiellen Beiträge ist.

Wenn die Entscheidung des Schiedsrichters von vornherein akzeptiert werden muß, so braucht man sich um die Stabilität nicht zu kümmern. In unserem Beispiel könnte er sich für die Imputation ($^1/_3$, $^1/_3$, $^1/_3$) entscheiden, sogar wenn zwei Spieler eine Koalition bilden können und dadurch eine Imputation der Art ($^1/_2$, $^1/_2$, 0) erzwingbar wäre.

Für Voraussagezwecke ist der Shapley-Wert weniger attraktiv, hauptsächlich, weil er zu grob ist. Er gibt nämlich nur die erwartete Auszahlung an, ohne festzustellen, welche Auszahlungen tatsächlich möglich sind. In einem gewissen Sinn ist der Shapley-Wert das genaue Gegenteil der *von Neumann-Morgenstern*schen Lösung, die alle möglichen Auszahlungen angibt, ohne irgendwelche Aussagen über ihre Wahrscheinlichkeit zu machen. Es wäre daher wünschenswert, eine Theorie aufzustellen, die allen Imputationen der *von Neumann-Morgenstern*schen Lösung Wahrscheinlichkeiten zuteilt. Das würde zu einer Theorie führen, die für Voraussagezwecke geeignet ist, die empirisch überprüft werden kann und die auch gleichzeitig ein Entscheidungskriterium darstellt, das dann verwendet werden könnte, wenn die Stabilitätsbedingungen vernachlässigt werden können. Um aber eine Theorie dieser Art entwickeln zu können, ist es notwendig, *zusätzliche Annahmen* über das Verhalten der Spieler zu machen, wie *von Neumann* und *Morgenstern* schon betonten. Um das etwas näher zu erläutern, wollen wir annehmen, daß drei Personen dreißig Dollar bekommen, wenn sie sich einigen können, und zwar durch Mehrheitsentscheidung, wie das Geld unter ihnen aufgeteilt werden soll. Wir wären nicht überrascht, wenn unsere drei Spieler nach einigen Verhandlungen ankündigten, daß sie sich auf eine der drei folgenden Aufteilungsmöglichkeiten geeinigt hätten:

$$(15, 15, 0), \quad (15, 0, 15) \quad \text{oder} \quad (0, 15, 15).$$

Wenn wir nichts über die Persönlichkeiten der Spieler wissen, ist es natürlich, daß wir jeder der drei Möglichkeiten die gleiche Wahrscheinlichkeit zuordnen. Wenn sich die Spieler auf (10, 10, 10) einigen sollten, dann würden wir auch das ohne Erstaunen akzeptieren. Wir können jedoch nichts über die Wahrscheinlichkeit dieses Ergebnisses, verglichen, mit den Wahrscheinlichkeiten der drei ersten Ergebnisse aussagen. Sollten sich die Spieler auf zum Beispiel (5, 10, 15) einigen, wären wir wohl überrascht. Wären wir nämlich aufgefordert worden, über das Resultat vorher eine Wette abzuschließen, so würden wir uns betrogen fühlen und glauben, daß der Ausgang des Spieles vorher festgelegt wurde oder daß uns Informationen über die Spieler vorenthalten wurden.

11.11

Die bisherigen Ergebnisse unserer Untersuchung verlangen von uns, daß wir uns irgendwie entscheiden müssen. Es ist unmöglich, einen Lösungsbegriff zu finden, der alle wünschenswerten Stabilitätseigenschaften hat und gleichzeitig fair und vernünftig ist, so daß er zum Beispiel von einem Schiedsrichter vorgeschlagen werden könnte. Ein Versuch, das Beste aus beiden Vorschlägen herauszuholen, wurde von *Aumann* und *Maschler* [1] unternommen, die den genialen und mathematisch sehr eleganten Begriff des „Verhandlungsbereiches" einführten; dieser besteht aus

1. dem Kern, wenn er nicht leer ist,
2. einigen Auszahlungsvektoren — nicht notwendigerweise Imputationen —, die gewissen Stabilitätsbedingungen genügen.

Eine Zahl verschiedener Verhandlungsbereiche wurden untersucht, die jeweils verschiedenen Formulierungen der Stabilitätsbedingungen entsprachen. Der gemeinsame Ausgangspunkt aller dieser Studien ist die *Zerlegung* $N_1, \ldots, N_i, \ldots, N_m$ der Menge N aller Spieler. Die Zerlegung stellt eine Koalitionsstruktur dar, die zusammen mit dem Auszahlungsvektor $(x_1, x_2, x_3, \ldots, x_n)$ eine *Auszahlungskonfiguration* definiert. Wenn nun in der Endphase des Spieles die Spieler sich auf die Koalitionen $N_1, \ldots, N_m$ aufteilen, welche alle gegeneinander spielen, so ist die resultierende Auszahlung an Spieler j gleich x_j $(j=1, 2, \ldots, n)$. Die Auszahlungskonfiguration ist dieser Theorie gemäß rational, wenn

$$\sum_{j \in N_i} x_j = v(N_i) \qquad (i=1, 2, \ldots, m),$$
$$x_j \geq v(\{j\}) \qquad (j=1, 2, \ldots, n).$$

Angenommen, Spieler j in Koalition R ist unzufrieden mit seiner Auszahlung und glaubt, daß Spieler k in derselben Koalition zuviel bekommt. Er wird nun einer anderen Koalition S aus der Zerlegung beizutreten streben. Wenn ein Auszahlungsvektor $(y_1, \ldots, y_n)$ existiert, so daß

$$y_j > x_j,$$
$$y_s \geq x_s \text{ für } s \in S,$$
$$y_j + \sum_{s \in S} y_s = v(S \cup \{j\}),$$

so scheint es, daß Spieler j seine Auszahlung vergrößern kann, indem er die Koalition R verläßt und S beitritt. Man sagt dann, j habe einen *Einwand* gegen Spieler k. Der Spieler k kann jedoch unter Umständen die Höhe seiner Auszahlung halten, indem er R verläßt und einer anderen Koalition T aus der Zerlegung beitritt. Das wird dann der Fall sein, wenn es einen Auszahlungsvektor $(z_1, \ldots, z_n)$ gibt, so daß

$$z_k \geq x_k,$$
$$z_t \geq x_t \text{ für } t \in T,$$
$$z_t \geq y_t \text{ für } t \in S \cap T,$$
$$z_k + \sum_{t \in T} z_t = v(T \cup \{k\}).$$

In diesem Fall sprechen wir von einem *Gegeneinwand*, der gegen den Einwand des Spielers j gerichtet ist. Eine rationale Auszahlungskonfiguration wird dann *stabil* genannt, wenn wir einen Gegeneinwand gegen jeden Einwand finden können. Der Verhandlungsbereich ist die Menge aller stabilen rationalen Auszahlungskonfigurationen.

Diese Darstellung der wichtigsten Ideen hinter dem Begriff „Verhandlungsbereich" war sehr skizzenhaft. Deshalb wollen wir zur Illustration das Drei-Personen-Spiel aus 11.7 analysieren. Wir wollen eine Auszahlungskonfiguration betrachten, die aus

der Koalitionsstruktur $\{1,2\}$, $\{3\}$ und
dem Auszahlungsvektor (x_1, x_2, x_3)

besteht. Die Rationalitätsbedingungen sind dann erfüllt durch:

$$x_1 + x_2 = v(\{1,2\}),$$
$$x_3 = 0.$$

Spieler 1 hat einen Einwand gegen Spieler 2, wenn ein Vektor (y_1, y_2, y_3) existiert, so daß

$$y_1 > x_1,$$
$$y_3 \geq 0,$$
$$y_1 + y_3 = v(\{1,3\}).$$

Spieler 2 hat einen Gegeneinwand, wenn ein Vektor (z_1, z_2, z_3) existiert, so daß

$$z_2 \geq x_2,$$
$$z_3 \geq y_3,$$
$$z_2 + z_3 = v(\{2,3\}).$$

Es handelt sich hierbei also um ein System von linearen Gleichungen und Ungleichungen. Ein ähnliches System kann nun aus den Gegeneinwänden von Spieler 1 gegen die Einwände des Spielers 2 konstruiert werden. Der Verhandlungsbereich besteht aus den Auszahlungskonfigurationen $(x_1, x_2, x_3, \{1,2\}, \{3\})$, für welche diese Systeme nichtnegative Lösungen in y und z haben. Es ist algebraisch leicht feststellbar, daß

(1) $x_1 = v(\{1,2\})$ für $v(\{1,3\}) > v(\{1,2\}) + v(\{2,3\})$,

(2) $x_1 = 0$ für $v(\{2,3\}) > v(\{1,2\}) + v(\{1,3\})$,

(3) $v(\{1,3\}) \leq x_1 \leq v(\{1,2\}) - v(\{2,3\})$

für $v(\{1,2\}) > v(\{1,3\}) + v(\{2,3\})$,

(4) $$x_1 = \frac{v(\{1,2\}) + v(\{1,3\}) - v(\{2,3\})}{2}$$

in allen anderen Fällen.

Der Auszahlungsvektor wird dann durch die Bedingungen $x_2 = v(\{1,2\}) - x_1$ und $x_3 = 0$ determiniert. Ähnliche Berechnungen können wir auch für die anderen Zerlegungen anstellen, und es kann gezeigt werden, daß der Kern im Verhandlungsbereich enthalten ist. Für das besondere Spiel aus 11.4 finden wir, daß der Verhandlungsbereich aus der Menge F und dem Auszahlungsvektor (0, 0, 0), der der Koalitionsstruktur $\{1\}$, $\{2\}, \{3\}$ entspricht, besteht. Diese letzte Allokation hat allerdings in einer normativen Theorie oder in einem „Entscheidungskriterium" nichts zu suchen. In einer Theorie, die das Ergebnis einer Verhandlungssituation vorauszusagen sucht, ist es aber durchaus angebracht, die Möglichkeit zu erwägen, daß die Spieler unfähig sind, sich zu einigen. *Aumann* und *Maschler* machen keine Aussage darüber, wie wichtig die verschiedenen Elemente des Verhandlungsbereiches sind. Eine solche Aussage wäre auch kaum möglich ohne zusätzliche Angaben über die Umgebung, in der sich die Verhandlungen abspielen. Eine Reihe von Experimenten, die *Maschler* [6] mit Mittelschülern in Jerusalem durchführte, zeigt, daß der Verhandlungsbereich eine relativ gute Vorhersage des Ausganges einiger Verhandlungssituationen gibt. Wir wollen diese Experimente nicht weiter behandeln, da es bequemer ist, einen anderen Versuch, der von *Selten* und *Schuster* [11] durchgeführt wurde, zu diskutieren. Dieser geht auf das *Maschler*sche Gedankengut zurück.

11.12

Einige Autoren haben vorgeschlagen, zusätzliche Annahmen über das Verhalten der Spieler zu machen, um eine eindeutige Lösung zu erhalten. Es ist jedoch nicht möglich, alle diese Vorschläge hier zu diskutieren, selbst wenn wir uns auf die ökonomisch relevanten Verhaltungsweisen beschränken. Es ist jedoch sicher von Nutzen, die Arbeiten von *Harsanyi* [3, 4] zu erwähnen und deren wichtigste Gedanken kurz darzustellen. Das Argument, das zur Nash-Lösung [7] für Zwei-Personen-Spiele führte, kann zweifelsohne auch für n-Personenspiele verallgemeinert werden. Der Auszahlungsvektor $(x_1, \ldots, x_n)$, der das Produkt

$$[x_1 - v(\{1\})][x_2 - v(\{2\})] \ldots [x_n - v(\{n\})]$$

unter den Nebenbedingungen

$$x_1 + x_2 + \ldots + x_n = v(N),$$
$$x_i \geq v(\{1\}) \quad (i = 1, 2, \ldots, n)$$

maximiert, ergibt die Lösung. Es kann leicht nachgewiesen werden, daß dieser Vektor durch den nachfolgenden Ausdruck gegeben ist:

$$x_i = v(\{i\}) + \frac{1}{n}\, v(N) - \frac{1}{n} \sum_{i=1}^{n} v(\{i\}).$$

Diese Lösung hängt nur von den Werten der charakteristischen Funktion jener Koalitionen ab, die aus einem oder aus allen n Spielern besteht. Das bedeutet aber, daß die Vorteile, die sich Spieler durch Bildung von Zwischenkoalitionen während der Verhandlungen sichern können, vernachlässigt werden. Das ist wohl unrealistisch, aber ein guter Ausgangspunkt.

Zunächst scheint es durchaus gerechtfertigt, vorauszusetzen, daß Spieler i nur $v(\{i\})$ beachtet, d. h. die Auszahlung, die er sich sichern kann, wenn er übergangen wird und allein gegen die anderen spielen muß. Wenn es ihm jedoch gelingt, eine Zwischenkoalition mit anderen Spielern zu bilden, so kann er sich eine höhere Auszahlung sichern, sogar wenn diese Koalition schließlich allein gegen die anderen spielen muß. Die Spieler in dieser Zwischenkoalition werden dann weiter verhandeln, aber mit Anspruch auf eine höhere Auszahlung als bei Einzelvorgehen. Durch Formalisierung dieses Verhaltens bei Verhandlungssituationen erhält *Harsanyi* eine eindeutige Lösung des Spieles, die dem Shapley-Wert nahe verwandt ist.

11.13

Die meisten dieser zusätzlichen Annahmen, die vorgeschlagen wurden, scheinen wohl vernünftig und alle haben starke Befürworter. Es ist daher nicht sehr nützlich, schon zu diesem Zeitpunkt mit theoretischen Argumenten zu entscheiden, welche dieser Annahmen am leistungsfähigsten ist. Es ist sicher fruchtbarer, sich empirischen Studien über das Verhalten der Spieler bei Spielen unter Laboratoriumsbedingungen zuzuwenden. Darüber gibt es eine sehr weitreichende Literatur. Die vielleicht beste Übersicht bietet eine Arbeit von *Rapoport* und *Orwant* [10], die eine Zusammenfassung von Arbeiten bis Ende 1961 ist. Um die Brauchbarkeit des experimentellen Ansatzes noch deutlicher zu machen, wollen wir kurz über ein Experiment berichten, das von *Selten* und *Schuster* [11] mit Studenten der Universität Frankfurt durchgeführt wurde.

11.14

Selten und *Schuster* verwendeten für ihren Versuch ein Fünf-Personen-Spiel mit „gewichteter Mehrheit". Bei solchen Spielen gibt es nur zwei Arten von Koalitionen:

1. Wenn $v(S)=v(N)$, so ist S eine gewinnende Koalition.
2. Wenn $v(S)=0$, so ist S eine verlierende Koalition.

In dem Spiel, das für das Experiment verwendet wurde, waren die gewinnenden Koalitionen

1. Spieler 1 und wenigstens einer der anderen Spieler,
2. Spieler 2, 3, 4 und 5.

Spieler 1 ist also deutlich in einer stärkeren Position als die anderen. Wenn er sich die Mitarbeit von einem der anderen sichern kann, so bekommen beide die ganze Auszahlung und können sie untereinander aufteilen. Spieler 1 bekommt nur dann nichts, wenn die anderen vier eine Koalition gegen ihn bilden. *Selten* und *Schuster* wählten als Gesamtauszahlung $v(N)=40$

DM. Das Spiel wurde zwölfmal wiederholt, jedesmal mit verschiedenen Spielern. Sobald eine gewinnende Koalition gebildet war und man sich über die Auszahlung geeinigt hatte, wurde dies protokolliert. Wenn während 10 weiterer Verhandlungsminuten die Koalition stabil war, so wurde sie als endgültig angesehen. Die Aufteilung, auf die sich die Spieler geeinigt hatten, ist in Tabelle 11 enthalten.

Tabelle 11
Endgültige Aufteilungen bei zwölf Fünf-Personen-Spielen

Spiel	Aufteilung				
1	25,	0,	0,	15,	0
2	25,	0,	15,	0,	0
3	25,	0,	0,	0,	15
4	25,	0,	15,	0,	0
5	0,	8,66,	8,66,	8,66,	14
6	0,	7,	7,	19,	7
7	18,	0,	0,	0,	22
8	25,	0,	5,	5,	5
9	28,	0,	0,	12,	0
10	20,	0,	20,	0,	0
11	25,	0,	15,	0,	0
12	8,	8,	8,	8,	8

11.15

Die Ergebnisse in Tabelle 11 sind überraschend. Ist unter solchen Umständen noch anzunehmen, daß die Spieltheorie die Ergebnisse einer tatsächlichen Verhandlungssituation vorherzusagen imstande ist? Der Kern dieses Spiels ist leer, aber das Spiel hat eine große Anzahl von Lösungen. Die sogenannte Hauptlösung besteht aus den 5 folgenden Aufteilungen:

(30, 10, 0, 0, 0),
(30, 0, 10, 0, 0),
(30, 0, 0, 10, 0),
(30, 0, 0, 0, 10),
(0, 10, 10, 10, 10).

Das entspricht aber der Lösung *F*, die wir in 11.4 besprachen; es handelt sich um eine Lösung, die das Hauptgewicht auf Stabilität legt, ohne die Fairneß dieser Aufteilungen überhaupt zu beachten. Es ist bemerkenswert, daß keine der Aufteilungen, wie sie die Hauptlösung angibt, im Experiment selbst auftauchte. Die Shapley-Werte (siehe 11.8) dieses Spieles sind:

$$\varphi_1 = 40\left\{\frac{4!}{5!} + \frac{4\cdot 3!}{5!} + \frac{4\cdot 3\cdot 2!}{5!} + \frac{4!}{5!}\right\} = 24,$$

$$\varphi_i = 40\left\{\frac{3!}{5!} + \frac{3!}{5!}\right\} = 4 \quad (i = 2, 3, 4, 5),$$

d. h. die Aufteilung (24, 4, 4, 4, 4). Eine ähnliche Aufteilung wurde allerdings im Experiment nie gefunden. Der Verhandlungsbereich (siehe 11.11) teilt Spieler 1 eine Auszahlung zwischen 20 und 30, seinem Partner eine Auszahlung zwischen 10 und 20 zu. Da Aufteilungen der Form (25, 15, 0, 0, 0) in 6 von 12 Spielen vorkamen, so scheint doch der Verhandlungsbereich zur Voraussage recht gut geeignet zu sein. In diesem Bereich ist jedoch auch die Aufteilung (0, 10, 10, 10, 10) enthalten, und diese kam im Experiment selbst nicht vor.

11.16

Selten und *Schuster* führten bei ihrem Versuch ein genaues Protokoll über den Verlauf der Verhandlungen. Daraus ergeben sich aber wieder eine ganze Reihe von Kommentaren und verlockenden Spekulationen, worüber nur kurz berichtet werden soll. Im Spiel 12 brauchten die Spieler 23 Minuten, um sich auf die Aufteilung (0, 10, 10, 10, 10) zu einigen. Diese Zwischenkoalition dauerte vier Minuten und 30 Sekunden, bevor man sich auf (8, 8, 8, 8, 8) einigte: dieses Ergebnis blieb 10 Minuten stabil. Es ist nicht leicht, dieses Resultat mit Hilfe der Spieltheorie zu erklären. Wahrscheinlich hatte diese Gruppe von Spielern ein starkes Solidaritätsgefühl, oder es gelang Spieler 1, die anderen zu überzeugen, daß das einzig faire Aufteilungsprinzip folgendes sei: „Jedem gemäß seinem Bedarf —

und wir haben alle denselben Bedarf." Eine andere Erklärung ist auch, daß diese Spieler vielleicht mehr Zeit benötigt hätten, um das Spiel selbst zu verstehen. Spiel 8 begann mit der etwas eigenartigen Aufteilung (0, 17, 7,66, 7,66, 7,66), die nach 6 Minuten und 20 Sekunden erreicht wurde. Es folgte dann (20, 20, 0, 0, 0) nach 4 Minuten und 55 Sekunden und hierauf (25, 0, 5, 5, 5) nach 6 Minuten und 55 Sekunden. Diese letzte Aufteilung blieb für 10 Minuten stabil. Es ist schwierig zu erklären, wie dieses Ergebnis zustande kam, außer wenn wir annehmen, daß Spieler 3, 4 und 5 irgendwie Spieler 2 bestrafen wollten, und zwar wegen seines Verhaltens am Beginn des Spieles. Es ist jedoch nicht leicht, solche Voraussetzungen zu formulieren und sie in ein mathematisches Modell einzuführen. Spiel 5 verlief wie folgt:

(0, 10, 10, 10, 10) nach 10 Minuten und 30 Sekunden,
(25, 0, 0, 0, 15) nach 50 Sekunden,
(0, 8,66, 8,66, 8,66, 14) nach 3 Minuten und 55 Sekunden.

Die einzige Erklärung dieses Ergebnisses scheint zu sein, daß Spieler 2, 3 und 4 glaubten, daß Spieler 5 zu einer großen Auszahlung berechtigt sei, da er ja das Glück hatte, mit dem starken Spieler 1 am Beginn des Spieles eine Koalition einzugehen.

11.17

Das eben diskutierte Experiment zeigt deutlich, wie komplex die Realität ist. Es ist klar, daß trotz aller Verfeinerungen die Spieltheorie heute noch zu einfach ist, um eine zufriedenstellende Analyse von wirklichen ökonomischen Verhandlungssituationen zu ermöglichen.

Gäbe es *die* Lösung eines Spieles, so wäre das eine Wahrscheinlichkeitsverteilung über die Menge von möglichen Ausgängen eines Spieles. Eine Lösung dieser Art kann jedoch nicht durch bloße Beschreibung eines Spieles und seiner Regeln abgeleitet werden. Dazu ist weitere Information nötig, Information über die Beziehungen unter den Spielern, über das Netz von

Freundschaften und Feindschaften, das in jeder Gemeinschaft existiert. Dieses Netz zu beschreiben und die Stärke der verschiedenen Affinitäten zu messen, ist eine große Aufgabe, die aber gelöst werden muß, bevor wir jemals zu *der* Lösung kommen.

Bibliographie

[1] *Aumann, R.*, und *M. Maschler:* „The Bargaining Set for Cooperative Games", *Annals of Mathematics Studies*, Nr. 52, Princeton University Press, 1964, S. 443—476.

[2] *Gillies, D.:* „Solutions to General Non-zero-sum Games", *Annals of Mathematics Studies*, Nr. 40, Princeton University Press, 1959, S. 47—85.

[3] *Harsanyi, J.:* „A Bargaining Model for the Cooperative *n*-person Game", *Annals of Mathematics Studies*, Nr. 40, Princeton University Press, 1959, S. 325—355.

[4] *Harsanyi, J.:* „A Simplified Bargaining Model for the *n*-person Cooperative Game", *International Economic Review*, 1963, S. 194 bis 220.

[5] *Luce, R. D.*, und *H. Raiffa: Games and Decisions*, Wiley, 1957.

[6] *Maschler, M.:* „Playing an *n*-person Game—an Experiment", Research Memorandum Nr. 73, Econometric Research Program, Princeton University, 1965.

[7] *Nash, J.:* „The Bargaining Problem", *Econometrica*, 1950, S. 155—162.

[8] *Neumann, J. von*, und *O. Morgenstern: Theory of Games and Economic Behavior*, Princeton University Press, 1944.

[9] *Raiffa, H.:* „Arbitration Scheme for Generalized Two-person Games", *Annals of Mathematics Studies*, Nr. 28, Princeton University Press, 1953, S. 361—387.

[10] *Rapoport, A.*, und *C. Orwant:* „Experimental Games: A Review", *Behavioral Science*, 1962, S. 1—37.

[11] *Selten, R.*, und *K. Schuster:* „Psychological Variables and Coalition Forming Behavior", in *Risk and Uncertainty*, MacMillan & Co., 1967.

[12] *Shapley, L. S.:* „A Value for *n*-person Games", *Annals of Mathematics Studies*, Nr. 28, Princeton University Press, 1953, S. 307 bis 317.

12 Die Ziele eines Unternehmens

12.1

In diesem Kapitel wollen wir das Verhalten einer besonderen Art von Entscheidungsträgern betrachten, die gewöhnlicherweise *Unternehmen* genannt werden. In 8.10 untersuchten wir, wie ein allgemeines Modell unter der Annahme, daß es in der Wirtschaft zwei Arten von Entscheidungsträgern gibt, zu konstruieren sei:

1. Konsumenten, die ihren Nutzen maximieren wollen.
2. Produzenten oder Firmen, die ihre Gewinne zu maximieren trachten.

Das Problem einer Firma kann dann wie folgt formuliert werden: Gegeben sei

1. eine Produktionsfunktion

$$y = f(x_1, \ldots, x_n).$$

Diese Funktion bestimme den Output y, der durch Verwendung der Inputs (Produktionsfaktoren) $x_1, \ldots, x_n$ erzeugt wird.
2. Eine Menge von Preisen q und $p_1, \ldots, p_n$ des Outputs und der Inputs. Wenn eine Firma entscheidet, den Inputvektor $(x_1, x_2, \ldots, x_n)$ zu verwenden, dann wird ein Gewinn von

$$P = qf(x_1, \ldots, x_n) - \sum_{i=1}^{n} p_i x_i$$

realisiert. Die Aufgabe besteht dann darin, den Inputvektor zu finden, der P maximiert. Die Lösung dieses Problems ist der Vektor $(x_1, \ldots, x_n)$, der durch folgende Gleichungen bestimmt wird:

$$\frac{\partial f}{\partial x_i} = p_i \quad (i = 1, 2, \ldots, n).$$

Dieses Ergebnis findet man in den meisten Lehrbüchern der

Ökonomie, es wird auch oft als Theorem ausgedrückt: *Der Gewinn wird dann maximiert, wenn der Grenzumsatz gleich den Grenzkosten ist.*

12.2

Dieses kurz dargestellte Modell stellt natürlich eine enorme Vereinfachung der Realität dar, d. h. jenes Komplexes an Fragen, die ein Geschäftsmann tatsächlich zu beantworten hat. Davon sind die unrealistischsten Aspekte unseres Modells die folgenden:

1. Die Produktionsfunktion selbst ist eine Abstraktion. Sie existiert entweder gar nicht oder nur in der Form einer stochastischen Beziehung zwischen Input und Output (jeder Bauer und wahrscheinlich auch die meisten Ingenieure wissen aus bitterer Erfahrung, daß es nicht möglich ist, genaue Angaben über den Output eines Produktionsprozesses zu machen).
2. Selbst wenn es eine wohldefinierte Produktionsfunktion geben sollte, so muß sie der Firmenleitung noch nicht vollständig bekannt sein.
3. Es ist nicht sicher, daß Preise existieren und unabhängig von den Quantitäten sind, die die Firma selbst kauft oder verkauft. Wenn es solche Preise gibt, dann müssen sie der Firma nicht bekannt sein, außer vielleicht im Sinne von stochastischen Variablen.

Diese Probleme sind praktisch jedem Ökonomen bekannt, der sich ernsthaft mit der Sache beschäftigt hat. Wenige Ökonomen haben jedoch bisher wirklich versucht, dieses naive Modell zu verallgemeinern und eine realistischere Beschreibung der Lage zu geben, in der eine Firma ihre Entscheidungen trifft. Anstatt einen theoretischen Rahmen zu finden, der auf realistischeren Voraussetzungen über die *Umwelt* der Firma basiert, haben es die meisten Ökonomen vorgezogen, die Annahme des Profitmaximierungsstrebens von Unternehmen zu kritisieren. Es gab beinahe einen Wettlauf unter den Ökonomen, andere Motive als das Gewinnmaximierungsprinzip vorzuschlagen, die angeblich die Entscheidungen eines Unternehmens leiten sollen.

12.3

Diese Entwicklung ist überraschend, scheint doch die Annahme, daß jeder Geschäftsmann den höchstmöglichen Gewinn machen will, dem Hausverstand zu entsprechen; man ist sogar versucht, dies als Definition anzunehmen und zu behaupten, daß eine Person, die andere Ziele im Auge hätte, kein wirklicher Geschäftsmann sei. Es scheint unmittelbar einleuchtend, daß ein Geschäftsmann, der die Möglichkeit hat, eine von zwei Handlungsalternativen auszuwählen, die zu identischen Ergebnissen führen, außer daß eine einen höheren Profit abwirft als die andere, die profitablere wählen wird. Die klassische Theorie akzeptierte diesen Grundsatz beinahe fraglos als durchaus natürlich.
Wir müssen allerdings zugeben, daß die Entscheidungen, die ein Geschäftsmann zu treffen hat, kaum jemals so einfach und klar umrissen sind, daß sie nur daraus bestünden, aus einigen wohldefinierten Handlungsalternativen die profitabelste auszuwählen. Das bedeutet aber, daß wir eher die *Umwelt*, in der Entscheidungen getroffen werden, als die dahinterstehenden Ziele untersuchen sollten. Diese Umwelt besteht normalerweise aus anderen Entscheidungsträgern, und deren Entscheidungen schaffen erst jene Situation, in der dann ein Unternehmer *seine* Entscheidungen zu treffen hat. Das führt unausweichlich zu einer spieltheoretischen Situation; wenn gemischte Strategien angewendet werden, wird es dabei auch Unsicherheit über den Ausgang eines Spieles geben.

12.4

Ökonomen, die die Bedeutung des Gewinnmaximierungsprinzips bei Unternehmerentscheidungen bestreiten, haben natürlich ihre Gründe dafür. Die häufigstzitierten sind vielleicht die folgenden:

1. Wenn tatsächlich von den Unternehmungen getroffene Entscheidungen analysiert werden, so kann sich herausstellen, daß es andere Möglichkeiten gegeben hätte, die zu einem höheren Gewinn geführt hätten. Aus diesen Beobachtungen könnten wir einfach schließen, daß die Firma eine „falsche" Entscheidung getroffen hat. Noch besser könnten wir einfach eine Theorie konstruieren, nach der *ex ante*-Entscheidungen nicht das erwartete Ergebnis liefern, wenn sie *ex post* analysiert werden. Der leichteste und anscheinend am meisten beschrittene Ausweg aus dem Dilemma ist die Annahme, daß die Unternehmung gar nicht versucht habe, ihren Gewinn zu maximieren. Dieser Weg wird vielen Managern deshalb als der gangbarste scheinen, weil der Verdacht von Fehlern oder persönlicher Unfähigkeit erst gar nicht auftaucht.
2. Wenn Geschäftsleute von Wirtschaftsforschern interviewt werden, wird normalerweise die Aussage gemacht, daß es eine ganze Zahl von Elementen außer den Gewinnen gibt, die bei Entscheidungen beachtet werden müssen. Allerdings werden diese Elemente oft nicht genau spezifiziert. Solche Aussagen werden oft nur aus dem Grund gemacht, weil viele Geschäftsleute glauben, daß das Streben nach Gewinnen allein etwas Unethisches sei. Wahrscheinlich ist diese moralische Erwägung jedoch nicht ausschlaggebend. Um fair zu sein, sollten wir doch annehmen, daß Geschäftsleute bei ihren Erklärungen über ihre Ziele gegenüber Wirtschaftsforschern es wohl ernst meinen, aber Schwierigkeiten haben, sich genau auszudrücken.

12.5

Um diese Entscheidungselemente noch etwas genauer in den Griff zu bekommen, wollen wir das Beispiel eines Bauern betrachten, der während des letzten Jahres eine Reihe verschiedener Agrarprodukte auf seinem Land angebaut hat. Dieser Bauer zeigt nun während der Weihnachtsferien seinem Sohn, der an einer Handelshochschule studiert, seine Bilanzen. Nach eingehendem Studium wird der Sohn als Experte und Erbe vielleicht ausrufen: „Vater, du hättest viel mehr Geld verdienen können, wenn du *nur* Kartoffeln gebaut hättest!" Darauf wird der Bauer vielleicht einige hier nicht wiederzugebende Antworten geben. Er kann aber auch folgende Argumente anführen:

1. „Ich sehe so gern Weizenfelder rund um das Haus." Das impliziert, daß der Bauer bei seiner Entscheidung einige *nichtmonetäre* Elemente berücksichtigt hat.
2. „Ich wußte nicht, daß Kartoffeln heuer so gut gehen würden." Das heißt aber, daß Elemente der *Unsicherheit* berücksichtigt wurden, die der Bauer glaubte beachten zu müssen. Er wollte sozusagen nicht nur auf ein Pferd setzen.
3. „Unser Boden wäre bald erschöpft, lieber Sohn, wenn ich keinen Fruchtwechsel durchführte." Das bedeutet, daß der Bauer ein *Zeitelement* berücksichtigt hatte.

Der Sohn mag sich vielleicht daran erinnern, daß die Lehrbücher oft auch nicht vollkommen klare Antworten gaben, wenn es um kurzfristige oder langfristige Gewinne ging. Vielleicht wird er dann etwas unsicher, was sein Vater denn eigentlich maximieren sollte.

Jede dieser Antworten bedeutet aber eine Klasse von Zielen, die hinter den Entscheidungen stehen, und zwar nicht nur in der Landwirtschaft, sondern in jeder wirtschaftlichen Tätigkeit. Wir wollen auf diese Klassen hier etwas näher eingehen und zeigen, daß die meisten Ziele von Unternehmungen, die in der ökonomischen Literatur diskutiert wurden, unter eine dieser drei Klassen subsumiert werden können.

12.6

Nichtmonetäre Entscheidungsgründe spielen gewiß eine Rolle im Geschäftsleben, aber sie sind wahrscheinlich nicht so wichtig, wie manche Autoren glauben. Wenn eine Firma zum Beispiel behauptet, daß eines ihrer wichtigsten Ziele sei, sich einen guten Ruf in der Öffentlichkeit zu erwerben, so mag dies wohl ein echtes nichtmonetäres Ziel sein. Den Manager einer Firma mag dieser gute Ruf sehr freuen, weil er dadurch zum Beispiel ein respektiertes und populäres Mitglied einer Gemeinschaft wird. Ein Zyniker wird aber polemisieren und meinen, daß ein guter Manager wohl kaum Gewinne aufgibt, um einen guten Ruf einer Firma aufzubauen, außer wenn der gute Ruf später in Gewinne verwandelt werden kann. Wenn der Zyniker recht hat, so heißt das aber, daß dieses nichtmonetäre Ziel schließlich doch zu einem höheren Gewinn führt, wenn man ein Zeitelement in dieses Modell einführt.

In großen Unternehmungen werden Entscheidungen oft von Angestellten getroffen, deren Entlohnung praktisch unabhängig von den Gewinnen der Firma ist. Das mag nun diesen Angestellten ein Motiv geben, Entscheidungen zu treffen, die ein Außenstehender nur als Verfolgung eines nichtmonetären Zieles im Namen des Unternehmens interpretieren kann. Die dabei auftretenden Probleme wollen wir im nächsten Kapitel besprechen.

Das Element der *Unsicherheit*, das relativ genau in früheren Kapiteln diskutiert wurde, kann nun in die Theorie der Unternehmung eingeführt werden.

Das Zeitelement ist augenscheinlich sehr wichtig. Das sollte auch aus der nur kurzen Diskussion in den vorhergehenden Paragraphen klargeworden sein. Wir wollen in Kapitel 13 darauf noch genauer eingehen.

12.7

An diesem Punkt wäre es vielleicht angebracht, einige der Alternativen zu besprechen, die in der Literatur anstelle des Gewinnmaximierungsprinzips treten. *Baumol* ([1], S. 192) untersucht die zwei folgenden Zielsetzungen, die auch von anderen Autoren vielfach behandelt wurden:

1. Die Firma versucht, ihren *Umsatz* zu *maximieren* unter der Nebenbedingung, daß die Gewinne über einem akzeptablen

Minimum liegen. In der Schreibweise von 12.1 bedeutet das, daß die Firma das

$$\max\{qf(x_1, \ldots, x_n)\}$$

sucht unter der Nebenbedingung

$$qf(x_1, \ldots, x_n) - \sum_{i=1}^{n} p_i x_i \geq M,$$

wobei M das akzeptable Minimum bedeutet. Das könnte man als nichtmonetäres Ziel dann bezeichnen, wenn der Manager einen großen Umsatz anstrebt, um sich wichtig zu machen. Ein hoher Umsatz bedeutet aber auch, daß die Firma eine starke Marktposition besitzt, und das wird sich in der Zukunft in Form von höheren Gewinnen auswirken. Das wirkliche Ziel dieses Unternehmens kann daher sehr wohl Gewinnmaximierung, wenn auch auf lange Sicht, sein.

2. Die Firma trachtet, die *Stückkosten* zu *minimieren*. Gesucht ist demnach:

$$\min\left\{\frac{p_1 x_1 + \ldots + p_n x_n}{f(x_1, \ldots, x_n)}\right\}.$$

Das mag ein nichtmonetäres Ziel von Ingenieuren sein, die technische Perfektion um ihrer selbst willen anstreben. Niedere Stückkosten bedeuten aber, daß das Unternehmen in einer starken Position ist, wenn der Preis ihres Produkts fallen sollte. Auch dieses Ziel kann daher im Dienste der Profitmaximierung stehen, wenn die Unsicherheit berücksichtigt wird.

12.8

Wir wollen hier gar nicht versuchen, alle verschiedenen Ziele eines Unternehmens, die von verschiedenen Autoren vorgeschlagen wurden, zu diskutieren. Es ist aber vielleicht nützlich, ein paar Worte über Liquiditätserwägungen zu sagen, da diese in der Literatur eine wichtige Rolle spielen und außerdem gut in den Rahmen dieses Buches passen. Die folgende Behauptung von *Dean* ([3], S. 32) ist charakteristisch: Als Folge von Bilanzüberlegungen wählen Manager manchmal eine weniger gewinnbringende, aber die Liquidität erhöhende Alternative, wenn die Steigerung des Gewinns mit einer Verringerung der Liquidität einhergeht. Um das etwas näher zu erläutern, wollen wir zwei solcher Alternativen betrachten:

1. Investiere alle deine Mittel in ein Projekt, das erwartungsgemäß irgendwann im nächsten Jahr 100.000 Dollar bringen soll.
2. Halte eine Liquiditätsreserve von 30.000 Dollar und investiere den Rest deiner Mittel in ein Projekt, das im nächsten Jahr 50.000 Dollar einbringen soll.

Deans Behauptung besagt, daß er einige Male beobachtet hat, wie in solchen Situationen oft Entscheidung 2 bevorzugt wird. Die meisten von uns haben wahrscheinlich ähnliche Beobachtungen gemacht, ohne überrascht zu sein. Es ist schwierig, solche Entscheidungen zu erklären, ohne anzunehmen, daß diese Situation einige Unsicherheitselemente enthält. Wenn eine Firma Bargeldreserven hält, die für keinen bestimmten Zweck gebraucht werden, so müssen wir eben annehmen, daß diese Mittel für noch unspezifizierte Projekte gebraucht werden oder der Nutzung plötzlich auftretender günstiger Chancen dienen sollen. So kann man vielleicht doch sagen, daß Liquiditätsüberlegungen nur als Teil eines umfassenden Gewinnmaximierungszieles angesehen werden können, wobei wir auch Zeit und Unsicherheit berücksichtigen. Genauso gut wäre es aber auch möglich, daß eine hübsche Summe Bargeld ein angenehmes Gefühl der Sicherheit verleiht, das nicht rational begründet werden kann. Der Wunsch nach Liquidität wird dann — so paradox dies klingen mag — beinahe zu einem „nichtmonetären“ Element.

12.9

Die Beispiele, die in den beiden vorangegangenen Absätzen diskutiert wurden, können auch als „Daumenregeln“ interpretiert werden. Das Gesamtziel eines Unternehmens kann sehr komplex sein. Es ist vielleicht schwer und der Mühe gar nicht wert, dieses Ziel den jungen Managern oder einem Wirtschaftsforscher genau auseinanderzusetzen. Wir sollten uns auch darüber klar sein, daß es für eine Firma vorteilhaft sein kann, ihre wirklichen Ziele geheimzuhalten. Wenn wir nämlich alles über die Ziele eines Unternehmens wissen, das etwas von uns kaufen will, dann wissen wir wahrscheinlich auch gleich, wieviel die Firma zu zahlen bereit ist. Wir können dann auf diesem Betrag bestehen, ungeachtet der niedrigeren Offerte dieses Unternehmens. Besonders wichtig scheint dieses Moment bei Verhandlungen über Versicherungsverträge zu sein. Dieses Problem wurde in einer anderen Arbeit [2] besprochen, in der auch einige Beispiele angeführt werden.

Für praktische Zwecke wird es meist genügen, den jüngeren Angestellten einfache und klare Instruktionen zu erteilen. Wenn sie zum Beispiel angewiesen werden, den Umsatz zu maximieren, unter gewissen Budgetrestriktionen, so haben sie eine wohldefinierte und interessante Aufgabe vor sich. Wenn diese erfolgreich durchgeführt wird, so dient dies auch dem Gesamtziel einer Unternehmung, das den jüngeren Angestellten unter Umständen gar nicht genau bekannt ist. Keines dieser angeführten Ziele hat jedoch allgemeine Gültigkeit.

Es ist möglich, daß ein Kleinbetrieb

Situation 1: Umsatz: $ 110.000.–
Gewinn: $ 19.000.–

der

Situation 2: Umsatz: $ 100.000.–
Gewinn: $ 20.000.–

vorzieht. Wir erwarten jedoch, daß er

Situation 3: Umsatz: $ 99.000.–
Gewinn: $ 50.000.–

den ersten beiden Situationen vorzieht. Der Annahme, daß ein Unternehmen versucht, seinen Umsatz zu maximieren, liegt wahrscheinlich die stillschweigende Annahme zugrunde, daß eine der Situation 3 ähnliche Lage kaum einmal praktisch auftritt.

12.10

Wir kehren jetzt zu dem Modell von 12.1 zurück und führen zusätzlich Unsicherheit ein. Der Einfachheit halber setzen wir voraus, daß die Unsicherheit nur über den Preis des Produktes besteht, d. h. wir nehmen an, daß q eine stochastische Variable mit der Verteilung $G(q)$ sei. Weiters wollen wir annehmen, daß eine Dichtefunktion $g(q) = G'(q)$ existiert. Diese Annahmen implizieren, daß der Gewinn

$$P = qf(x_1, \ldots, x_2) - \sum_{i=1}^{n} p_i x_i = qf(x) - p'(x)$$

auch eine stochastische Variable ist. Es ist dann sinnlos, über Profitmaximierung zu sprechen; das ist der wahre Grund, warum das Gewinnmaximierungsprinzip als Ziel eines Unternehmens abgelehnt werden muß. Bei Einführung von Unsicherheit ist dieser Begriff einfach nicht zu verwenden. Jedem Inputvektor $x = (x_1, \ldots, x_n)$, den eine Firma in einer solchen Situation auswählt, entspricht eine *Wahrscheinlichkeitsverteilung des Gewinnes*. Das Ziel der Firma muß es dann sein, jenen Inputvektor zu finden, aus dem die beste erreichbare Verteilung resultiert. Um dieses Problem zu lösen, muß die Firma, wie wir in Kapitel 3 gesehen haben, eine Präferenzordnung über die Menge von erreichbaren Verteilungen haben. Wenn diese Präferenzordnung konsistent ist, kann sie durch eine Nutzenfunktion $u(P)$ dargestellt werden. Die Aufgabe der Firma reduziert sich dann auf die Bestimmung jenes Inputvektors, der

$$U = \int_{\infty}^{0} u[qf(x) - p'x]g(q)\,dq$$

maximiert. Die notwendigen Bedingungen für ein Maximum sind daher

$$\frac{\partial U}{\partial x_i} = \int_{0}^{\infty} u'[qf(x) - p'x] \left\{ q \frac{\partial f}{\partial x_i} - p_i \right\} g(q)\,dq = 0$$

$(i = 1, 2, \ldots, n)$.

Für einigermaßen „normale" Nutzenfunktionen haben diese Gleichungen als Lösung einen Vektor $\hat{x} = \{\hat{x}_1, \ldots, \hat{x}_n\}$ und es existiert ein Preis $\hat{q}$, so daß

$$\hat{q}\left[\frac{\partial f}{\partial x_i}\right]_{x=\hat{x}} = p_i.$$

Das bedeutet aber, daß die Firma sich so verhalten wird, als ob der Preis des Produktes mit Sicherheit $\hat{q}$ sei; der Preis $\hat{q}$ dient somit als „Sicherheitsäquivalent", das die Entscheidung der Firma bestimmt.

12.11

Allgemein wird dieser Preis $\hat{q}$ von jenem Preis verschieden sein, den das Unternehmen tatsächlich für sein Produkt erhält. Das mag, wie schon in 12.4 erwähnt wurde, einen Beobachter zu dem Schluß verführen, daß das Ziel der Firma nicht Gewinnmaximierung sei, was in ganz trivialer Weise stimmt, da ja der Begriff der Gewinnmaximierung sinnlos wird, wenn Unsicherheit in das Modell eingeführt wird. In der ökonomischen Theorie wurde die Unsicherheit oft dadurch versteckt und ausgeschaltet, daß man stochastische Variable durch ihre Erwartungswerte ersetzte; in unserem Beispiel würde man demnach annehmen, daß die Firma so handelt, als ob der Preis mit Sicherheit

$$\bar{q} = \int_0^\infty q g(q)\, dq$$

sei. Wenn die Nutzenfunktion konkav ist, dann erhalten wir

$$\bar{q} > \hat{q}.$$

Auch das mag zu dem voreiligen Schluß führen, daß die Firma eine „falsche" Entscheidung getroffen hat oder nicht trachtet, ihre Gewinne zu maximieren. Das führt wieder zur Konstruktion von Hypothesen, welche relativen Gewichte die Firma anderen möglichen Zielen beimißt; diese Hypothesen werden dann mit Beobachtungen aus dem Geschäftsleben verglichen. Eine solche Forschung kann zu Hypothesen führen, die den Daten ziemlich gut entsprechen und daher für die Praxis sehr fruchtbar sein können.

Dieser Ansatz führt zu einer langen Liste von mehr oder weniger korrelierten Zielen, die in ihrer Gesamtheit die Entscheidungen der Firma beeinflussen; das ergibt eine sehr komplizierte und daher nicht sehr attraktive Theorie. Eine viel einfachere und zufriedenstellendere Theorie kommt zustande, wenn wir annehmen, sozusagen als erste Annäherung, die einzige Triebfeder eines Unternehmens seien die Gewinne und die Unternehmen trachteten, die bestmögliche Wahrscheinlichkeitsverteilung der Gewinne zu realisieren.

12.12

Das in den beiden letzten Absätzen gebrachte Beispiel ist in vieler Hinsicht künstlich. Es wäre daher vielleicht angebracht, ein Beispiel anzugeben, das der Wirklichkeit näher kommt.

Eine Versicherungsgesellschaft verfüge über ein Ausgangskapital S. Weiters nehmen wir an, daß die Gesellschaft einen Betrag P als Prämie erhält, wenn sie ein Portefeuille von Versicherungsverträgen abschließt. Weiters soll die Gesellschaft einen Betrag x zu zahlen haben, um ihre vertraglichen Verpflichtungen aus dem Portefeuille zu bereinigen. x sei eine stochastische Variable mit der Verteilung $F(x)$. Diese Transaktion erbringt der Gesellschaft den erwarteten Nutzen:

$$U(1) = \int_0^\infty u(S+P-x)\,dF(x),$$

wobei $u(x)$ die Nutzenfunktion ist, die die Risikofreudigkeit des Unternehmens repräsentiert. Wenn die Gesellschaft zu dieser Transaktion nicht gezwungen wird, so muß folgendes gelten:

$$u(S) < \int_0^\infty u(S+P-x)\,dF(x);$$

d. h. die Transaktion muß der Gesellschaft einen Nutzenzuwachs bringen.

Zusätzlich wollen wir annehmen, daß die Gesellschaft einen Anteil $1-k$ des Portefeuilles *rückversichern* kann, und zwar zu den „ursprünglichen Bedingungen“. Das bedeutet aber, daß die Gesellschaft einen Betrag $(1-k)P$ an den Rückversicherer zu leisten hat, der sich verpflichtet, einen Betrag $(1-k)x$ zu zahlen, wenn die Gesamtansprüche x sind. Dieses Arrangement bedeutet, daß die Gesellschaft einen Anteil k des Portefeuilles, das sie unterschrieben hat, *zurückbehält*. Der Rückversicherungsvertrag gibt der Gesellschaft folgenden erwarteten Nutzen:

$$U(k)=\int_0^\infty u(S+kP-kx)\,dF(x).$$

Das Entscheidungsproblem der Gesellschaft ist dann, den Wert von k zu bestimmen, der $U(k)$ maximiert, unter der Bedingung $0\leq k\leq 1$.

In diesem Modell kann die Gesellschaft augenscheinlich kein anderes Ziel haben, als den erwarteten Nutzen zu maximieren. Das Modell ist wohl extrem einfach, charakterisiert jedoch treffend Situationen, die sich auch in der Realität ergeben können. Es gibt zum Beispiel Versicherungsgesellschaften, deren Kunden geschlossene Gruppen sind, die neue Verträge nur am Beginn jedes Kalenderjahres abschließen, die dann nur ein Jahr laufen. Wenn eine Gesellschaft dieser Art die Bücher am 2. Jänner schließt, so ist ihr einziges Ziel, ein bestmögliches Rückversicherungsarrangement zu finden. Profitmaximierung ist für diese Gesellschaft bedeutungslos.

Das Ziel dieser Gesellschaft mag vielleicht sein, die *erwarteten* Gewinne zu maximieren. Das heißt, daß die Nutzenfunktion dieses Unternehmens linear ist. Es ist leicht einzusehen, daß in diesem Fall die Gesellschaft überhaupt nicht rückversichert, so daß die Lösung $k=1$ lautet, vorausgesetzt allerdings, daß

$$P>\int_0^\infty x\,dF(x);$$

d. h. daß das Portefeuille für die Gesellschaft finanziell günstig war. Die Tatsache, daß Versicherungsgesellschaften sich gewöhnlich rückversichern, beweist, daß es nicht ihr Ziel sein kann, die erwarteten Gewinne zu maximieren.

12.13

Als zweites Beispiel wollen wir eine Firma mit folgender Produktionsfunktion betrachten:

$$y = (x_1 x_2)^{1/2}.$$

Die Preise sollen q, p_1, p_2 sein. Wenn die Firma den Inputvektor (x_1, x_2) verwendet, so wird ihr Gewinn

$$P_1 = q(x, x_2)^{1/2} - p_1 x_1 - p_2 x_2 = qy - p_1 x_1 - p_2 x_2$$

sein. Der Einfachheit halber wollen wir annehmen, daß die Nachfrage y gegeben und konstant sei, so daß es die Aufgabe der Firma ist, jenen Inputvektor zu bestimmen, der die Produktion von y zu möglichst niederen Kosten gestattet. Man sieht sofort, daß die Kosten minimiert werden, wenn

$$x_1 = y\left(\frac{p_2}{p_1}\right)^{1/2} \quad \text{und} \quad x_2 = y\left(\frac{p_1}{p_2}\right)^{1/2}$$

und daher der Maximalgewinn

$$P_1' = y\{q - 2(p_1 p_2)^{1/2}\}$$

ist. Wir wollen nun den ersten Input als Arbeit und den zweiten als Kapital interpretieren und annehmen, daß die Firma Bestellungen erwartet, um den Output y in t aufeinanderfolgenden Perioden zu produzieren. Weiters wollen wir voraussetzen, daß die Kapitalausstattung nach t Perioden wertlos ist, da dann keine Nachfrage nach diesem Produkt mehr gegeben ist, das mit diesen Maschinen produziert wird. Wenn der Inputvektor (x_1, x_2) verwendet wird, so beträgt der Gesamtgewinn in t Perioden

$$P_t = tq(x_1 x_2)^{1/2} - tp_1 x_1 - p_2 x_2 = tqy - tp_1 x_1 - p_2 x_2,$$

wobei $x_1 \cdot x_2 = y^2 =$ konstant. Daraus ergibt sich der maximale Gewinn

$$P_t' = y\{tq - 2(tp_1 p_2)^{1/2}\},$$

den man erhält, wenn

$$x_1 = y\left(\frac{p_2}{tp_1}\right)^{1/2}$$

und

$$x_2 = y\left(\frac{tp_1}{p_2}\right)^{1/2}.$$

Man sieht, daß eine Vergrößerung von t zu einem Fallen von x_1 führt und zu einem Ansteigen von x_2, d. h. daß kapitalintensivere Produktionsmethoden angewendet werden.

12.14

Um uns nun mit der Unsicherheit auseinandersetzen zu können, wollen wir annehmen, daß das Unternehmen nicht wisse, wie lange die Nachfrage nach ihrem Produkt y anhalten wird. $f(t)$ soll die Wahrscheinlichkeit dafür sein, daß die Nachfrage genau t Perioden anhält. Weiters wird vorausgesetzt

$$\sum_{t=0}^{\infty} f(t) = 1.$$

Der Inputvektor (x_1, x_2) ergibt einen erwarteten Gewinn von

$$\bar{P} = \sum_{t=1}^{\infty} P_t f(t) = qy\sum_{t=1}^{\infty} tf(t) - p_1 x_1 \sum_{t=1}^{\infty} tf(t) - p_2 x_2$$

oder

$$\bar{P} = \bar{t}qy - \bar{t}p_1 x_1 - p_2 x_2,$$

wobei

$$\bar{t} = \sum_{t=1}^{\infty} tf(t)$$

die erwartete Dauer der Nachfrage darstellt. Wenn man diesen Ausdruck mit den Ergebnissen von 12.13 vergleicht, erkennt man, daß das Unternehmen den erwarteten Gewinn maximiert, wenn es sicher annimmt, daß die Nachfrage $\bar{t}$ Perioden anhalten wird und dann das Gewinnmaximierungsprinzip anwendet. Diese Unternehmenspolitik kann zu schweren Verlusten führen, wenn $\bar{t}$ groß ist: Wenn nämlich die Nachfrage nur für kurze Zeit anhalten sollte, dann bleibt nämlich der Firma eine große Zahl von wertvollen Maschinen liegen. Wenn diese Möglichkeit eine Firma stört, dann nennt man sie „risikoscheu". Die betreffende Unternehmung hat also

$$\max_{x_1 x_2 = y^2} \left\{ \sum_{t=1}^{\infty} u(tqy - tp_1x_1 - p_2x_2) f(t) \right\}$$

zu bestimmen, wobei die Nutzenfunktion in diesem Falle konkav sein wird. Wenn sich die Firma gemäß der Lösung dieses Problems verhält, dann kann ein außenstehender Beobachter schließen, daß die Firma vielleicht zu pessimistisch über die Dauer der Nachfrage nach ihrem Produkt denkt. Er könnte aber genauso schließen, daß das Unternehmen ineffizient vorgeht, da es das Risiko einer höheren Kapitalinvestition nicht auf sich genommen hat.

12.15

Das einfache Modell, das wir eben diskutierten, kann verallgemeinert werden. Ein Weg dazu wäre anzunehmen, daß die Nachfrage in der Periode t, y_t $(t = 1, 2, \ldots)$ ein bekannter stochastischer Prozeß ist. Wir können dann annehmen, daß die Firma eine bestimmte Kapitalmenge x_2 zu wählen hat, die innerhalb der nächsten n Perioden nicht ausgetauscht werden kann. Wenn man dieses Modell genau ausarbeitet, stößt man auf einige sehr interessante mathematische Probleme. Da jedoch das Modell selbst nicht sehr befriedigend ist, wollen wir es hier nicht näher behandeln. In diesem allgemeinen Modell scheint es nicht angebracht anzunehmen, daß sich die Firma nur an der Wahrscheinlichkeitsverteilung der Gesamtgewinne orientieren sollte, die vor der Veralterung der Maschinen zu erwarten sind. Wenn dieses Kapital möglicherweise längere Zeit verwendet wird, dann ist auch von Bedeutung, ob der Gewinn am Anfang oder gegen Ende der Lebensdauer realisiert wird. Das deutet an, daß wir ein *Zeitelement* in unsere Modelle einführen müssen, wenn Probleme der Realität gelöst werden sollen. Im allgemeinen wird angenommen, daß eine frühere Zahlung einer späteren vorgezogen und daher eine spätere Zahlung mit einem bestimmten festen Satz r diskontiert wird. Der Diskontfaktor v wird folgend definiert:

$$v = \frac{1}{1+r} \leq 1;$$

der Barwert eines Betrages x, der nach t Perioden zu zahlen ist, ist dann $v^t \cdot x$. Sei x_t der Betrag, der nach t Perioden aus einer Folge von Zahlungen $x_1, \ldots, x_t, \ldots, x_n$ zu leisten ist. Der Barwert dieser Folge ist dann

$$\sum_{t=1}^{n} v^t x_t.$$

Wenn alle Zahlungen gleich sind, d. h. $x_t = x$ für alle t, dann reduziert sich die Summe auf

$$\sum_{t=1}^{n} v^t x = v \frac{1-v^n}{1-v} x.$$

Wenn wir die Formeln aus 12.14 anwenden, dann erhalten wir den Inputvektor (x_1, x_2), der dem Unternehmen einen erwarteten diskontierten Gewinn von

$$\bar{P}_v = qy \sum_{t=1}^{\infty} \frac{v}{1-v} (1-v^t) f(t) - \\ - p_1 x_1 \sum_{t=1}^{\infty} \frac{v}{1-v} (1-v^t) f(t) - p_2 x_2$$

oder

$$\bar{P}_v = \bar{t}_v qy - \bar{t}_v p_1 x_1 - p_2 x_2$$

garantiert, wobei

$$\bar{t}_v = \frac{v}{1-v}\left\{1 - \sum_{t=1}^{\infty} v^t f(t)\right\}.$$

Ein vernünftiges Ziel einer Firma stellt dann die Maximierung von $\bar{P}_v$ mit einer geeigneten Diskontrate dar. Es ist leicht zu zeigen, daß $\bar{t}_v \leq \bar{t}$ und daß die Diskontierung zu einem weniger kapitalintensiven Produktionsprozeß führt.

12.16

Wir wollen uns nun dem allgemeinen Problem der Auswahl der besten von zwei Zahlungsmöglichkeiten zuwenden, und zwar $x = \{x_1, x_2, \ldots, x_t, \ldots\}$ und $y = \{y_1, y_2, \ldots, y_t, \ldots\}$. Formal stellt das ein Entscheidungsproblem bei Sicherheit dar, wie wir es schon im Kapitel 2 diskutiert haben. Um dieses Problem zu lösen, brauchen wir eine Präferenzordnung über die Menge aller solcher Sequenzen. Wenn diese Ordnung durch eine Nutzenfunktion $u(x)$ dargestellt werden kann, so heißt unsere Entscheidungsregel: Wähle x, dann und nur dann, wenn $u(x) > u(y)$. Wenn wir nur endliche Sequenzen mit zum Beispiel n Termen betrachten, so ist die Nutzenfunktion eine ganz gewöhnliche Funktion von n Variablen, d. h. $u(x) = u(x_1, \ldots, x_n)$. Dann ist aber die Analyse dieses Problems mit den Methoden der klassischen ökonomischen Theorie möglich, indem man nämlich einfach die Zahlungen zu verschiedenen Zeiten als verschiedene Güter interpretiert. Es mag sich jedoch herausstellen, daß diese Formulierung nicht allgemein anwendbar ist; die einzigen Nutzenfunktionen, die bisher praktisch angewendet wurden, sind nämlich von der Form

$$u(x_1, \ldots, x_n) = \sum_{t=1}^{\infty} v^t x_t.$$

Diese Funktionen implizieren eine Diskontierung mit einem konstanten Satz; es scheint jedoch eher wünschenswert, Zeitpräferenzen in allgemeinerer Art zu untersuchen. Zur Illustration wollen wir die zwei folgenden Sequenzen von Zahlungen studieren:

(1) $\{3, 4, 1, 3, 2, 2, 3\}$,
(2) $\{1, 1, 1, 2, 2, 2, 3\}$.

Bei jeder Art der Diskontierung erscheint (1) als die bessere der beiden Sequenzen. Das entspricht dann einer einwandfrei vernünftigen Präferenzordnung, wenn die Sequenzen als Erträge zweier Investitionen interpretiert werden, die uns zum selben Preis angeboten werden. Wenn wir sie jedoch als Gewinne eines Unternehmens in aufeinanderfolgenden Perioden interpretieren, ist es denkbar, daß das Management jene Entscheidung vorzieht, die zur Sequenz (2) führt, denn (2) ist eher geeignet, den Eindruck verantwortlicher Führung und gleichmäßigen Wachstums zu vermitteln. Wenn die beiden Sequenzen als Volkseinkommen für Konsumzwecke interpretiert werden, das sich aus verschiedenen Entwicklungsplänen ergibt, so ist es durchaus möglich, daß (2) aus politischen Gründen vorgezogen wird. Diese Überlegungen deuten an, daß Präferenzordnungen über Zahlungssequenzen in manchen Zusammenhängen ein Element enthalten sollten, das wir vielleicht den „Wunsch nach Stabilität" nennen könnten. Wenn sich Präferenzordnungen nur nach dem Ergebnis einer Diskontierung richten, so entgeht uns dieses Element. Man sollte vielleicht auch erwähnen, daß es in manchen Fällen wünschenswert wäre, den Wunsch nach „Abwechslung" in eine Präferenzordnung einzubauen. Während eines Besuches in Paris fanden *Wold* und einige seiner schwedischen Freunde, daß französische Weine viel interessanter seien als die gute billige Milch, die man überall in Schweden kaufen kann. Sie waren sich aber auch darüber einig, daß sie sich (wenn auch widerstrebend) für die Milch entscheiden würden, wenn sie vor die Wahl gestellt würden, den Rest ihres Lebens entweder Wein oder Milch zu trinken [7].

12.17

Im letzten Abschnitt nahmen wir an, daß die von uns untersuchten Sequenzen endlich seien. Wir wollen diese Annahme jetzt fallenlassen und Präferenzordnungen über Mengen von unendlichen Sequenzen studieren. Festverzinsliche Wertpapiere, wie die englischen „Consols“ und die französischen „Rentes perpetuelles“, bieten eine unendliche Reihe von Zinszahlungen; ein Investor muß daher Regeln für den Vergleich von solchen festverzinslichen Wertpapieren mit anderen haben, die nach einer endlichen Zahl von Jahren fällig sind. *Koopmans* [5, 6] untersuchte Präferenzordnungen über unendliche Sequenzen der Form

$$x = \{x_1, x_2, \ldots, x_t, \ldots\}.$$

Er zeigte, daß diese durch Nutzenfunktionen dargestellt werden können, die allgemeiner sind als die klassische Diskontierungsfunktion, d. h. als

$$u(x) = \sum_{t=1}^{\infty} v^t x_t.$$

Eine Diskussion über die Natur dieser Nutzenfunktionen würde allerdings ziemlich fortgeschrittener mathematischer Methoden bedürfen, ohne eine endgültige Lösung der uns hier interessierenden Probleme zu liefern. Wir wollen daher nur kurz andeuten, wie die Unsicherheit in diese Modelle eingeführt werden kann.

12.18

Eine Sequenz der Art, wie wir sie betrachtet haben, $x = \{x_1, x_2, \ldots, x_t, \ldots\}$, wobei $x_1, \ldots, x_t, \ldots$ stochastische Variable sind, nennt man einen diskreten „stochastischen Prozeß“. Wenn x_t und x_s stochastisch unabhängig sind für alle $s \neq t$, dann ist der Prozeß leicht zu berechnen und kann durch Angabe der Wahrscheinlichkeitsverteilungen der x_t für alle t vollständig beschrieben werden. Wenn x_t und x_s stochastisch abhängig sind, dann muß eine Beschreibung dieses Prozesses die Art dieser Abhängigkeit spezifizieren. Allgemeine stochastische Prozesse sind schwer in den Griff zu bekommen. Zufriedenstellende

Theorien sind auch nur für besondere Fälle vorhanden, und zwar für solche, bei denen die Abhängigkeit zwischen x_t und x_s von besonderer Art ist. Als Illustration wollen wir einen einfachen Prozeß betrachten, der wie folgt beschrieben werden kann:

$$P(x_1 = 1) = P(x_1 = 0) = {}^1/_2.$$

Wenn $x_t = 1$,

$$P(x_{t+1} = 1) = 1 - \alpha,$$
$$P(x_{t+1} = 0) = \alpha.$$

Wenn $x_t = 0$,

$$P(x_{t+1} = 1) = \alpha,$$
$$P(x_{t+1} = 0) = 1 - \alpha.$$

Einen Prozeß dieser Art nennt man eine *Markov-Kette*; er wird in den meisten Lehrbüchern über Wahrscheinlichkeitstheorie genau behandelt, zum Beispiel [4]. Der Prozeß wird durch zwei Elemente beschrieben:

1. Eine Ausgangsverteilung, die in unserem Beispiel $({}^1/_2, {}^1/_2)$ ist.
2. Eine Übergangsmatrix, die in unserem Beispiel

$$\begin{bmatrix} 1-\alpha & \alpha \\ \alpha & 1-\alpha \end{bmatrix}$$

ist. Es ist leicht festzustellen, daß $E\{x_t\} = {}^1/_2$ für alle t ist, so daß die erwartete diskontierte Summe der Reihe, d. h. der Barwert

$$\sum_{t=1}^{\infty} v^t E\{x_t\} = \frac{v}{2(1-v)}$$

für alle Werte von α ist.

Wenn der Barwert als Nutzenfunktion angesehen wird, die unsere Präferenzordnung über eine Menge von stochastischen Prozessen beschreibt, dann sind alle Markov-Ketten, die durch Variation von α erhalten werden, in dieser Ordnung äquivalent.

Die daraus resultierenden Zahlungssequenzen sind jedoch sehr verschieden, wie wir aus den folgenden Beispielen ersehen können:

1. $\alpha = 0$: In diesem Fall erhalten wir entweder die Sequenz

$$1, 1, 1, \ldots$$

oder

$$0, 0, 0, \ldots,$$

jede mit Wahrscheinlichkeit $= 1/2$.

2. $\alpha = 1/2$: In diesem Fall erhalten wir eine Sequenz, in der die Terme stochastisch unabhängig sind und

$$P(x_t = 1) = P(x_t = 0) = 1/2 \quad \text{für alle } t.$$

3. $\alpha = 1$: In diesem Fall ergibt sich eine alternierende Sequenz der Art

$$0, 1, 0, 1, 0, \ldots,$$

wobei vom Zufall entschieden wird, ob der erste Term 0 oder 1 ist, und zwar jeweils mit Wahrscheinlichkeit $1/2$.

Diese drei Zahlungssequenzen *können* unter Umständen als gleich wünschenswert betrachtet werden. Man sollte jedoch zugeben, daß auch eine Theorie gebraucht wird, in der solche Sequenzen nicht als äquivalent behandelt werden. Wird die Sequenz mit steigendem α wünschenswerter oder umgekehrt? Solche Fragen müßten in einer allgemeinen Theorie geklärt werden.

12.19

Eine typische Entscheidung einer Firma, zum Beispiel eine Investitionsentscheidung, wird allgemein zu einer Folge von Zahlungen führen. Gewöhnlich wird das Ergebnis der Investition unsicher sein, so daß die erwartete Zahlungssequenz eine Zufallsvariable ist.

Die Aufgabe, aus mehreren Investitionsmöglichkeiten die günstigste auszuwählen, besteht dann darin, den besten aus dieser

Investition resultierenden stochastischen Prozeß zu bestimmen. Um diese Aufgabe lösen zu können, muß das Unternehmen eine Präferenzordnung über *eine Menge von stochastischen Prozessen* haben. Das Ziel dieser Firma ist dann, jene Gewinnsequenz zu realisieren, die dem vorgezogenen erreichbaren stochastischen Prozeß entspricht.

Unser Problem ist damit gelöst und das Ziel eines Unternehmens hiermit rational formuliert. Es ist jedoch nicht einfach, eine Präferenzordnung über eine Menge von stochastischen Prozessen zu beschreiben. So ist es nicht überraschend, daß es Geschäftsleuten schwerfällt, ihre Ziele genau anzugeben. Die vorher besprochenen Regeln könnte man als Versuche werten, eine Präferenzordnung schärfer zu formulieren, die dem Entscheidungsträger derzeit nur sehr vage bewußt ist.

Bibliographie

[1] *Baumol, W. J.:* Economic Theory and Operations Analysis, Prentice-Hall, 1961.

[2] *Borch, K.:* „Elements of a Theory of Reinsurance", *The Journal of Insurance*, September 1961, S. 35—43.

[3] *Dean, J.:* Managerial Economics, Prentice-Hall, 1951.

[4] *Feller, W.:* An Introduction to Probability Theory and its Applications, Vol. 1, Wiley, 1950.

[5] *Koopmans, T. C.:* „Stationary Ordinal Utility and Impatience", *Econometrica*, 1960, S. 287—309.

[6] *Koopmans, T. C., P. A. Diamond* und *R. E. Williamson:* „Stationary Utility and Time Perspective", *Econometrica*, 1964, S. 82—100.

[7] *Wold, H.:* „Ordinal Preferences or Cardinal Utility", *Econometrica*, 1952, S. 661—663.

13 Überleben und das Ziel eines Unternehmens

13.1

In Kapitel 12 wurde angedeutet, wie die Ziele einer Firma allgemein formuliert werden können, und zwar so, daß jedes in der Literatur behandelte Ziel als ein Sonderfall erscheint. Diese Allgemeinheit jedoch, die das Modell für theoretische Zwecke attraktiv erscheinen läßt, macht eine praktische Anwendung fast unmöglich. Man kann sich kaum vorstellen, daß ein Betriebsberater eine Arbeit beginnt, indem er den Generaldirektor auffordert, seine Präferenzen über eine Menge von stochastischen Prozessen darzulegen. Der Generaldirektor könnte nämlich mit einigem Recht darauf antworten, daß er nicht weiß, wie solche Präferenzen konsistent ausgedrückt werden sollten; vielleicht wird er aber zeigen, daß er sehr wohl seine Meinung über bestimmte Betriebsberater ausdrücken kann.
In diesem Kapitel sollen einige Anwendungen des allgemeinen Modells diskutiert werden. Dabei wollen wir allerdings nicht beanspruchen, daß diese einfachen Beispiele realistische Darstellungen wirklicher ökonomischer Probleme seien. Der Hauptzweck besteht darin, aufzuzeigen, daß eine dynamische Formulierung der Probleme eine ganze Menge von (im wesentlichen statischen) Fragen, die in den vorigen Kapiteln behandelt wurden, beleuchten kann.

13.2

Wir wollen zunächst ein Unternehmen betrachten, das unter folgenden Bedingungen arbeitet:

1. Die Firma verfügt über ein Anfangskapital von S.
2. In jeder aufeinanderfolgenden Arbeitsperiode erzielt die Firma einen Gewinn von x, der eine stochastische Variable mit der Verteilung $F(x)$ ist.

3. Wenn das Kapital am Ende einer Arbeitsperiode negativ wird, so ist die Firma bankrott und scheidet aus dem Markt aus.
4. Wenn das Kapital am Ende einer Arbeitsperiode den Wert Z übersteigt, so wird der Überschuß sofort als Dividende ausbezahlt.

In diesem Modell erscheinen Bedingung 1 und 2 als selbstverständlich. Bedingung 3 ist eine „Spielregel", von der jedoch abgesehen werden kann (zum Beispiel durch die Annahme, daß die Firma, wenn notwendig, Kredite erhält). Bedingung 4 stellt eine spezifische „Dividendenpolitik"; es ist daher einleuchtend, Z als eine Entscheidungsvariable zu betrachten, die von der Firma zielkonform ausgewählt werden kann.
Konkret können wir uns unsere Firma zum Beispiel als Versicherungsgesellschaft vorstellen. Z sind dann die Reserven, die für die erwarteten Geschäfte der Gesellschaft in der nächsten Zukunft notwendig sind.

13.3

Das eben beschriebene Modell beschäftigt sich mit zwei diskreten stochastischen Prozessen:
1. $S_0, S_1, S_2, \ldots, S_t, \ldots$, wobei S_t das Kapital der Firma am Ende der t-ten Arbeitsperiode ist. Es ist unmittelbar einleuchtend, daß $S(t_0) < 0$ impliziert $S_t < 0$ für $t > t_0$.
2. $s_0, s_1, \ldots, s_t, \ldots$, wobei s_t die Dividende ist, die am Ende der Periode t ausgezahlt wird. Die Aufgabe des Unternehmens ist es nun, den Wert des einzigen Entscheidungsparameters Z so festzulegen, daß die sich daraus ergebende Folge von Dividendenzahlungen als optimal angesehen wird. Bevor diese Aufgabe jedoch gelöst werden kann, müssen Regeln aufgestellt werden, wann ein erreichbarer stochastischer Prozeß besser als ein anderer angesehen wird; d. h. die Firma muß eine Präferenzordnung über eine Menge von stochastischen Prozessen formulieren. Im folgenden wollen wir einige einleuchtende und mathematisch ziemlich einfache Ordnungen dieser Art diskutieren.

13.4

Wir wollen zunächst Prozeß 1 aus dem vorhergehenden Abschnitt untersuchen und die *erwartete Anzahl von nichtnegativen* Termen betrachten:

$$D(S,Z) = E\left\{\sum_{t=0}^{\infty} \max\left(0, \frac{S_t}{|S_t|}\right)\right\},$$

wobei $S_0 = S$. Der Ausdruck $D(S,Z)$ bedeutet natürlich die erwartete Betriebsdauer, also sozusagen das „erwartete Leben" der Firma. Wenn es Ziel der Firma ist, so lange wie möglich im Markt zu bleiben, dann wird sie jenen Prozeß vorziehen, der den höchsten Wert der Funktion $D(S,Z)$ ergibt; daraus ergibt sich eine Präferenzordnung über die stochastischen Prozesse $S_0, S_1, \ldots, S_t, \ldots$, die von unserem Modell erzeugt wurden. Aus den Bedingungen in 13.2 folgt:

$$\begin{aligned} D(S,Z) &= 0 && \text{für } S < 0, \\ D(S,Z) &= D(Z,Z) && \text{für } S > Z. \end{aligned}$$

Für $0 \leq S \leq Z$ ist ohne weiteres zu erkennen, daß $D(S,Z)$ der Gleichung

$$D(S,Z) = 1 + \int_{-S}^{\infty} D(S+x,Z)\,dF(x)$$

genügen muß. Wenn $S \geq 0$, erstreckt sich die Lebensdauer der betreffenden Unternehmung über wenigstens eine Periode. Wenn der Gewinn in dieser Periode x ist, dann kann die Firma erwarten, in $D(S+x,Z)$ zusätzlichen Perioden weiterarbeiten zu können. Wenn man mit $dF(x)$ multipliziert und über alle x integriert, wobei beachtet werden muß, daß $D(S+x,Z) = 0$ für $x < -S$ gilt, dann erhalten wir die obenstehende Gleichung. Wenn eine Dichtefunktion $f(x) = F'(x)$ existiert, dann kann die Gleichung wie folgt umgeformt werden:

$$D(S,Z) = 1 + \{1 - F(Z-S)\}D(Z,Z) + \\ + \int_0^Z D(x,Z)f(x-S)\,dx.$$

Es handelt sich dabei um eine Integralgleichung der *Fredholm*-schen Type mit dem einfachen Kern $f(x-S)$, die mit durchaus klassischen Mitteln gelöst werden kann (siehe Lehrbücher über Integralgleichungen). Wir können zum Beispiel die iterierten Kerne

$$f^{(1)}(x-S)=f(x-S),$$
$$f^{(n)}(x-S)=\int_0^z f^{(n-1)}(x-t)f(t-S)\,dt$$

bilden und erhalten dann die Liouville-Neumann-Erweiterung

$$D(S,Z)=1+\sum_{n=1}^{\infty}\int_0^Z f^{(n)}(x-S)\,dx+D(Z,Z)\left\{1-F(S,Z)+\right.$$
$$\left.+\sum_{n=1}^{\infty}\int_0^Z\{1-F(Z-x)\}f^{(n)}(x-S)\,dx\right\}$$

$D(Z,Z)$ kann bestimmt werden, wenn man fordert, daß die Lösung bei $S=Z$ kontinuierlich ist. Das ergibt

$$D(Z,Z)\left\{F(0)-\sum_{n=1}^{\infty}\int_0^Z\{1-F(Z-x)\}f^{(n)}(x-Z)\,dx\right\}=1+$$
$$+\sum_{n=1}^{\infty}\int_0^Z f^{(n)}(x-Z)\,dx$$

13.5

Wir wollen uns nun dem Prozeß 2 in 13.3 zuwenden und den *erwarteten diskontierten* Wert der Dividendenzahlungen

$$V(S,Z)=E\left\{\sum_{t=0}^{\infty}v^t s_t\right\}$$

betrachten, wobei v $(0<v<1)$ einen Diskontierungsfaktor darstellt. Aus den Bedingungen aus 13.2 folgt, daß

$$\begin{aligned}&V(S,Z)=0 && \text{für } S<0,\\ &V(S,Z)=S-Z+V(Z,Z) && \text{für } S>Z.\end{aligned}$$

Für $0 \leq S \leq Z$ muß die Funktion $V(S,Z)$ folgender Gleichung genügen:

$$V(S,Z) = v \int_{-S}^{Z-S} V(S+x,Z)\,dF(x) + $$
$$+ v \int_{Z-S}^{\infty} \{V(Z,Z) + x + S - Z\}\,dF(x).$$

Wenn eine Dichtefunktion $f(x) = F'(x)$ existiert, dann kann die Gleichung wie folgt umgeformt werden:

$$V(S,Z) = v \int_{0}^{Z} V(x,Z) f(x-S)\,dx + $$
$$+ v \int_{Z}^{\infty} \{V(Z,Z) + x - Z\} f(x-S)\,dx$$

oder

$$V(S,Z) = v \int_{0}^{Z} V(x,Z) f(x-S)\,dx + $$
$$+ v \{1 - F(Z-S)\} V(Z,Z) + $$
$$+ v \int_{0}^{\infty} x f(x+Z-S)\,dx.$$

Das ist aber wieder eine Integralgleichung der *Fredholm*schen Type, die mit klassischen Methoden gelöst werden kann. Es ist klar, daß die Funktion $V(S,Z)$ eine Ordnung über der Menge von stochastischen Prozessen $s_0, s_1, \ldots, s_t, \ldots$ errichtet. Das ist die geeignete Präferenzordnung, wenn es das Ziel des Unternehmens ist, den erwarteten diskontierten Wert der Dividendenzahlungen zu maximieren, die während ihres Bestehens ausgezahlt werden sollen.

Der Diskontfaktor v richtet sich nicht unbedingt nach dem Marktzins. Der Faktor drückt die „Ungeduld" der Firma aus, d. h. den Grad, zu dem eine frühere Dividendenzahlung einer späteren vorgezogen wird.

13.6

Die Integralgleichungen, die wir in den beiden vorangegangenen Absätzen abgeleitet haben, können immer gelöst werden. Die Lösungen sind aber gewöhnlich sehr komplizierte Ausdrücke, die unmöglich mit elementaren Mitteln zu diskutieren sind. Um einige der Eigenschaften dieser Lösungen darstellen zu können, wollen wir deshalb ein extrem einfaches Beispiel diskutieren. Wir wollen annehmen, daß die Verteilung $F(x)$, die in 13.2 eingeführt wurde, wie folgt definiert ist:

$$\begin{aligned} F(x) &= 0 \quad \text{für} \quad x < -1, \\ F(x) &= q \quad \text{für} \quad -1 \leq x < 1, \\ F(x) &= 1 \quad \text{für} \quad 1 \leq x. \end{aligned}$$

Das bedeutet, daß in jeder Arbeitsperiode die Firma entweder einen Gewinn von 1 mit Wahrscheinlichkeit $p = 1 - q$ oder einen Verlust von 1 mit Wahrscheinlichkeit q machen kann. Die Integralgleichung aus 13.4 wird dann durch die Differenzengleichung

$$D(S,Z) = 1 + pD(S+1,Z) + qD(S-1,Z)$$

ersetzt. Analog wird die Integralgleichung aus 13.5 durch die Differenzengleichung

$$V(S,Z) = vpV(S+1,Z) + vqV(S-1,Z)$$

ersetzt. Diese beiden Gleichungen können mit elementaren Methoden gelöst werden. Die erste davon kann man wirklich klassisch nennen, und eine Lösung davon findet man im Buch von *Feller* ([2], S. 317). Beide Gleichungen wurden von *De Finetti* gelöst und diskutiert [3], und zwar in Verbindung mit einem dem unseren sehr ähnlichen Modell. Die zweite Gleichung wurde auch von *Shubik* und *Thompson* [7] (die auch mehrere numerische Beispiele anführen) und von *Borch* [1] gelöst.

Diese Lösungen sind jedoch nur dann zulässig, wenn S und Z ganze Zahlen sind. Wir wollen daher diese Gleichungen durch eine indirekte Methode lösen, die es ermöglicht, $D(S,Z)$ und $V(S,Z)$ für beliebige Werte von S und Z leicht zu bestimmen.

13.7

Wir wollen voraussetzen, daß S und Z ganze Zahlen seien. $w_n(S,Z)$ sei die Wahrscheinlichkeit, daß die erste Dividende nach n Betriebsperioden ausgezahlt wird. Man sieht leicht, daß diese Wahrscheinlichkeit der Rekursionsgleichung

$$w_{n+1}(S,Z)=pw_n(S+1,Z)+qw_n(S-1,Z)$$

genügen muß, und zwar mit den Randbedingungen

$$\begin{aligned} w_0(S,Z)&=0 \quad \text{für} \quad 0\leq S\leq Z,\\ w_0(S,Z)&=1 \quad \text{für} \quad Z<S,\\ w_n(S,Z)&=0 \quad \text{für} \quad S<0,\\ w_n(S,Z)&=0 \quad \text{für} \quad Z<S,\ n>0. \end{aligned}$$

Die erzeugende Funktion

$$W(S,Z)=\sum_{n=0}^{\infty} v^n w_n(S,Z)$$

gibt uns den erwarteten diskontierten Wert der ersten Einheit, die als Dividende ausgezahlt wird. In unserem Modell ist die erste Zahlung gleich 1. Wenn die Firma diese Zahlung geleistet hat, beginnt die nächste Betriebsperiode mit einem Kapital Z, d. h. der erwartete diskontierte Wert der späteren Dividendenzahlungen ist $V(Z,Z)$.

Aus diesen Überlegungen folgt, daß

$$V(S,Z)=\{1+V(Z,Z)\}\,W(S,Z).$$

Für $S=Z$ erhalten wir

$$V(Z,Z)=\frac{W(Z,Z)}{1-W(Z,Z)}$$

und daher:

$$V(S,Z)=\frac{W(S,Z)}{1-W(Z,Z)}.$$

Um die erzeugende Funktion zu bestimmen, muß man beachten, daß $W(S,Z)$ der Differenzengleichung

$$W(S,Z) = vp\,W(S+1,Z) + vq\,W(S-1,Z)$$

genügen muß. Wir wollen zunächst annehmen, daß diese Gleichung eine Lösung der Form

$$W(S,Z) = r^S$$

hat. Substitution in die Ausgangsgleichung gibt

$$r^S = vpr^{S+1} + vqr^{S-1}$$

oder die *charakteristische Gleichung*

$$vpr^2 - r + vq = 0;$$

daher hat die Differenzengleichung nur dann eine Lösung der Form r^S, wenn r eine Wurzel der charakteristischen Gleichung ist. Diese Gleichung hat die folgenden zwei Wurzeln:

$$r_1 = \frac{1}{2vp}\{1 + (1 - 4v^2pq)^{1/2}\},$$

$$r_2 = \frac{1}{2vp}\{1 - (1 - 4v^2pq)^{1/2}\}.$$

Daraus folgt aber, daß ein Ausdruck der Form

$$A_1 r_1{}^S + A_2 r_2{}^S$$

der Differenzengleichung genügt, wobei A_1, A_2 willkürliche Konstanten sind. Es kann gezeigt werden, daß dies die allgemeine Lösung der Differenzengleichung ist. Aus der Randbedingung für $w_n(S,Z)$ am Beginn dieses Absatzes folgt, daß folgendes gelten muß:

$$W(-1,Z) = 0 \quad \text{und} \quad W(Z+1,Z) = 1.$$

Aus diesen beiden Gleichungen können wir die Konstanten bestimmen und wir erhalten

$$A_1 = \frac{r_1}{r_1{}^{Z+2} - r_2{}^{Z+2}}, \qquad A_2 = \frac{-r_2}{r_1{}^{Z+2} - r_2{}^{Z+2}}$$

und daher

$$W(S,Z) = \frac{r_1{}^{S+1} - r_2{}^{S+1}}{r_1{}^{Z+2} - r_2{}^{Z+2}},$$

weiters

$$V(S,Z)=\frac{(r_1{}^{S+1}-r_2{}^{S+1})}{(r_1{}^{Z+2}-r_2{}^{Z+2})-(r_1{}^{Z+1}-r_2{}^{Z+1})}.$$

Wenn es sich um eine kontinuierliche Funktion von Z handelt, dann ist leicht einzusehen, daß der Nenner für einen einzigen Wert von Z minimiert wird. Die Versuchung liegt nahe, anzunehmen, daß dieser Wert, der $V(S,Z)$ maximiert, zu einer optimalen Dividendenpolitik führt, zumindest in der Klasse von Möglichkeiten, die wir untersuchen. Man sollte jedoch keine voreiligen Schlüsse ziehen, da die Ausdrücke, die wir gefunden haben, nur dann gültig sind, wenn S und Z ganze Zahlen sind.

13.8

S und Z sollen nun beliebige Zahlen sein und $[S]$ sei die größte ganze Zahl, die kleiner als S ist. Dann gilt:

1. Wenn $Z-S$ eine ganze Zahl ist, dann ist die erste Dividende, wenn sie jemals ausgezahlt wird, gleich 1. Wenn $Z-S$ keine ganze Zahl ist, dann beträgt die erste Zahlung $1-(Z-S)+$ $+[Z-S]$.
2. Wenn $Z-S$ eine ganze Zahl ist, dann kann die erste Zahlung frühestens nach $(Z-S)+1$ Betriebsperioden erfolgen. Wenn $Z-S$ keine ganze Zahl ist, dann erfolgt die erste Zahlung frühestens nach $[Z-S]+1$ Betriebsperioden.
3. Das Kapital der Gesellschaft kann frühestens nach $[S]+1$ Betriebsperioden negativ werden.

Aus diesen Überlegungen folgt, daß wir $W(S,Z)$ für beliebige nichtnegative Werte von S und Z aus dem Ausdruck im vorhergehenden Absatz erhalten, wenn wir S durch $[S]$ und Z durch $[S]+[Z-S]$ ersetzen. Daraus folgt

$$W(S,Z)=W([S],[S]+[Z-S])$$

und weiters

$$V(Z,Z)=V([Z],[Z])$$

und

$$V(S,Z)=\{1-(Z-S)+[Z-S]+V(Z,Z)\}\,W(S,Z)$$

für $0\leq S\leq Z$. Aus diesem Ausdruck erkennen wir, daß $V(S,Z)$ eine stückweise lineare Funktion ist, mit Sprüngen an jenen Stellen, wo S, Z und $Z-S$ ganze Zahlen sind.

$D(S,Z)$ kann durch ähnliche Methoden gefunden werden. Es ist jedoch leichter, direkt die Differenzengleichung aus 13.6 zu lösen:

$$D(S,Z)=1+pD(S+1,Z)+qD(S-1,Z).$$

Die Randbedingungen sind

$$D(-1,Z)=0,$$
$$D(Z,Z)=D(Z+1,Z).$$

Daraus erhalten wir den folgenden Ausdruck, der für ganzzahlige Werte von S und Z gilt:

$$D(S,Z)=\frac{p}{(p-q)^2}\left\{\left(\frac{p}{q}\right)^{Z+1}-\left(\frac{p}{q}\right)^{Z-S}\right\}-\frac{S+1}{p-q}.$$

Für beliebige Werte $(0\leq S\leq Z)$ ergibt sich

$$D(S,Z)=\frac{p}{(p-q)^2}\left\{\left(\frac{p}{q}\right)^{[Z]+1}-\left(\frac{p}{q}\right)^{[Z-S]}\right\}-\frac{[S]+1}{p-q}.$$

Diese Ausdrücke sind für $p=q$ sinnlos. Im folgenden wollen wir allgemein annehmen, daß $p>q$, d. h. daß die Folge von Lotterien für die Firma günstig ist.

13.9

An diesem Punkt mag es vielleicht nützlich sein, unsere bisherigen Ergebnisse durch ein einfaches numerisches Beispiel klarzumachen. Für diesen Zweck nehmen wir r_1 mit 1,1 und r_2 mit 0,7 an. Diesen Werten entspricht angenähert: $p=0{,}565$, $q=0{,}435$, $v=0{,}983$. Die Grundlagen unseres Kalküls sind die

Funktionen $W(S,Z)$ und $V(S,Z)$ für ganzzahlige Werte von S und Z. (Siehe Tabellen 12 und 13.)

Tabelle 12

Die erzeugende Funktion $W(S,Z)$

S \ Z	0	1	2	3	4	5
0	0,56	0,40	0,33	0,28	0,24	0,20
1	1,00	0,73	0,59	0,50	0,43	0,39
2	—	1,00	0,80	0,69	0,60	0,53
3	—	—	1,00	0,85	0,75	0,66
4	—	—	—	1,00	0,87	0,75
5	—	—	—	—	1,00	0,89

Tabelle 13

$V(S,Z) =$ erwarteter diskontierter Wert der Dividenden

$S =$ Ausgangskapital

$Z =$ vor Auszahlung der Dividenden benötigtes Kapital

S \ Z	0	1	2	3	4	5	6
0	1,25	1,49	1,70	1,83	1,89	1,89	1,82
1	2,25	2,69	3,05	3,30	3,40	3,40	3,27
2	3,25	3,69	4,19	4,52	4,67	4,67	4,49
3	4,25	4,69	5,19	5,56	5,79	5,79	5,56
4	5,25	5,69	6,19	6,56	6,81	6,80	6,55
5	6,25	6,69	7,19	7,56	7,81	7,81	7,50

Wir sehen, daß in diesem Beispiel die optimale Dividendenpolitik durch $Z=4$ gegeben ist, zumindest solange wir nur ganzzahlige Werte für Z zulassen. Aus den Tabellen 12 und 13 können wir $V(S,Z)$ für nicht ganzzahlige Werte der Argumente berechnen. Einige ausgewählte Werte der Funktion findet man in Tabelle 14. Tabelle 15 beschreibt die Funktion $D(S,Z)$ für einige ausgewählte Werte von S und Z.

Tabelle 14

$V(S,Z)$ = erwarteter diskontierter Wert der Dividenden

S	Z: 2,75	3,00	3,25	3,50	3,75	4,00	4,25	4,50	4,75	5,00
2,00	3,59	4,52	4,35	4,17	4,00	4,67	4,53	4,37	4,20	4,67
2,25	3,79	4,72	4,52	4,35	4,17	4,85	4,67	4,53	4,37	4,82
2,50	3,99	4,92	4,72	4,52	4,35	5,02	4,85	4,67	4,53	4,97
2,75	4,19	5,12	4,92	4,72	4,52	5,19	5,02	4,85	4,67	5,12
3,00	4,44	5,56	5,12	4,92	4,72	5,79	5,19	5,02	4,85	5,79
3,25	4,69	5,81	5,56	5,12	4,92	6,01	5,79	5,19	5,02	5,97
3,50	4,94	6,06	5,81	5,56	5,12	6,22	6,01	5,79	5,19	6,16
3,75	5,19	6,31	6,06	5,81	5,56	6,43	6,22	6,01	5,79	6,35
4,00	5,44	6,56	6,31	6,06	5,81	6,81	6,43	6,22	6,01	6,82
4,25	5,69	6,81	6,56	6,31	6,06	7,07	6,81	6,43	6,22	7,03

Tabelle 15

$D(S,Z)$ = erwartete Lebensdauer der Firma

S	Z: 0	1	2	3	4	5	6
0	2,3	5,3	9,2	14,3	20,9	29,5	40,7
1	2,3	7,6	14,6	23,5	35,2	50,2	69,9
2	2,3	7,6	16,9	29,0	44,4	64,7	79,1
3	2,3	7,6	16,9	31,2	50,0	74,0	105,4
4	2,3	7,6	16,9	31,2	52,3	79,3	115,1
5	2,3	7,6	16,9	31,2	52,3	81,5	119,9
6	2,3	7,6	16,9	31,2	52,3	81,5	123,2

13.10

Wir wollen unser Modell jetzt diskutieren und zeigen, wie es zur Lösung einiger der Fragen der letzten Kapitel herangezogen werden kann. Zunächst wollen wir voraussetzen, daß es das Ziel des Unternehmens sei, den erwarteten diskontierten Wert der Dividenden, die während seiner Lebensdauer zur Auszahlung kommen sollen, zu maximieren. Vom Standpunkt des Aktienbesitzers ist das ein sehr wünschenswertes Ziel, das die Aufgabe stellt, den Wert von Z zu bestimmen, der $V(S,Z)$ für ein gegebenes S maximiert.

Wir wollen $S=3{,}5$ annehmen, wobei darunter das tatsächliche Arbeitskapital zu verstehen ist. Weiters wollen wir die (wahrscheinlich unrealistische) Annahme machen, daß der Vorstand mit dem Ziel, das von den Aktienbesitzern gewünscht wird, einverstanden ist. Wir können uns dann vorstellen, daß der Vorstand darüber beraten wird, ob eine Dividende ausgezahlt werden soll oder nicht. Dabei mag herauskommen, daß das vorhandene Kapital eine Reserve darstellt, die gerade genügend groß ist, d. h. daß nur, wenn das Kapital über $S=3{,}5$ anwachsen sollte, der Überschuß als Dividende ausgezahlt wird. Aus Tabelle 14 sehen wir, daß diese Entscheidung nichts anderes bedeutet, als daß der erwartete diskontierte Wert der Dividendenzahlungen dieses Unternehmens

$$V(3{,}5,\ 3{,}5)=5{,}56$$

sein wird. Der Vorstand wird dann vielleicht einige *kleine* Änderungen seiner Politik in Erwägung ziehen. Er wird zum Beispiel vorschlagen, eine Dividende von 0,25 auszuzahlen und mit einer Reserve von $Z=3{,}25$ weiterarbeiten. Das erhöht aber die Erwartungen wieder auf

$$V(3{,}5\ 3{,}25)=0{,}25+V(3{,}25,\ 3{,}25)=5{,}81\,.$$

Es könnte aber auch beschlossen werden, die Dividendenauszahlungen zu verschieben und die Reserve mit $Z=3{,}75$ festzusetzen. Dieser Entschluß reduziert die erwarteten Dividenden auf

$$V(3{,}50,\ 3{,}75)=5{,}12\,.$$

Im Falle, daß der Vorstand nur Reserven in Betracht zieht, die dem gegenwärtigen Kapital von $S=3{,}5$ nahekommen, mag sich, wie Tabelle 14 zeigt, eine Reserve von $Z=3$ als optimal herausstellen. Das ergibt dann eine Dividendenerwartung von

$$V(3{,}5,\ 3{,}0) = 0{,}5 + V(3{,}3) = 6{,}06.$$

Wenn der Vorstand jedoch ehrgeizigere Reservepläne verwirklichen will, dann mag er vielleicht entdecken, daß das wirkliche Optimum zum Beispiel bei $Z > 4$ liegt, mit den dazugehörigen Erwartungen von

$$V(3{,}5,\ 4) = 6{,}22.$$

13.11

Dieser einfache Fall soll als Beispiel dafür dienen, wie ein Unternehmen eine „falsche" Entscheidung treffen kann, indem es Methoden der Analyse verwendet, die nur das nächste *lokale Optimum* feststellen. Solche Fehler werden wahrscheinlich im Geschäftsleben gemacht, besonders von solchen Ökonomen, die Anhänger der Differentialrechnung und der Marginalanalyse sind. Wir wollen deshalb untersuchen, wie sich die Sache nach einem anfänglichen Fehler dieser Art weiter entwickelt.

In unserem Beispiel zahlt die Firma eine Dividende von 0,5 aus, um dann mit dem erklärten Vorsatz weiterzuarbeiten, daß, sollte das Kapital 3 übersteigen, der Überschuß in Form von Dividenden zur Auszahlung kommen soll. Wenn das Unternehmen inzwischen nicht bankrott geht, so wird sein Kapital früher oder später auf $S = 4$ anwachsen. Die Firma wird vielleicht vorsatzgemäß eine Dividende von 1 auszahlen. Sie kann aber auch entdecken, daß die Technik des Aufsuchens eines lokalen Optimums zu einer Änderung ihrer Politik führt. Wir sehen aus Tabelle 4, wie in diesem Fall die Dividendenerwartungen sind:

1. Bei Festhalten an der alten Politik

$$V(4{,}3) = 1 + V(3{,}3) = 6{,}56.$$

2. Bei Aufstockung der Reserve auf $Z = 4$ ergibt sich ein erwarteter Wert von

$$V(4{,}4) = 6{,}81.$$

Das ist, wie aus Tabelle 14 zu erkennen ist, die optimale Politik. Wenn wir das Verhalten von Geschäftsleuten in der Realität beobachten, so können wir mit einiger Phantasie Prozesse entdecken, die dem eben beschriebenen sehr ähnlich sind. Öko-

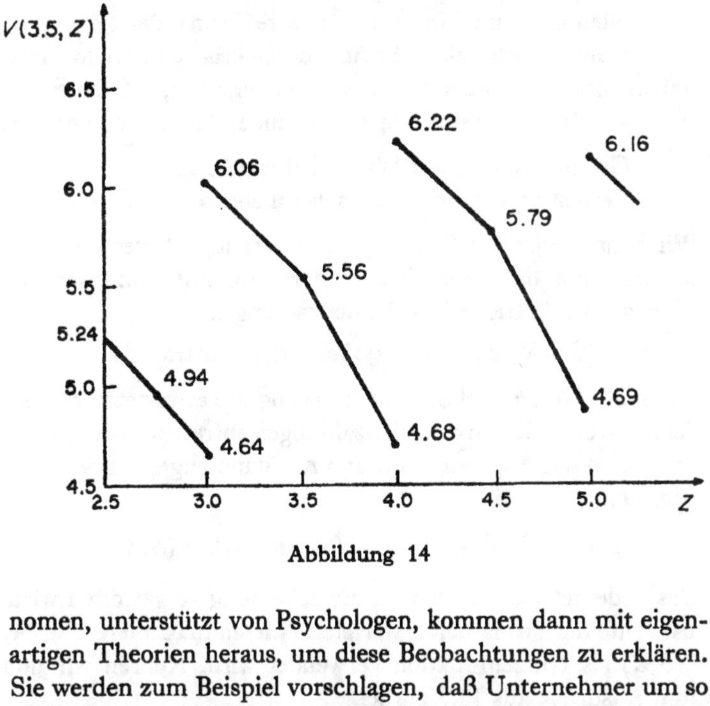

Abbildung 14

nomen, unterstützt von Psychologen, kommen dann mit eigenartigen Theorien heraus, um diese Beobachtungen zu erklären. Sie werden zum Beispiel vorschlagen, daß Unternehmer um so geldgieriger werden, desto reicher sie werden: Je mehr Kapital akkumuliert wird, desto mehr Kapital wird dann als „notwendige" Reserve gehalten. Solche exotische Theorien mögen wohl ein Körnchen Wahrheit enthalten, aber sind sie wirklich notwendig? Die einfachste Erklärung ist doch, daß viele Firmen, bei denen wir ein solches Verhalten beobachten, einfach nicht in der Lage sind, die mathematische Seite ihres Entscheidungsproblems zu lösen. Wenn solche Probleme richtig gelöst werden, dann sollte es klar sein, daß das Ergebnis so aussehen sollte, wie es in Abbildung 14 dargestellt wurde. Vielleicht ist es dann auch dem Vorstand möglich, die ungeduldigen Aktienbesitzer davon zu überzeugen, daß es in ihrem eigenen langfristigen Interesse ist, wenn Dividendenzahlungen hinausgeschoben werden.

13.12

Wir wollen nun annehmen, daß unsere Firma den Wert von Z, der einer optimalen Dividendenpolitik entspricht, feststellen konnte. Weiters wollen wir voraussetzen, daß der Firma zu diesem Zeitpunkt ein Prospekt folgender Art angeboten wird:

Gewinn von R_1 mit Wahrscheinlichkeit α,
Verlust von R_2 mit Wahrscheinlichkeit $1-\alpha$.

Wir können uns das Prospekt als kurzfristige Investition vorstellen. Wenn die Firma dieses Offert annimmt, dann wird der Wert der zukünftigen Dividendenzahlungen

$$\alpha V(S+R_1,Z)+(1-\alpha)V(S-R_2,Z) \text{ betragen.}$$

Wenn das Gesamtziel der Maximierung des erwarteten diskontierten Wertes der Dividendenzahlungen aufrechterhalten wird, dann wird das Angebot dann und nur dann angenommen werden, wenn

$$\alpha V(S+R_1,Z)+(1-\alpha)V(S-R_2,Z)>V(S,Z).$$

Das bedeutet jedoch, daß die Entscheidung so getroffen wird, als wollte die Firma den erwarteten Nutzen maximieren, wobei $V(S,Z)$ als Nutzenfunktion verwendet wird. Kehren wir nun zum Ausdruck aus 13.7 zurück:

$$V(S,Z)=\frac{(r_1{}^{S+1}-r_2{}^{S+1})}{(r_1{}^{Z+2}-r_2{}^{Z+2})-(r_1{}^{Z+1}-r_2{}^{Z+1})}$$

und betrachten wir ihn als eine kontinuierliche Funktion in S und Z. Der Einfachheit halber schreiben wir

$$V(S,Z)=\frac{N(S)}{M(Z)}.$$

Die optimale Dividendenpolitik Z_0 wird durch die Bedingung

$$M'(Z_0)=0$$

festgelegt, oder

$$\left(\frac{r_1}{r_2}\right)^{Z_0+1}=\frac{r_2-1\log r_2}{r_1-1\log r_1}.$$

Es ist leicht zu zeigen, daß

$$N'(S)>0$$

und daß

$$\begin{aligned} &N''(S)<0 \quad \text{für} \quad 0<S<S_0,\\ &N''(S)>0 \quad \text{für} \quad S_0<S, \end{aligned}$$

wobei S_0 durch

$$\left(\frac{r_1}{r_2}\right)^{S_0+1}=\left(\frac{\log r_2}{\log r_1}\right)^2$$

bestimmt wird. Aus diesen Ausdrücken erkennen wir, daß S_0 und Z_0 ungefähr gleich sind. Das bedeutet, daß $V(S,Z)$ als Funktion von S einen Wendepunkt bei $S=Z_0$ hat. Wenn wir uns daran erinnern, daß $V(S,Z)$ linear in S ist, für $Z<S$, so können wir wie folgt argumentieren:

1. Wenn die Reserve unter dem Optimum festgesetzt wird, d. h. $Z<Z_0$, dann ist $V(S,Z)$ als Funktion von S konkav für $0\leq S\leq Z$ und linear für $Z<S$.
2. Wenn die Reserven über dem Optimum festgelegt werden, d. h. wenn $Z_0<Z$, dann ist $V(S,Z)$ als Funktion von S

konkav für $0\leq S\leq S_0$,
konvex für $S_0<S\leq Z$,
linear für $Z<S$.

Im letzten Fall führt $V(S,Z)$ als Nutzenfunktion zu dem paradoxen Verhalten, das von *Friedman* und *Savage* [4] beobachtet wurde. Eine Politik $Z>Z_0$ widerspricht jedoch unserer Annahme, daß es das Ziel eines Unternehmens sei, den erwarteten diskontierten Wert der Dividendenzahlungen zu maximieren. Es scheint daher, daß die Beobachtungen von *Friedman* und *Savage* aus dem Widerspruch zwischen kurzfristigem und langfristigem Verhalten des Entscheidungsträgers erklärt werden können.

Eine andere Erklärung ist vielleicht, daß das Unternehmen aus irgendeinem Grunde gezwungen wird, größere Reserven zu halten, als es selbst für optimal hält. Restriktionen dieser Art werden manchmal von der staatlichen Verwaltung den Banken und Versicherungsgesellschaften auferlegt. Allgemein scheint es, daß $V(S,Z)$, als Nutzenfunktion interpretiert, alle notwendigen Eigenschaften aufweist, um den Großteil der beobachtbaren ökonomischen Verhaltensweisen zu erklären. Für $S<0$ ist die Funktion $V(S,Z)$ konstant, nämlich gleich 0. Auch das ist bei unserem einfachen Modell einfach zu erklären, ist es doch das Ärgste, was unserem Unternehmen passieren kann, daß es aus dem Markt ausscheiden muß. Wenn man „ein Schicksal ärger als der Tod" einführt, erhält man Nutzenfunktionen von orthodoxer Gestalt. Die am wenigsten wünschenswerte Eigenschaft unserer Nutzenfunktion ist wohl ihre Linearität für $S>Z$. Daran ist aber die Einfachheit unseres Modells schuld, und sie kann dahingehend interpretiert werden, daß eine Entscheidungsregel, die für kleine alltägliche Probleme funktioniert, dann zusammenbricht, wenn es sich um große Geldbeträge handelt. Eine andere Erklärung könnte auch konstruiert werden, nämlich daß unsere Firma keinen unmittelbaren Gebrauch für Beträge größer als Z hat und daher für solche Geldbeträge automatisch eine lineare Nutzenfunktion ihren Entscheidungen zugrunde legt.

13.13

Bisher haben wir gezeigt, daß der Ausdruck für $V(S,Z)$ als Nutzenfunktion vernünftig und brauchbar ist, wenn wir sie als kontinuierlich betrachten. $V(S,Z)$ ist aber, wie aus Abbildung 15 hervorgeht, nur stückweise kontinuierlich, und das führt augenscheinlich zu Entscheidungen, die einem Außenstehenden (zum Beispiel einem Ökonomen, der wirtschaftliches Verhalten studiert) eigenartig, wenn nicht sogar dumm erscheinen.

Zur näheren Erläuterung wollen wir annehmen, daß das Kapital der Firma $S=2{,}75$ sei und daß sie die optimale Dividendenpolitik anwendet, die $Z=4$ entspricht. In der entsprechenden Spalte in Tabelle 14 sehen wir, daß der erwartete diskon-

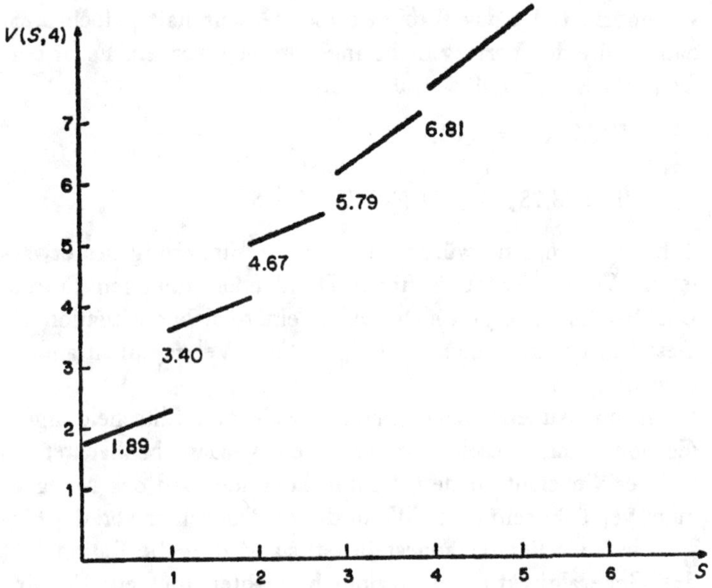

Abbildung 15

tierte Wert der zukünftigen Dividendenzahlungen

$$V(2{,}75,\,4)=5{,}19$$

ist. Um die Diskussion etwas zu konkretisieren, wollen wir uns eine Versicherungsgesellschaft vorstellen, der eine Prämie von 0,5 angeboten wird, wenn sie einen Versicherungsvertrag eingeht, der im Versicherungsfall (Wahrscheinlichkeit 0,6) zu einer Zahlung von 1 führt. Dieses Offert ist für die Gesellschaft natürlich ungünstig, und jeder normale Versicherungskaufmann würde es sofort verwerfen.

Wenn die Gesellschaft trotzdem annimmt, dann beträgt der erwartete diskontierte Wert der zukünftigen Dividendenzahlungen

$$0{,}4\,V(3{,}25;\,4)+0{,}6\,V(2{,}25;\,4)=5{,}31\,.$$

Die Gesellschaft sollte daher diesen ungünstigen Vertrag akzeptieren, wenn er dem langfristigen Ziel, den erwarteten diskontierten Wert der Dividendenzahlungen zu maximieren, nicht widerspricht. Ist das Kapital dieser Gesellschaft jedoch 3,25, dann sollte der Vertrag nicht angenommen werden. Es ist einfach einzusehen, daß sich dann ergibt

$$V(3{,}25;4)=6{,}01$$

und

$$0{,}4\,V(3{,}75;4)+0{,}6\,V(2{,}75;4)=5{,}69;$$

d. h. die Annahme würde zu einer Verminderung des erwarteten Wertes der zukünftigen Dividendenzahlungen führen. Darüber hinaus ergibt sich, daß in einer solchen Situation die Gesellschaft auch einen relativ günstigen Vertrag nicht annehmen wird.

Wenn ein Außenstehender eine Anzahl von Entscheidungen, die von dieser Gesellschaft getroffen wurden, beobachtet, so wird er vielleicht zu dem Schluß kommen, daß das Management verrückt sein muß. Wenn dieser Beobachter von der Gesellschaft als Berater angestellt ist, so wird er die Rationalität des Generaldirektors als Axiom betrachten müssen. Er wird davon auszugehen haben, daß die Nutzenfunktion, die die Entscheidungen der Gesellschaft leitet, schwankt und daß sie vielleicht durch eine Kombination einer Geraden und einer sinusähnlichen Kurve approximiert werden kann. Als Alternative kann unser Betriebsberater vielleicht schließen, daß rational denkende Menschen nicht unbedingt ihre Entscheidungen in Einklang mit der *von Neumann*schen und *Morgenstern*schen Nutzentheorie treffen. Er muß daraus schließen, daß rational denkende Menschen eines der in Kapitel 3 besprochenen Axiome verwerfen müssen, was nicht ohne weiteres plausibel erscheint. Die eben beobachteten Paradoxe sind eindeutig durch die diskrete Natur unseres Modells bedingt, und es kann angenommen werden, daß sie in allgemeineren Modellen der Art, wie wir sie in 13.4 und 13.5 diskutiert haben, verschwinden.

Wenn unser Unternehmen jedoch in einer diskreten Welt operiert, dann bleiben diese Paradoxe bestehen. Die Realität ist vielleicht nicht diskret, aber eine Firma kann sehr wohl ihre Erwartungen über den zukünftigen Geschäftsablauf diskret formalisieren. Wenn sich dann die Firma konsistent gemäß ihren Erwartungen verhält, so müssen eben ungünstige Auswirkungen in einigen Situationen hingenommen werden.

13.14

Wir wollen nun einen anderen Ansatz machen und annehmen, daß es das Hauptanliegen der Firma sei, solange als möglich *im Geschäft zu bleiben.* Das Ziel der Firma ist dann wohl die Maximierung der Funktion $D(S,Z)$. Aus dem Ausdruck in 13.9

$$D(S,Z)=\frac{p}{(p-q)^2}\left\{\left(\frac{p}{q}\right)^{Z+1}-\left(\frac{p}{q}\right)^{Z-S}\right\}-\frac{S+1}{p-q}$$

wird klar, daß $D(S,Z)$ mit wachsendem Z gegen ∞ strebt. Das bedeutet aber, daß es die optimale Dividendenpolitik wäre, überhaupt keine Dividende auszuzahlen, ganz unabhängig davon, wie groß das Kapital des Unternehmens wird. Dieses Modell ist daher trivial, außer wenn wir voraussetzen, daß es eine obere Grenze für Z gibt. Für einige Unternehmen ist das eine ganz natürliche Annahme. Eine Versicherungsgesellschaft auf Gegenseitigkeit zum Beispiel ist verpflichtet, den Polizzeninhabern Kapital, das nicht als „nötige Reserven" betrachtet werden kann, zurückzuzahlen.
Es soll nun angenommen werden, daß die obere Grenze des Kapitals, das die Gesellschaft akkumulieren kann, $\bar{Z}$ und das tatsächliche Kapital $S \leq \bar{Z}$ sei. Wenn die Gesellschaft ein Offert der Art, wie es in 13.12 beschrieben wurde, erhält, dann wird sie annehmen, wenn und nur wenn

$$\alpha D(S+R_1,\bar{Z})+(1-\alpha)D(S-R_2,\bar{Z})>D(S,\bar{Z}),$$

d. h. wenn die Gesellschaft ihre erwartete „Lebensdauer" durch Annahme des Angebots verlängern kann.
Aus Tabelle 15 und aus dem Ausdruck für $D(S,Z)$ als kontinuierliche Funktion ergibt sich, daß $D(S,\bar{Z})$ die meisten wün-

schenswerten Eigenschaften einer konventionellen Nutzenfunktion aufweist:

1. $D(S,\bar{Z})$ ist eine wachsende Funktion von S.
2. $D(S,\bar{Z})$ ist von oben begrenzt, weil $D(S,\bar{Z}) = D(\bar{Z},\bar{Z})$ für $S = \bar{Z}$.
3. Der Grenznutzen ist fallend.

Wenn es daher das Ziel der Firma ist, ihre „Lebensdauer" zu maximieren, so wird sie große Risikoscheu zeigen und sich im allgemeinen so verhalten, wie es die traditionelle Theorie erwartet. Paradoxe der Art, wie sie von *Friedmann* und *Savage* beobachtet wurden, werden dabei nicht auftreten. $D(S,Z)$ ist natürlich eine diskontinuierliche Funktion, was wieder zu Verhaltensweisen führen kann, die paradox erscheinen.

13.15

Es ist vernünftig anzunehmen, daß die Besitzer eines Unternehmens, d. h. die Aktienbesitzer, das Unternehmen so geführt wissen wollen, daß $V(S,Z)$ maximiert wird. Die Leitung des Unternehmens liegt jedoch wahrscheinlich in der Hand eines bezahlten Angestellten der Besitzer. Wenn sich dieser Angestellte seinen Auftraggebern gegenüber absolut loyal verhält, so sollte er in jeder Situation so entscheiden, daß $V(S,Z)$ maximiert wird. Es ist jedoch nicht unvernünftig anzunehmen, daß dieser Angestellte eigene Ziele verfolgt, die nicht notwendigerweise denen der Besitzer entsprechen. Wenn es das Hauptziel des Angestellten ist, seine eigene Position zu halten, dann wird er wahrscheinlich wann immer möglich so entscheiden, daß $D(S,Z)$ maximiert wird.

Die Möglichkeit eines solchen Interessenkonflikts zwischen den Besitzern und den Angestellten, die Entscheidungen für das Unternehmen treffen, wurde von den meisten Ökonomen, die sich mit Unternehmungsforschung beschäftigen, beobachtet. Es ist allgemein bekannt, daß solche Interessenkonflikte zu widersprüchlichem Firmenverhalten führen, da jede einzelne

Entscheidung von den Zielen des jeweiligen Entscheidungsträgers abhängt. Das ist natürlich in Geschäftskreisen eine Binsenweisheit. Dort wird eine Dividende als Gewinn definiert, der nicht länger vor den Aktienbesitzern verborgen werden kann. So scheint es, daß unser einfaches Modell doch geeignet ist, einen Beitrag zum Verständnis solcher Interessenkonflikte innerhalb einer Unternehmung zu leisten und dadurch Wegbereiter einer wirklichkeitsnäheren ökonomischen Theorie zu sein.

13.16

Unser Modell beleuchtet auch das theoretische Problem, welcher Nutzen dem Risiko und der Unsicherheit an sich beizumessen ist.

Um das etwas näher auszuführen, nehmen wir an, daß unsere Firma über ein Kapital $S=5$ am Ende einer Betriebsperiode verfügt und daß der Vorstand berät, ob eine Dividende ausbezahlt werden soll oder nicht, d. h. wie groß Z (die geforderte Reserve) sein soll. Aus Tabelle 13 kann man erkennen, daß die Dividendenerwartungen bei $Z=4$ maximiert werden. Das bedeutet, daß eine Dividende von 1 ausbezahlt wird. Aus Tabelle 15 erkennt man, daß durch diesen Beschluß folgende Resultate erzielt werden können:

Erwartete Lebensdauer: 52,3,
Dividendenerwartungen: $1+6{,}81=7{,}81$.

Analog dazu ergibt die Entscheidung, die Reserve mit $Z=6$ festzusetzen, folgende Resultate:

Erwartete Lebensdauer: 119,9,
Dividendenerwartungen: 7,50.

Ist es dann überraschend, wenn sich der Vorstand in dieser Situation für 2 entscheidet? Bei diesem Problem muß man, ebenso wie bei der Frage von *Allais*, die wir in Kapitel 6 diskutierten, einen Fehler vermeiden: Wenn eine Person oder ein

Vorstand $Z=6$ wählt, da sich daraus eine längere Lebensdauer ergibt, so mag der Grund dafür der sein, daß mehr oder weniger bewußt angenommen wird, eine längere Lebensdauer bedeute eine längere Folge von Dividendenzahlungen und somit einen höheren erwarteten diskontierten Wert. Können wir dieser Person zeigen, daß ihr Glaube falsch ist, dann wird sie vielleicht ihre Meinung ändern und $Z=4$ wählen.

13.17

Wenn der Entscheidungsträger auf seiner Wahl von $Z=6$ besteht, so muß er dem „im Geschäft bleiben" einen spezifischen Nutzen zuteilen, der eine Verminderung der monetären Auszahlung kompensiert. Allgemein bedeutet das, daß es einen „spezifischen Nutzen des Spielens *(gambling)*" gibt, abgesehen von den Gewinnmöglichkeiten, die dadurch geboten werden. Dieser „spezifische Nutzen des Spielens" kann nicht mit der Nutzentheorie von *von Neumann* und *Morgenstern* in Einklang gebracht werden, die folgendes bemerken:

„Es ist ein viel tieferes Problem, ein System zu formulieren, in dem *gambling* unter allen Bedingungen einen bestimmten Nutzen hat" ([6], S. 629) und: „Eine Änderung des Systems (d. h. der Axiome) mag vielleicht zu einem mathematisch kompletten und zufriedenstellenden Nutzenkalkül führen, der auch die Möglichkeit eines spezifischen positiven oder negativen Nutzens des *gambling* berücksichtigt. Es ist zu hoffen, daß ein Weg zur Erreichung dieses Zieles gefunden wird. Die mathematischen Schwierigkeiten jedoch scheinen beträchtlich zu sein. Das macht natürlich die Erfüllung der Hoffnung, mit rein verbalen Mitteln einen erfolgreichen Ansatz zu finden, noch weniger wahrscheinlich" ([6], S. 632).

Unsere Diskussion eines extrem einfachen Modells führt natürlich nicht zu der von *von Neumann* und *Morgenstern* gewünschten Theorie, kann aber vielleicht den Weg weisen, der zu einer solchen Theorie führen kann. In unserem Modell sind keine großen mathematischen Probleme aufgetreten. Um den nicht recht faßbaren Begriff „Nutzen des *gambling*" in den Griff zu bekommen, mußten wir ein im wesentlichen statisches Entscheidungsproblem in seinen natürlichen dynamischen Rahmen stellen, d. h. in eine unendliche Folge solcher Entscheidungsprobleme einbeziehen; das bedeutet, daß wir gewissermaßen die ganze Diskussion auf eine andere Ebene verlagert haben.

13.18

Bisher nahmen wir uns selbst und unser Modell sehr ernst und versuchten, es mit außerordentlich wichtigen Entscheidungen in Beziehung zu setzen. Wir können unser Modell aber auch weniger ernsthaft interpretieren und es das „Spiel des Trinkers" nennen. Wir wollen einen Glücksspieler betrachten, der ein Kasino mit einem Kapital S betritt, und annehmen,

1. er habe Freude am Glücksspiel an sich, so daß er möchte, daß sein Kapital möglichst lange anhält;
2. er habe beim Glücksspiel aber auch gern etwas zu trinken (und zwar so früh wie möglich).

Die Aufgabe dieses Glücksspielers ist es nun, eine Politik des Getränkebestellens zu finden, die optimal in dem Sinn ist, daß der Wunsch zu spielen und nach dem Getränk einander gerade die Waage halten. Es ist klar, daß ein wirklich passionierter Spieler sein Geld niemals für Getränke hinauswerfen wird, da dies ja seinen erwarteten Aufenthalt im Kasino kürzt. Wenn jedoch das Trinken das Wichtigste am Kasinobesuch ist, dann wird der Spieler soviel wie möglich bestellen und nur ein Minimum an Geld zurückhalten, um damit so lange zu spielen, als er eben Glück hat. Wenn es sich um einen normalen Menschen ohne extreme Präferenzen handelt, dann wird er das Gleichgewicht bestimmen können, indem er den Wert von Z feststellt, der eine Nutzenfunktion $U\{V(S,Z),D(S,Z)\}$ maximiert, und immer dann etwas zum Trinken bestellen, wenn sein Kapital Z übersteigt.

13.19

In der Diskussion eines einfachen Beispiels sind wir zu einigen überraschenden Ergebnissen gekommen, die in der diskreten Natur der zugrundeliegenden stochastischen Variablen begründet sind. Es mag deshalb nützlich sein, die entsprechenden Resultate für ein kontinuierliches Beispiel anzugeben, auch wenn die mathematischen Methoden, die dafür benötigt werden, nicht mehr ganz elementar sind. Wir wollen annehmen,

$$f(x) = k\alpha e^{-ax} \quad \text{für } x > 0,$$
$$f(x) = (1-k)\alpha e^{ax} \quad \text{für } x < 0,$$

weiters setzen wir voraus, daß $1/2 < k < 1$, d. h. das Geschäft ist für unser Unternehmen günstig. Die Integralgleichung aus 13.5 kann nun wie folgt angeschrieben werden:

$$V(s) = v(1-k)\alpha e^{-aS}\int_0^S V(x)e^{ax}\,dx +$$
$$+ vk\alpha e^{aS}\int_S^Z V(x)e^{-ax}\,dx +$$
$$+ vkV(Z)e^{a(S-Z)} + \frac{vk}{\alpha}e^{a(S-Z)}.$$

Der Einfachheit halber haben wir $V(S)$ anstatt $V(S,Z)$ geschrieben, da keine Gefahr eines Mißverständnisses besteht. Wenn man die Integralgleichung zweimal nach S differenziert, so ergibt sich, daß $V(S)$ folgender Differentialgleichung genügen muß:

$$(1-v)\alpha^2 V(S) + v(1-2k)\alpha V'(S) - V''(S) = 0.$$

Die allgemeine Lösung dieser Gleichung ist dann

$$V(S) = C_1 e^{r_1 S} + C_2 e^{r_2 S}.$$

C_1 und C_2 sind willkürliche Konstanten, und r_1 und r_2 sind die Wurzeln der charakteristischen Gleichung

$$r^2 - v(1-2k)\alpha r - (1-v)\alpha^2 = 0.$$

Es ist leicht zu zeigen, daß diese beiden Wurzeln reell sind und daß $r_1>0$, $r_2<0$. Die Konstanten C_1 und C_2 müssen so bestimmt werden, daß die allgemeine Lösung der Differentialgleichung auch eine Lösung der Integralgleichung ist. Nach Einsetzen der allgemeinen Lösung in die Integralgleichung erhalten wir

$$C_1=\frac{-1}{\alpha(r_2+\alpha)M};\quad C_2=\frac{1}{\alpha(r_1+\alpha)}M,$$

wobei

$$M=\frac{r_1e^{r_1Z}}{(r_1-\alpha)(r_2+\alpha)}-\frac{r_2e^{r_2Z}}{(r_1+\alpha)(r_2-\alpha)}.$$

Daraus ergibt sich folgender expliziter Ausdruck für den erwarteten diskontierten Wert der Dividendenzahlungen:

$$V(S,Z)=\frac{1}{\alpha M}\left\{\frac{e^{r_2S}}{r_1+\alpha}-\frac{e^{r_1S}}{r_2+\alpha}\right\}.$$

Durch ähnliche Überlegungen finden wir, daß $D(S)=D(S,Z)$ folgender Integralgleichung genügen muß:

$$D(S)=1+(1-k)\alpha e^{-aS}\int_0^S D(x)e^{ax}dx+$$

$$+k\alpha e^{aS}\int_S^Z D(x)e^{-ax}dx+ke^{a(S-Z)}D(Z).$$

Nach zweimaliger Differentiation kann die Integralgleichung auf die Differentialgleichung

$$(2k-1)\alpha D'(S)+D''(S)+\alpha^2=0$$

reduziert werden. Die allgemeine Lösung dieser Gleichung ist dann

$$D(S)=C_1e^{-(2k-1)aS}-\frac{\alpha}{2k-1}S+C_2,$$

wobei C_1 und C_2 Konstanten sind, die so gewählt werden müssen, daß die Lösung auch der Integralgleichung genügt. Als numerisches Beispiel wollen wir folgende Werte wählen: $\alpha=1$,

$r_1 = 0{,}1$ und $r_2 = -0{,}3$. Das entspricht einem $v \geq 0{,}97$ und $k = 0{,}603$. Daraus ergibt sich

$$V(S,Z) = \frac{143\,e^{0,1\,S} - 91\,e^{-0,3\,S}}{16\,e^{0,1\,Z} + 21\,e^{-0,3\,Z}}$$

und

$$D(S,Z) = 37{,}5\,e^{0,2\,Z} - 5(1+S) - 30\,e^{0,2\,(Z-S)}.$$

Tabelle 16 gibt den Wert der Funktion $V(S,Z)$ für einige ausgewählte Werte von S und Z an. Es ist leicht festzustellen, daß diese Funktion ihr Maximum bei einem Wert von $Z = 3{,}45$ annimmt. Tabelle 17 gibt den Wert der Funktion $D(S,Z)$ für die gleichen Werte von S und Z an.

Tabelle 16

$V(S,Z)$ = erwarteter diskontierter Wert der Dividendenzahlungen

	Z					
S	0	1	2	3	4	5
0	1,41	1,57	1,68	1,74	1,73	1,68
1	2,41	2,74	2,93	3,02	3,02	2,94
2	3,41	3,74	4,03	4,16	4,16	4,04
3	4,41	4,74	5,03	5,21	5,20	5,14
4	5,41	5,74	6,03	6,21	6,19	6,02
5	6,41	6,74	7,03	7,21	7,19	6,98

Tabelle 17

$D(S,Z)$ = erwartete Lebensdauer der Firma

	Z					
S	0	1	2	3	4	5
0	2,5	4,2	6,2	8,7	11,7	15,4
1	2,5	5,8	9,6	13,3	19,0	25,1
2	2,5	5,8	11,2	16,7	23,6	32,4
3	2,5	5,8	11,2	18,3	27,0	37,0
4	2,5	5,8	11,2	18,3	28,6	40,4
5	2,5	5,8	11,2	18,3	28,6	42,0

13.20

Es wäre günstig, unsere Erkenntnisse zum Abschluß des Kapitels in ihrem historischen Rahmen zu sehen. Der Zweck der Wahrscheinlichkeitstheorie war zunächst, Regeln für die Auswahl des besten Prospekts aus einer gegebenen Menge zu suchen. Die erste so gefundene Regel zur Lösung war: Wähle jenes Prospekt, das den größten *erwarteten Gewinn* bietet. *Daniel Bernoulli* bemerkte, daß ein reicher und ein armer Mann nicht dieselbe Entscheidungsregel anwenden würden und auch nicht sollten. Er schloß daraus, daß eine korrekte Regel auch von dem *Reichtum* des Entscheidungsträgers abhängen sollte. Seine Regel war daher, jenes Prospekt zu wählen, das den größten *erwarteten* Nutzen bietet. In diesem Kapitel wurde zu zeigen versucht, daß „Reichtum" nicht unbedingt Bargeld bedeuten muß. Der richtige Begriff muß auch alle zukünftigen Prospekte des Entscheidungsträgers beinhalten, d. h. alle jene Glücksspiele, die er im Laufe seines Lebens noch zu spielen beabsichtigt. Das steht auch im Einklang mit der klassischen ökonomischen Theorie, die ja annimmt, daß der Geldnutzen von den Erwartungen des zukünftigen Gebrauches des Geldes abgeleitet wird.

Das von uns diskutierte mathematische Modell wird normalerweise als „random-walk" (Irrgang) mit einer absorbierenden und einer reflektierenden Schranke bezeichnet. Bei diskreten Wahrscheinlichkeitsverteilungen kann das Modell mit relativ elementaren mathematischen Techniken analysiert werden und wird auch in den meisten Lehrbüchern über Wahrscheinlichkeitstheorie behandelt, zum Beispiel bei *Feller* ([2], Kapitel 14). Bei kontinuierlichen Wahrscheinlichkeitsverteilungen führt dieses Modell zu relativ komplizierten mathematischen Problemen. Diese wurden ziemlich detailliert in einem kürzlich erschienenen Buch von *Kempermann* [5] behandelt, das auch eine umfassende Bibliographie enthält.

Bibliographie

[1] *Borch, K.*: „The Optimal Management Policy of an Insurance Company", *Proceedings of the Casualty Actuarial Society*, Bd. LI, 1964, S. 182—197.

[2] *Feller, W.:* An Introduction to Probability Theory and its Applications, 2. Aufl., Wiley, 1957.

[3] *Finetti, B. de:* „Su un Impostazione Alternativa della Teoria Collettiva del Rischio", *Transactions of the XV International Congress of Actuaries'*, 1957, New York, Bd. II, S. 433—443.

[4] *Friedman, M.*, und *L.J. Savage:* „The Utility Analysis of Choices Involving Risk", *Journal of Political Economy*, 1948, S. 279—304.

[5] *Kemperman, J.H.B.:* The Passage Problem for a Stationary Markov Chain, University of Chicago Press, 1961.

[6] *Neumann, J. von*, und *O. Morgenstern:* Theory of Games and Economic Behavior, 2. Aufl., Princeton University Press, 1947.

[7] *Shubik, M.*, und *G. Thompson:* „Games of Economic Survival", *Naval Research Logistics Quarterly*, 1959, S. 111—123.

14 Kredibilität und subjektive Wahrscheinlichkeit

14.1

In den vorhergehenden Kapiteln haben wir allgemein angenommen, daß der Entscheidungsträger die Wahrscheinlichkeiten kennt, mit denen die Ereignisse in dieser Welt eintreten. Im wirklichen Leben ist es jedoch so, daß der Entscheidungsträger diese Wahrscheinlichkeiten oft nicht genau kennt. Wenn man ihn aber fragt, ob er so wenig wisse, daß er das Laplace-Prinzip des „ungenügenden Grundes" anwenden und allen Ereignissen dieser Welt gleiche Wahrscheinlichkeit zuordnen wolle, dann antwortet er darauf wahrscheinlich, daß er nicht ganz so unwissend sei. Er glaubt, daß er etwas über die verschiedenen Ereignisse wisse, kann aber nur schwer ausdrücken, was er weiß oder was er zu wissen annimmt.

In Kapitel 7 versuchten wir, dieses Problem zu umgehen, indem wir Entscheidungsregeln formulierten, die unabhängig von den Wahrscheinlichkeiten der verschiedenen Ereignisse waren. In diesem Kapitel wollen wir untersuchen, wie auch eine vage Kenntnis dieser Wahrscheinlichkeiten die Entscheidung beeinflussen kann. Diese Gedanken, die wir im folgenden entwickeln wollen, wurden zuerst explizit von *Savage* [5] formuliert.

Um unsere Erörterungen wieder etwas zu konkretisieren, wollen wir als Beispiel eine Versicherungsgesellschaft nehmen, die über ein Kapital von S und ein Portefeuille von Versicherungsverträgen verfügt. Weiters wollen wir annehmen, daß die Gesamtanzahl von Ansprüchen, die sich aus den Verträgen ergeben, eine stochastische Variable x mit der Verteilung $G(x)$ ist. Wir wollen voraussetzen, daß diese Verteilung der Gesellschaft bekannt ist. Die Gesellschaft wird dieser Lage folgenden Nutzen zuordnen:

$$U(S)=\int_0^\infty u(S-x)\,dG(x),$$

wobei $u(x)$ die Nutzenfunktion darstellt, die die Präferenzenordnung oder die Risikobereitschaft der Gesellschaft ausdrückt. Da wir noch kein Zeitelement in unser Modell eingeführt haben, wollen wir annehmen, daß alle Verträge nach relativ kurzer Zeit ablaufen.

14.2

Nun wollen wir annehmen, daß der Gesellschaft ein zusätzlicher Vertrag angeboten wird, der innerhalb derselben kurzen Zeit ablaufen soll. P ist die Prämie, die für diesen Vertrag berechnet wird, und die Verteilung der Ansprüche ist

Z mit Wahrscheinlichkeit p,
0 mit Wahrscheinlichkeit $1-p=q$.

Die Gesellschaft wird diesen neuen Vertrag dann akzeptieren, wenn und nur wenn er zu einem Nutzenzuwachs führt, d. h. wenn

$$pU(S+P-Z)=qU(S+P)>U(S).$$

Manchmal mag die Gesellschaft aufgefordert werden, die Prämie für den neuen Vertrag zu berechnen. Die Gleichung

$$qU(S+P-Z)+qU(S+P)=U(S)$$

bestimmt dann die niedrigste Prämie P, die die Gesellschaft verlangen kann. Wenn die $u(x)$ und $G(x)$ bekannt sind, so können wir diese Prämie durch einfache Anwendung der Prinzipien, die in früheren Kapiteln entwickelt wurden, berechnen. Wir können dann untersuchen, wie sich die Gesellschaft in den Verhandlungen verhalten sollte, um eine höhere Prämie zu erzielen.
In Wirklichkeit mag aber die Versicherungsgesellschaft nicht so sicher sein, daß die relevante Wahrscheinlichkeit genau p ist. Unsere Aufgabe ist es nun, herauszufinden, was diese Unsicherheit eigentlich bedeutet, und zu untersuchen, wie die Gesellschaft ihre Entscheidungen in einer solchen Situation trifft oder treffen sollte.

Zunächst wollen wir annehmen, daß die Versicherungsgesellschaft meint, *überhaupt nichts* über das Risiko zu wissen, das durch den Vertrag gedeckt werden soll. Das müßte aber bedeuten, daß jeder Wert von p zwischen 0 und 1 gleich möglich oder gleich wahrscheinlich ist. Man kann dann natürlich die Gleichung aus dem vorhergehenden Absatz wie folgt anschreiben:

$$p\{U(S+P-Z)-U(S+P)\}+U(S+P)=U(S),$$

mit dp multiplizieren und von 0 bis 1 integrieren. Daraus ergibt sich

$$1/2\{U(S+P-Z)+U(S+P)\}=U(S)$$

als Gleichung, die die niedrigste Prämie P bestimmt, die von der Gesellschaft verlangt werden sollte.

14.3

In der Praxis müssen jedoch Entscheidungen nicht oft bei völligem Unwissen getroffen werden. Gewöhnlich haben wir doch irgendeine Information oder eine *a priori*-Annahme über p. Die bloße Tatsache, daß jemand für diese Versicherung bezahlen will, deutet schon darauf hin, daß p nicht 0 ist, d. h. daß das Ereignis, das zu einer Versicherungsleistung führen soll, nicht unmöglich ist.

Gewöhnlich wird so vorgegangen: Der Versicherungsmathematiker und mehr oder minder erfahrene Angestellte mögen übereinstimmen, daß die „beste Schätzung" zum Beispiel $p=0{,}10$ sei, wobei sie aber hinzufügen, daß die Schätzung mehr oder minder aufs Geratewohl erfolgt ist. Wenn man etwas mehr Genauigkeit verlangt, dann werden sie vielleicht sagen, daß p sehr wahrscheinlich irgendwo in dem Intervall (0,05, 0,20) liegt oder daß sie sicher sind, daß $p<0{,}40$. Argumente dieser Art reflektieren ein vages, aber deutlich vorhandenes Gefühl für Unsicherheit. Der natürlichste Weg, der oben erwähnten Behauptung etwas mehr Präzision zu verleihen, besteht wohl darin, Gewichte für die verschiedenen möglichen Werte von p anzugeben. Das kann durch Angabe einer Funktion $f(p)$ geschehen, die ihren größten Wert für die „beste" Schätzung oder „den wahrscheinlichsten" Wert von p annimmt. Es liegt nahe, diese Funktion zu normieren und zu verlangen, daß

$$\int_0^1 f(p)\,dp = 1 .$$

Das bedeutet, daß die Funktion $f(p)$, die sozusagen unseren Glauben über den Wert von p darstellt, alle Eigenschaften einer Wahrscheinlichkeitsfunktion besitzt. Die bisherigen Schritte scheinen durchweg sinnvoll. Probleme tauchen erst auf, wenn wir etwa folgendes behaupten:

> $f(0{,}1) = P\{p = 0{,}1\}$ = Wahrscheinlichkeit, daß der Parameter p gleich 0,1 ist.

Diese Behauptung hat aber keinen wirklichen Inhalt. Ein Parameter ist keine stochastische Variable. So ist es sinnlos, dem „Ereignis", daß der Parameter einen bestimmten Wert annimmt, eine andere Wahrscheinlichkeit als 0 oder 1 zuzuweisen.

14.4

Wenn unsere Versicherungsgesellschaft die Funktion, die ihre a priori-Annahmen darstellt, spezifizieren kann, ist das Entscheidungsproblem durch Multiplikation der Ausgangsgleichung mit $f(p)\,dp$ und Integration von 0 bis 1 gelöst. Das ergibt:

$$U(S+P) + \{U(S+P-Z) - U(S+P)\}\int_0^1 p f(p)\,dp = U(S)$$

oder wenn wir schreiben

$$\bar{p} = \int_0^1 p f(p)\,dp,$$

dann:

$$\bar{p}U(S+P-Z) + (1-\bar{p})\,U(S+P) = U(S).$$

Das heißt, daß sich die Gesellschaft so verhält, als wäre sie sicher, daß der Parameter den Wert $\bar{p}$, d. h. den „erwarteten Wert" der a priori-Annahme hat.

Um zu einem realistischeren Beispiel zu kommen, wollen wir annehmen, daß der Gesellschaft ein Portefeuille von n Verträgen (der eben besprochenen Art) angeboten wird, so daß der Gesamtbetrag an Prämien nP ist. Wenn k dieser Verträge zu einer Leistung führen sollten, so muß die Gesellschaft einen Gesamtbetrag von $y=kZ$ auszahlen. Die Wahrscheinlichkeit dieses Ereignisses ist

$$P\{y=kZ\}=\binom{n}{k}p^k(1-p)^{n-k},$$

unter der Voraussetzung, daß die Leistungen auf Grund verschiedener Verträge stochastisch unabhängig sind. Die kleinste Prämie wird dann durch die Gleichung

$$U(S)=\sum_{k=0}^{n}U(S+nP-kZ)\binom{n}{k}p^k(1-p)^{n-k}$$

bestimmt. Diese Formel trägt der Unsicherheit Rechnung, die, in der Sprache des Statistikers, an den „Stichprobenfluktuationen" liegt.

Die Anzahl der Zahlungen k kann jeden Wert zwischen 0 und n annehmen. Die Wahrscheinlichkeiten dieser $n+1$ Ereignisse sind uns bekannt und werden bei der Berechnung der gewichteten Summe der Nutzen, die jedem Ereignis entsprechen, verwendet. Die Unsicherheit, die aus der unvollständigen Kenntnis des wahren Wertes des Parameters p resultiert, ist anderer Natur. Wenn wir jedoch damit einverstanden sind, eine *subjektive Wahrscheinlichkeitsverteilung* $f(p)$ anzugeben, die unseren a priori-Annahmen entspricht, dann können wir auch diese zweite Art von Unsicherheit behandeln.

Durch Multiplikation der Ausgangsgleichung mit $f(p)\,dp$ und Integration von 0 bis 1 erhalten wir die Mindestprämie, die durch

$$U(S)=\sum_{k=0}^{n}U(S+nP-kZ)\left\{\binom{n}{k}\int_0^1 p^k(1-p)^{n-k}f(p)\,dp\right\}$$

bestimmt wird, oder

$$U(S) = \sum_{k=0}^{n} U(S + nP - kZ)h(k),$$

wenn gilt

$$h(k) = \binom{n}{k} \int_0^1 p^k (1-p)^{n-k} f(p)\, dp.$$

Aus dieser Gleichung erkennen wir, daß die zweite Art der Unsicherheit die mathematische Struktur des Problems nicht verändert. Die Mindestprämie wird durch eine Gleichung derselben Art wie zuvor bestimmt. Die Binomialverteilung wird jedoch durch eine Verteilung $h(k)$ ($k = 0, 1, 2, \ldots, n$) ersetzt.

14.5

Nun wollen wir annehmen, daß unsere Versicherungsgesellschaft wirklich nichts über die Wahrscheinlichkeit weiß, mit der es zu einem Anspruch aus dem Vertrag kommen wird. Es wäre dann sicher zu vertreten, alle Werte von p gleich zu gewichten, d. h. $f(p) = 1$, und die Entscheidung auf dieser Basis zu treffen. Wir erhalten dann

$$h(k) = \binom{n}{k} \int_0^1 p^k (1-p)^{n-k}\, dp = \frac{1}{n+1};$$

die Gesellschaft wird dann ihre Entscheidung so treffen, als wären alle Werte von k gleich wahrscheinlich.

In der Praxis ist unser Wissen im allgemeinen nicht derart unvollständig; daher ist diese Vorgangsweise nicht gerechtfertigt. Gewöhnlich sind einige relevante Informationen über die Wahrscheinlichkeiten vorhanden. Für eine Versicherungsgesellschaft beispielsweise kann eine solche Information aus dem Wissen bestehen, daß es in einem Portfeuille von n vergleichbaren Kontrakten zu k Leistungen aus Vertragsansprüchen kam.

Ein Statistiker würde dann natürlich vorschlagen, daß die Gesellschaft sich so verhalten sollte, als ob

$$p=\frac{k}{n}.$$

Gewöhnlich wird er diesen Vorschlag auf verschiedene Art rechtfertigen können. Es bleibt aber noch immer eine Unsicherheit bei dieser Schätzung, besonders dann, wenn n klein ist. Der Statistiker wird wahrscheinlich in der Lage sein, eine Zahl anzugeben, die diese Unsicherheit mißt, wird aber wahrscheinlich nicht erklären können, wie die Gesellschaft diese Unsicherheit bei ihrer Entscheidung berücksichtigen sollte.

Wir wollen einmal folgenden Ansatz versuchen:

$$P(k/p)=\binom{n}{k}p^k(1-p)^{n-k}.$$

$P(k/p)$ ist die Wahrscheinlichkeit, daß das Ergebnis k beobachtet wird, wenn die wahre Wahrscheinlichkeit p ist. Man bezeichnet das gewöhnlich als die *Mutmaßlichkeit* (likelihood) des beobachteten Resultats. Eine Rechtfertigung für die Annahme, daß $p=k/n$, besteht darin, daß dieser Wert die Mutmaßlichkeit maximiert.

Aus der Theorie über bedingte Wahrscheinlichkeit wissen wir, daß

$$P(k/p)\cdot P(p)=P(p/k)\cdot P(k)$$

oder

$$P(p/k)=\frac{P(k/p)\cdot P(p)}{P(k)}.$$

Der Nenner kann hier als absolute Wahrscheinlichkeit von k interpretiert werden, d. h. als Wahrscheinlichkeit k Ansprüche zu beobachten, unabhängig von der wahren Wahrscheinlichkeit p.

Rein formal bedeutet das

$$P(k)=\sum_p P(k/p)\cdot P(p).$$

Die Summe geht hier über alle Werte von p. Dabei bedeutet $P(p)$ das Gewicht unserer Annahme, daß der wahre Wert des

Parameters p sei. Um dieses Ergebnis in der Notation von vorher auszudrücken, wollen wir schreiben:

$$P(p) = f(p)\,dp.$$

Unsere Formel kann dann wie folgt ausgedrückt werden:

$$P(p/k) = \frac{\binom{n}{k} p^k (1-p)^{n-k} f(p)}{\int_0^1 \binom{n}{k} p^k (1-p)^{n-k} f(p)\,dp}.$$

Es handelt sich dabei um einen Sonderfall der klassischen *Bayesschen Formel.* Sie gibt die „Mutmaßlichkeit", daß p der wahre Parameter sei, unter der Voraussetzung an, daß k beobachtet wurde. Die Formel hängt von der a priori-Annahme ab, dargestellt durch die Dichtefunktion $f(p)$.
$P(p/k)$ kann daher als Verteilung angesehen werden, die unsere Annahmen über p charakterisiert, wobei wir statistische Erfahrung und unsere a priori-Annahmen kombinieren.

14.6

Wenn wir über p nichts wissen, außer daß k Ansprüche in einer Stichprobe von n vorkamen, so lautet die natürliche Annahme $f(p) = 1$. Dadurch wird unsere Formel reduziert auf

$$P(p/k) = \frac{p^k (1-p)^{n-k}}{\int_0^1 p^k (1-p)^{n-k}\,dp} = (n+1) \binom{n}{k} p^k (1-p)^{n-k}.$$

Dieses Ergebnis kann nun auf unsere ursprüngliche Aufgabe angewendet werden. In 14.2 begannen wir mit der Gleichung

$$U(S+P) - p\,\{u(S+P) - U(S+P-Z)\} = U(S).$$

Dann wurde mit $f(p)\,dp$ multipliziert und über alle p von 0 bis 1 integriert, wobei wir

$$U(S+P)-\overline{p}\{U(S+P)-U(S+P-Z)\}=U(S)$$

mit

$$\overline{p}=\int_0^1 pf(p)\,dp$$

erhielten. In unserem vorliegenden Beispiel muß $f(p)$ durch

$$P(p/k)=(n+1)\binom{n}{k}p^k(1-p)^{n-k}$$

ersetzt werden. Wenn man substituiert, erhält man

$$\overline{p}=(k+1)/(n+2).$$

Das ergibt die Wahrscheinlichkeit, die wir unserer Entscheidung zugrunde legen sollten, wenn wir die Erfahrung, die wir durch Beobachtung eines vergleichbaren Portefeuilles gewonnen haben, mit unserer a priori-Annahme, daß jeder Wert von p gleich wahrscheinlich ist, kombinieren wollen. Man sieht, daß wir $\overline{p}=1/(n+2)$ für $k=0$ nehmen sollen. Das bedeutet, daß bei nicht sehr großem n unserer a priori-Annahme noch Gewicht zukommt. Die Tatsache, daß in einer Stichprobe von n Versicherungsverträgen kein Anspruch gestellt wurde, verleitet uns dann nicht, bei zukünftigen Entscheidungen die Annahme $\overline{p}=0$ zu verwenden.

14.7

Bisher fanden wir, daß unsere a priori-Annahme über einen Parameter — die Wahrscheinlichkeit p in unserem Beispiel — durch eine Gewichtsfunktion dargestellt werden kann, die alle Eigenschaften einer Wahrscheinlichkeitsverteilung aufweist. Wenn diese Annahme analog zum Beispiel 14.3 ist, dann wird die Gewichtsfunktion vielleicht Abbildung 16 entsprechen.
Normalerweise werden wir uns nur für die allgemeine Form dieser Funktion interessieren. Wir wollen eine Verteilungsfunktion, die a priori-Annahmen mit genügender Genauigkeit oder doch mit soviel Präzision darstellen kann, wie sie eben dem Entscheidungsträger zumutbar ist. Wir haben damit eine Par-

allele zu den von uns schon untersuchten Nutzenfunktionen gefunden, die die Präferenzen eines Entscheidungsträgers über eine Menge von Prospekten darstellten. Da wir in der Praxis nur mit endlichen Mengen operieren können, wird es normalerweise mehrere Funktionen geben, die eine adäquate Darstellung lie-

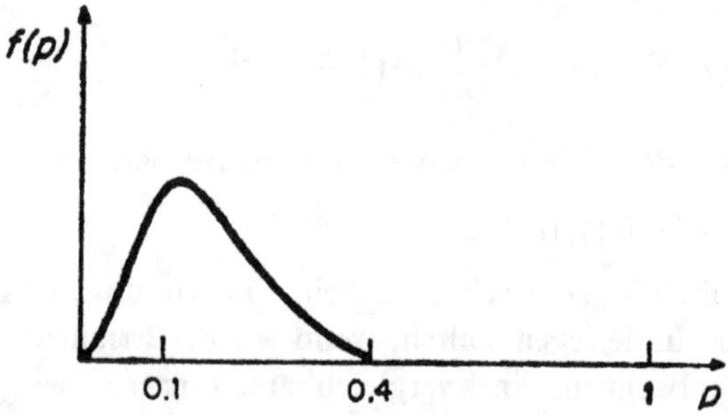

Abbildung 16

fern. Das bedeutet, daß wir bei der Auswahl der Funktionen, die unsere a priori-Annahmen und Präferenzen charakterisieren sollen, etwas Spielraum haben. Man wählt dann natürlich jene Funktionen, die mathematisch am besten zu behandeln sind.
In dem von uns besprochenen Beispiel ergaben sich Integrale folgender Form:

$$\binom{n}{k}\int_0^1 p^k(1-p)^{n-k}f(p)\,dp.$$

Man sieht sofort, daß diese Integrale dann besonders leicht zu lösen sind, wenn $f(p)$ einer Beta-Verteilung folgt, d. h. wenn

$$f(p)=\frac{(a+b+1)!}{a!\,b!}\,p^a(1-p)^b.$$

In der allgemein üblichen Terminologie [4] wird die Beta-Verteilung als die *konjugierte Binomialverteilung* bezeichnet.
Wir müssen daher untersuchen, ob diese Klasse von Verteilungen genügend Auswahl bietet, um unsere a priori-Annahmen repräsentieren zu können. Der Mittelwert dieser Verteilung ist

$$\mu = \int_0^1 pf(p)\,dp = \frac{a+1}{a+b+2}$$

und die Varianz:

$$\sigma^2 = \int_0^1 (p-\mu)^2 f(p)\,dp = \frac{(a+1)(b+1)}{(a+b+2)^2(a+b+3)}.$$

Aus diesen Ausdrücken erkennt man, daß die Kenntnis von μ und σ meistens die Bestimmung von a und b erlaubt. Das bedeutet: Wenn wir eine genügend genaue Beschreibung unserer Annahmen durch Angabe der beiden ersten Momente der a priori-Verteilung zur Verfügung haben, dann kann immer eine Beta-Verteilung, die unseren Annahmen entspricht, gefunden werden.

14.8

Wir wollen nun voraussetzen, daß unsere a priori-Annahme durch folgende Verteilung dargestellt werden kann:

$$f(p) = \frac{(a+b+1)!}{a!\,b!}\, p^a (1-p)^b.$$

Nehmen wir weiter an, daß wir nun ein vergleichbares Portefeuille von n Verträgen beobachten und feststellen, daß k Ansprüche gestellt wurden. Um diese neue Information zu verwerten, wenden wir die Formel aus 14.5 an, woraus sich ergibt

$$P(p/k) = \frac{p^{k+a}(1-p)^{n-k+b}}{\int_0^1 p^{k+a}(1-p)^{n-k+b}\,dp} = \frac{(a+k)!\,(b+n-k)!}{(a+b+n-1)!}\, p^{k+a}(1-p)^{n-k+b}.$$

Das gibt die für unsere Entscheidung gesuchte Wahrscheinlichkeit

$$\bar{p} = \int_0^1 pP(p/k)\,dp = \frac{k+a+1}{n+a+b+1}.$$

Zur Illustration wollen wir annehmen, daß wir sicher seien, daß $p = p_0$. Daraus folgt

$$p_0 = \mu = \frac{a+1}{a+b+2}$$

und

$$\sigma^2 = \frac{(a+1)(b+1)}{(a+b+2)^2(a+b+3)} = 0.$$

Man sieht sofort, daß in diesem degenerierten Fall a und b unendlich sein müssen. Aus der ersten Bedingung ergibt sich

$$p_0 = \lim \frac{\frac{a}{b} + \frac{1}{b}}{\frac{a}{b} + 1 + \frac{2}{b}} = \frac{\lim\left(\frac{a}{b}\right)}{\lim\left(\frac{a}{b}\right) + 1} = \lim \frac{a}{a+b}$$

oder

$$\lim\left(\frac{a}{b}\right) = \frac{p_0}{1-p_0}.$$

Aus dem Ausdruck für $\bar{p}$ erhält man

$$\bar{p} = \lim \frac{\frac{k}{b} + \frac{a}{b} + \frac{1}{b}}{\frac{n}{b} + \frac{a}{b} + 1 + \frac{1}{b}} = \frac{\lim\left(\frac{a}{b}\right)}{\lim\left(\frac{a}{b}\right) + 1} = p_0.$$

Das Ergebnis ist leicht verständlich. Wenn wir sicher sind, daß $p = p_0$, dann werden wir unsere Entscheidung treffen, unabhängig davon, was an experimentellem Material vorhanden sein sollte. Die Tatsache, daß k Ansprüche aus einem Portefeuille von n Kontrakten gestellt wurden, beeinflußt unsere Entscheidung nicht, da unsere a priori-Annahme so unerschütterlich ist, als beruhe sie auf einer unendlichen Zahl von Beobachtungen.

14.9

Das Beispiel aus dem letzten Paragraphen liefert eine naheliegende Interpretation der Beta-Verteilung. Wenn unsere a priori-Annahme über den Parameter p durch die Verteilung

$$f(p)=\frac{(a+b+1)!}{a!b!}\,p^{a}(1-p)^{b}$$

dargestellt werden kann, so bedeutet diese Annahme nichts anderes, als ob wir nur wüßten, daß a Ansprüche aus einem Portefeuille von $a+b$ Versicherungsverträgen gestellt wurden. Diese Interpretation sollte (wenigstens für einen Statistiker) intuitiv einleuchtend sein.

Um das Problem noch von einem anderen Blickwinkel her zu sehen, wollen wir annehmen, daß jemand folgende Feststellung macht: Er glaubt, daß 10 weiße und 90 schwarze Kugeln in einer Urne sind, von der er weiß, daß sie 100 Kugeln enthält. Wenn er zugibt, daß er nicht ganz sicher sei, können wir ihn ersuchen, eine Kurve ähnlich der in Bild 16 zu zeichnen, um seine Unsicherheit genauer zu spezifizieren. Es ist sehr wahrscheinlich, daß unsere Versuchsperson nach einigen Versuchen aufgeben wird, eine Kurve zeichnen zu wollen, die eine adäquate Darstellung ihrer Annahme sein soll. Es kann jedoch sein, daß sie eine adäquate Beschreibung ihres Unsicherheitsgefühls etwa wie folgt geben kann: Wenn sie 50mal hintereinander eine Kugel aus der Urne ziehen dürfte, wobei sie diese nach jedem Zug wieder zurücklegt, und dabei 5 weiße Kugeln zöge, würde sie annehmen, daß in der Urne ungefähr 10% weiße Kugeln enthalten seien, ohne jedoch dieser Annahme sehr sicher zu sein. Tatsächlich würde sie sich *genauso unsicher* fühlen wie bei ihrer jetzigen a priori-Annahme.

Im allgemeinen sollte es möglich sein, ein Experiment zu beschreiben und ein Ergebnis dieses Experiments anzugeben, das zu einer Überzeugung derselben Intensität führen würde wie die a priori-Annahme, die der Entscheidungsträger zu beschreiben sucht. a priori-Annahmen können, wie wir schon gesehen haben, durch eine Gewichtsfunktion $f(p)$ dargestellt werden, die über dem Definitionsbereich der unsicheren Parameter errichtet wird. Es scheint jedoch leichter, diese Annahmen darzustellen, indem man sie mit einem bestimmten Ergebnis eines wohldefinierten Versuches vergleicht. Dies gilt sowohl für den Fall, daß der Entscheidungsträger versucht, sich selbst zu entscheiden, als auch für den Fall, daß er versucht, seine Annahmen einer anderen Person mitzuteilen.

14.10

Die Gedanken, die im vorherigen Absatz kurz dargestellt wurden, sind die Grundlage des sogenannten *Bayesschen Ansatzes zur Statistik.* Gewöhnlich wird angenommen, daß dieser Ansatz erst seit relativ kurzer Zeit besteht, nämlich seit dem Buch von *Savage* [5], das schon erwähnt wurde. Dieselben Gedanken jedoch sind schon seit mehr als 50 Jahren, oft allerdings nur sehr verschwommen, von amerikanischen Versicherungsmathematikern unter dem Titel „*Credibility theory*" („Kredibilitätstheorie") diskutiert worden. Diese Theorie wurde zuerst von *Whitney* [6] vertreten und durch *Perryman* [3], *Bailey* [1] und andere weiterentwickelt. Man nahm dabei nicht viel Bezug auf die allgemeine statistische Theorie. Eine Arbeit von *Mayerson* [2] präsentiert praktisch die ganze Kredibilitätstheorie in moderner statistischer Terminologie.

Um die Anwendung dieser Theorie zu zeigen, wollen wir als Beispiel eine Versicherungsgesellschaft heranziehen, die eine Prämie für einen Versicherungsvertrag zu berechnen hat. Wir wollen annehmen, daß sich die Gesellschaft bei ihrer Entscheidung auf zwei Arten von Informationen stützen kann:

1. Statistische Information aus vergleichbaren Verträgen, zum Beispiel daß k Ansprüche aus einem Portefeuille von n identischen oder ähnlichen Kontrakten gestellt wurden.
2. Andere relevante Informationen — zum Beispiel statistische Beobachtungen über Portefeuilles von Verträgen, die nicht unmittelbar mit dem vorliegenden Vertrag verglichen werden können.

Wenn genügend statistische Information vorhanden ist, d. h. wenn n groß genug ist, wird die Gesellschaft die übrige Information gar nicht beachten. Sie wird sich so verhalten, als ob sie sicher wäre, daß $p=k/n$. In diesem Fall, so sagen die Versicherungsmathematiker, führt die statistische Erfahrung zu „100%iger Kredibilität". Es scheint jedoch nicht leicht zu sein, diese Behauptung zu rechtfertigen.

Wenn die statistische Information jedoch ungenügend ist, wird sich die Gesellschaft auch auf andere relevante Informationen stützen. Das ist jedoch nur möglich, wenn verschiedene Informationen mit einem Maßstab gemessen werden können. Das führt uns zu dem Problem des Vergleichs der anderen relevanten Informationen mit statistischer Information.

Theoretisch sollte eine Versicherungsgesellschaft so lange zusätzliche Informationen einholen, bis die äquivalente statistische Information 100%ige Kredibilität hat. Das zu erreichen, stellt jedoch ein schwieriges Problem dar, das in der bisherigen Theorie bei weitem noch nicht zufriedenstellend gelöst wurde. Die statistische Erfahrung einer Versicherungsgesellschaft, die eine Million Feuerversicherungsverträge im Staate New York laufen hat, enthält natürlich auch Information, die für eine Gesellschaft für Feuerversicherung in Kalifornien wertvoll sein kann. Rein intuitiv werden wir vielleicht sagen, daß diese Information weniger wert ist, als wenn sie von einer ähnlichen Gesellschaft in Kalifornien stammen würde. Solche Gefühle sind jedoch nicht leicht präzise zu formulieren. Sind beispielsweise eine Million Beobachtungen in New York äquivalent 800.000 Beobachtungen in Kalifornien?

Wenn eine Versicherungsgesellschaft mit einem System von Prämien arbeitet, die aus statistischer Erfahrung mit 100% Kredibilität abgeleitet wurden, dann werden oft gute oder schlechte Ergebnisse als Zufallsfluktuationen interpretiert. Diese führen dann nicht zu einer Änderung der Prämien.

In der Praxis wird sich eine Versicherungsgesellschaft normalerweise nicht völlig auf die statistische Erfahrung verlassen, die die Grundlage zur Berechnung ihrer Prämien ist. Der augenscheinlichste Grund für diese etwas vorsichtige Einstellung ist wohl der, daß die zugrundeliegenden Wahrscheinlichkeiten sich mit der Zeit ändern. In einer solchen Lage wird die Gesellschaft von Zeit zu Zeit neues statistisches Beweismaterial sammeln, das unter Umständen zu einer Prämienberichtigung führen kann. Wie groß die Änderungen sein sollten, hängt von der Kredibilität der Ausgangsstatistiken ab. Diese Frage kann oft Thema von hitzigen Diskussionen zwischen Vertretern der Gesellschaft und der staatlichen Versicherungsaufsicht sein.

14.11

Wir wollen nun kurz aufzeigen, wie die Gedanken des vorigen Absatzes verallgemeinert werden können. Wir wollen annehmen, daß die Anzahl von Ansprüchen x aus dem Portefeuille von Versicherungsverträgen eine stochastische Variable mit der Verteilung $G(x, \alpha)$ ist, wobei α einen Parametervektor der Verteilungsfunktion darstellt.

Der Einfachheit halber wollen wir voraussetzen, daß die Verteilung kontinuierlich ist und daß eine Dichtefunktion

$$g(x, \alpha) = \frac{\partial G(x, \alpha)}{\partial x}$$

existiert. Wenn die Versicherungsgesellschaft für dieses Portefeuille eine Prämie zu berechnen hat, dann wird sie den erwarteten Nutzen

$$\int_0^\infty U(S+P-x)g(x, \alpha)\,dx$$

berechnen. Sollte es noch zusätzliche Unsicherheit über den Parameter α geben, ausgedrückt durch eine a priori-Verteilung $f(\alpha)$, dann müßten wir nochmals integrieren:

$$\int_A \left\{ \int_0^\infty U(S+P-x)g(x, \alpha)\,dx \right\} f(\alpha)\,d\alpha,$$

wobei A der Definitionsbereich von α ist. Das letzte Integral ist aber gleich

$$\int_0^\infty U(S+P-x)\left\{\int_A g(x,\alpha)f(\alpha)\,d\alpha\right\}dx.$$

Das innere Integral

$$h(x)=\int_A g(x,\alpha)f(\alpha)\,d\alpha$$

kann natürlich als Wahrscheinlichkeitsverteilung interpretiert werden. Der erwartete Nutzen ist dann

$$\int_A U(S+P-x)h(x)\,dx.$$

Alle Argumente, daß der Wert der Parameter unsicher sei, bedeuten dann nur, daß wir die ursprüngliche Verteilung $g(x,\alpha)$ durch $h(x)$ ersetzen. Das heißt, daß unsere Methode nur dann von praktischem Wert ist, wenn wir wissen, oder zumindest gute Gründe für die Annahme haben, daß Leistungen aus Ansprüchen einer Verteilung der Form $g(x,\alpha)$ gehorchen. Wenn diese Funktion durch Anpassung einer Kurve an einige Daten bestimmt wird, d. h. durch Schätzung der Parameter aus diesen Daten, dann wird durch Einführung einer Funktion $f(\alpha)$, die unsere subjektive Unsicherheit über die Schätzungen ausdrükken soll, nichts gewonnen.

14.12

Wir wollen nun zu dem Ausdruck

$$\int_0^\infty U(S+P-x)\left\{\int_A g(x,\alpha)f(\alpha)\,d\alpha\right\}dx$$

zurückkehren. In diesem Ausdruck zeigt

1. die a priori-Verteilung $f(\alpha)$, was wir *glauben*;
2. die Nutzenfunktion $U(x)$, was wir *wollen*;
3. die Verteilung $g(x,\alpha)$, was wir *wissen*.

Diese drei Elemente sollten bei rationalen Entscheidungen berücksichtigt werden, bei der Analyse eines Problems sollte man sie trennen.

In der Praxis mag es jedoch schwierig sein, was wir glauben von dem zu trennen, was wir wissen. In unserem einfachen Beispiel wurde für die Verteilung $g(x, \alpha)$ die Binomialverteilung

$$\binom{n}{k} p^k (1-) p^{n-k}$$

genommen, wobei p der unbekannte Parameter war. Die Annahme dieser Binomialverteilung beruht auf folgenden Voraussetzungen:

1. Die Wahrscheinlichkeit eines Anspruches ist bei allen n Verträgen gleich groß.

2. Die Wahrscheinlichkeit eines Anspruches aus einem beliebigen Vertrag ist unabhängig davon, ob aus den anderen $n-1$ Verträgen Ansprüche gestellt wurden.

Wenn wir *wissen*, daß diese Voraussetzungen richtig sind, dann gibt es kein Problem. Wenn diese Voraussetzungen jedoch nur auf unserem Glauben beruhen oder als operationelle Hypothesen akzeptiert werden, dann sollten sie in $f(\alpha)$ und nicht in $g(x, \alpha)$ eingehen. Das heißt aber, daß die Trennung der verschiedenen Elemente, die für eine rationale Analyse eines Entscheidungsproblems essentiell sind, im wesentlichen arbiträr ist. Das aber bedeutet wieder, daß in einer Vorstudie nur die allgemeine Form der Funktionen $f(\alpha)$, $g(x, \alpha)$ und $U(x)$ bedeutend ist und wir Funktionen auswählen können, die mathematisch leicht zuhandhaben sind.

Bibliographie

[1] *Bailey, A. L.:* „A Generalized Theory of Credibility", *Proceedings of the Casualty Actuarial Society*, Bd. XXXII, 1945.

[2] *Mayerson, A. L.:* „A Bayesian View of Credibility", *Proceedings of the Casualty Actuarial Society*, Bd. LI, 1964, S. 85—104.

[3] *Perryman, F. S.:* „Some Notes on Credibility", *Proceedings of the Casualty Actuarial Society*, Bd. XIX, 1932.

[4] *Raiffa, H.*, und *R. Schlaifer:* Applied Statistical Decision Theory, Graduate School of Business Administration, Harvard University, 1961.

[5] *Savage, L.J.:* The Foundation of Statistics, Wiley, 1954.

[6] *Whitney, A. W.:* „The Theory of Experience Rating", *Proceedings of the Casualty Actuarial Society*, Bd. IV, 1918.

15 Gruppenentscheidungen

15.1

In den letzten Kapiteln war unser Entscheidungsträger eine Einzelperson, die sich gemäß gewissen Regeln verhielt, die als rational akzeptiert werden können. In der Realität werden aber oft wichtige ökonomische Entscheidungen nicht von Einzelpersonen getroffen, sondern von *Personengruppen*, die als ein Entscheidungsträger auftreten. Es ist daher natürlich interessant, die Regeln zu untersuchen, die Entscheidungen solcher Gruppen leiten, besonders wenn die Mitglieder einer solchen Gruppe divergierende Interessen haben, so daß die Entscheidung letzten Endes ein Kompromiß sein muß. In Kapitel 12 wurde erwähnt, daß solche Interessenskonflikte zwischen Angestellten und dem Besitzer (Aktienbesitzern) eines Unternehmens auftreten können. Solche Konflikte resultieren manchmal in Entscheidungen, die einem außenstehenden Beobachter, der die Gruppe als Ganzes sieht, eigenartig vorkommen können, so daß er geneigt ist, das Verhalten des betreffenden Unternehmens als nicht rational einzustufen.

Die Theorie der Gruppenentscheidungen ist ein großes Gebiet, das wahrscheinlich mehr in die Psychologie und Soziologie als in die Ökonomie gehört. Es soll trotzdem kurz diskutiert werden, und zwar aus folgenden zwei Gründen:

1. Eine Gruppenentscheidung kann als Ergebnis eines Spieles angesehen werden, das von den Mitgliedern der Gruppe gespielt wird. Wenn gemischte Strategien angewendet werden, dann ist der Ausgang unsicher. Daher ist die Tatsache, daß viele Entscheidungen von Gruppen getroffen werden, eine wichtige Quelle der Unsicherheit in der Wirtschaft.
2. Wir haben schon oft argumentiert, daß es bestimmte grundlegende Regeln gibt, die eine rationale Person bei Entscheidungen befolgen sollte. Wir werden sehen, daß eine Gruppe von rationalen Personen diese Regeln leicht verletzen kann. Das sollte den Leser auch etwas toleranter stimmen, wenn er in der

Realität Geschäftsentscheidungen beobachtet, die ihm irrational erscheinen.

15.2

Die meisten der ausgebreiteten Erkenntnisse gehen auf *Arrow* [1] zurück. Wir wollen gleich sein Einführungsbeispiel besprechen, das normalerweise als „voting paradox" bezeichnet wird („Paradoxon bei Wahlen", *Anm. d. Ü.*). Wir wollen eine Gruppe von drei Personen betrachten, die einen von drei „Kandidaten" *A*, *B*, *C* auswählen soll. Das Modell kann zum Beispiel als das Problem dreier Brüder interpretiert werden, die einen Manager anstellen wollen, um ihre Firma zu leiten, oder als „Investitionsklub", wo die Mitglieder debattieren, welches von drei Wertpapieren sie erwerben sollten. Wir wollen annehmen, daß die Präferenzenordnungen der drei Gruppenmitglieder wie folgt aussehen:

Person 1: *A*, *B*, *C*;
Person 2: *C*, *A*, *B*;
Person 3: *B*, *C*, *A*.

Weiters wollen wir voraussetzen, daß sich die Mitglieder der Gruppe darauf geeinigt haben, daß der Kandidat durch Majoritätsbeschluß gewählt werden soll. Folgendes ist dann ganz leicht einzusehen:

Eine Majorität der Gruppe $(1+2)$ zieht *A* dem *B* vor.
Eine andere Majorität $(1+3)$ zieht *B* dem *C* vor.
Eine dritte Majorität $(2+3)$ zieht C dem *A* vor.

Wenn die Entscheidung der Gruppe daher mit Majorität getroffen werden soll, so scheint es, daß das Resultat irgendwie von der Formulierung des Problems oder vom Wahlvorgang abhängen muß. Das wird einen erfahrenen Politiker oder Vorsitzenden eines Entscheidungsgremiums kaum überraschen, der sehr wohl weiß, daß er durch „Frisur" der Tagesordnung und des Wahlvorganges die Entscheidung eines Komitees erreichen kann, die er wünscht — zumindest innerhalb gewisser Grenzen. Auch wenn dieses Resultat nicht überrascht, so ist es doch ein wenig verwirrend. Unser Ausgangspunkt in Kapitel 3 war doch, daß eine rationale Person eine Präferenzenordnung über eine Menge von Objekten (Lotterien) hat, von denen eines ausgewählt werden soll. Das schien eine sehr schwache Annahme, die eigentlich nur impliziert, daß ein rationaler Entscheidungsträger weiß, was er will. Oben wurde ja angenommen, daß das für jedes Mitglied der Gruppe zutrifft.

Eine vollständige Präferenzenordnung ist notwendigerweise *transitiv*. Wenn die Ordnung auf der Relation „wird vorgezogen" beruht, dann implizieren die beiden Aussagen „A wird B vorgezogen" und „B wird C vorgezogen" die Aussage „A wird C vorgezogen".

Unser Beispiel zeigt jedoch, daß diese Implikation für eine Gruppe, die mit Majorität entscheidet, nicht zutrifft. Die Gruppe drückt manchmal auch „zirkuläre" Präferenzen aus, wenn sie vor eine Reihe von Auswahlmöglichkeiten zwischen zwei Objekten gestellt wird. Das heißt, daß sich die Gruppe nicht „rational" verhält, wenn man die Maßstäbe eines individuellen Entscheidungsträgers anlegt. Was wir daher suchen, ist eine sinnvolle Definition von rationalen Gruppenentscheidungen. Bevor wir dieses Problem jedoch anpacken, wollen wir einen kleinen „Ausflug" in die Psychologie machen und zeigen, daß eine dem „Wahl-Paradoxon" ähnliche Situation auch dann vorliegen kann, wenn wir es mit einem individuellen Entscheidungsträger zu tun haben.

15.3

Wir wollen einen Mann betrachten, zum Beispiel einen Ingenieur, der drei verschiedene Stellen zur Auswahl hat: eine in New York (N), eine in Paris (P) und eine in Brasilia (B). Zunächst wollen wir annehmen, daß er dieses Problem von seinem Beruf her sieht. Von diesem Blickpunkt ist die Stelle in Brasilia zweifelsohne die attraktivste. Es würden ihm sicher große Bauvorhaben übertragen, die eine interessante berufliche Weiterentwicklung mit sich brächten. Genauso klar ist es, daß die Stelle in New York dann an zweiter Stelle stehen sollte, da unser Ingenieur dadurch im Zentralbüro seiner Baufirma, mit weltweiten Verbindungen, bleiben könnte. Paris müßte dann an letzter Stelle stehen.

Als nächstes betrachtet unser Ingenieur sein Problem vom Blickpunkt des Familienvaters. New York müßte dann an erster Stelle stehen, da es dort eine große Auswahl von Schulen für seine Kinder gibt. Paris wäre dann natürlich an zweiter Stelle, da es auch in dieser Stadt ausgezeichnete Schulen für englischsprechende Kinder gibt. Brasilia muß dann klarerweise zuletzt kommen. Ein Aufenthalt in dieser Stadt würde wahrscheinlich eine ernste Unterbrechung im Bildungsweg der Kinder bedeuten.

Drittens könnte unser Ingenieur auch die Freizeitgestaltung berücksichtigen. Wahrscheinlich wird dann Paris an erster Stelle stehen, Gründe dafür müssen sicherlich gar nicht angegeben werden. Brasilia biete, so wollen wir annehmen, auch viele Möglichkeiten, sich zu vergnügen, so daß New York dann an dritter Stelle läge. Das Entscheidungsproblem kann also in folgender Tabelle zusammengefaßt werden:

Beruflich: B, N, P;
Familienvater: N, P, B;
Freizeit: P, B, N.

Diese Tabelle ist von derselben Art wie die Tabelle in 15.2, und unser Ingenieur, der eine Entscheidung zu treffen hat, erscheint dann als gespaltene Persönlichkeit, die in Wirklichkeit eine Gruppe von drei Personen mit widerstreitenden Präferenzen ist.

Man könnte sich vorstellen, daß seine tatsächliche Entscheidung von seiner Stimmung im Augenblick des Entscheidungsvorganges abhängt. Wenn er müde ist und ihn seine Arbeit nicht mehr freut, dann wird er vielleicht nur an die Vergnügungsmöglichkeiten denken und Paris wählen. Sollte sein Ärger jedoch hauptsächlich an den dauernden Debatten mit seinen Kindern über ihre Schulzeugnisse liegen, dann wird er vielleicht entscheiden, daß seine Pflichten als Familienvater Priorität haben und New York wählen. Wenn sich aber unser Entscheidungsträger voll Energie fühlt und nach neuen beruflichen Horizonten sucht, wird er natürlich Brasilia wählen.

Dieses Beispiel soll zeigen, daß auch Rationalität gewissermaßen ein relativer Begriff ist. Das ist nur natürlich, da wir doch zugeben mußten, daß eine Entscheidungsregel auch einige subjektive Elemente enthalten muß. Einem Psychologen ist natürlich klar, daß diese subjektiven Elemente von der Stimmung des Entscheidungsträgers im entscheidenden Moment abhängen werden.

Diese Überlegungen gelten auch für Gruppenentscheidungen. Wenn zum Beispiel eine Entscheidung für ein Unternehmen von einem Komitee gefällt wird, das aus den Leitern der Abteilungen für Finanzen, Produktion und Verkauf zusammengesetzt ist, dann ergibt sich eine Situation, die der oben beschriebenen ähnlich ist. Die tatsächlich getroffene Entscheidung mag durch die Tatsache geprägt sein, daß der Verkaufsmanager in besonders guter Stimmung war, als das Komitee zusammentrat, und daß er seine zwei Kollegen mitriß. Es ist keineswegs ein neuer Gedanke, daß die Magengeschwüre von Managern einen Einfluß auf die Volkswirtschaft haben.

15.4

Wir wollen nun zu unserem Hauptanliegen zurückkehren und versuchen, Regeln für Gruppenentscheidungen zu formulieren, die allgemeinerer Natur sind als einfache Majoritätsentscheidungen.

Im Beispiel, das wir in 15.2 besprachen, gibt es sechs mögliche Präferenzenordnungen über die drei Kandidaten; diese können von sechs Zeilenvektoren dargestellt werden. R soll die Menge dieser Ordnungen, $R_1, R_2, \ldots, R_6$, sein. Das heißt

$$R_1 = \{A, B, C\},$$
$$R_2 = \{A, C, B\},$$
$$R_3 = \{B, A, C\},$$
$$R_4 = \{B, C, A\},$$
$$R_5 = \{C, A, B\},$$
$$R_6 = \{C, B, A\}.$$

Wir wollen nun annehmen, daß zwei Personen die Präferenzordnungen R_1 bzw. R_4 haben. Die individuellen Präferenzen dieser Gruppe von zwei Personen können dann durch folgende Matrix vollständig beschrieben werden:

$$\begin{bmatrix} A & B & C \\ B & C & A \end{bmatrix}$$

Eine Regel für Gruppenentscheidungen muß aufzeigen, wie die Präferenzordnung der Gruppe aus den Präferenzordnungen der Mitglieder abgeleitet werden kann. Die Ordnung der Gruppe muß notwendigerweise eines der sechs Elemente von R sein. Die gesuchte Regel ist eine Funktion, die uns für jede Gruppenmatrix ein Element der Menge R angibt, d. h.: eine Funktion mit R als Wertbereich und dem kartesischen Produkt $R \times R$ als Definitionsbereich. Eine Funktion dieser Art kann sowohl für jede Anzahl von Kandidaten als auch für Gruppen mit jeder Anzahl von Mitgliedern definiert werden. Unsere Aufgabe ist es nun, allgemeine Bedingungen aufzustellen, denen diese Funktion genügen soll, um als vernünftige Regel für die Ableitung der Präferenzordnung der Gruppe gelten zu können.

15.5

Das gerade skizzierte Problem wurde in dieser allgemeinen Art das erste Mal von *Arrow* [1] formuliert. Wir wollen nun die fünf Bedingungen, die er in der ersten Auflage seines Buches aufstellte, genauer betrachten. Diese Bedingungen können ganz verschieden formuliert werden; eine Diskussion darüber findet sich bei *Luce* und *Raiffa* ([2], Kapitel 14) und bei *Arrow* selbst in der zweiten Auflage seines Buches.

Bedingung 1 stellt fest, daß die Funktion, die die Gruppenpräferenz angibt, dann existiert, wenn zumindest drei Kandidaten gegeben sind.

Bedingung 2 verlangt *positive Assoziation* zwischen verschiedenen individuellen Präferenzen und der Präferenzordnung der Gruppe.

Zur Erläuterung wollen wir annehmen, daß die resultierende Gruppenpräferenzenordnung im vorherigen Paragraphen $\{B, A, C\}$ sei. Das soll wie folgt ausgedrückt werden:

$$\begin{bmatrix} A & B & C \\ B & C & A \end{bmatrix} \longrightarrow \{B, A, C\}.$$

Angenommen, Person 2 ändert ihre Präferenzenordnung auf B, A, C; d. h. sie entschließt sich, A vor C, aber nach B zu stellen. Die Bedingung sagt nun aus, daß dann gilt

$$\begin{bmatrix} A & B & C \\ B & A & C \end{bmatrix} \longrightarrow \{B, A, C\};$$

d. h. wenn A sich in der Präferenzordnung eines Einzelnen verbessert hat, kann er sich in der Rangordnung der Gruppe nicht verschlechtern.

Bedingung 3 stellt fest, daß sich die Ordnung der Gruppe bei Entfernung eines oder mehrerer Kandidaten in bezug auf die übrigen Kandidaten nicht ändert. Das heißt zum Beispiel, daß

$$\begin{bmatrix} A & B & C \\ B & C & A \end{bmatrix} \longrightarrow \{B, A, C\},$$

impliziert

$$\begin{bmatrix} A & B \\ B & A \end{bmatrix} \longrightarrow \{B, A\},$$

$$\begin{bmatrix} A & C \\ C & A \end{bmatrix} \longrightarrow \{C, A\}$$

und

$$\begin{bmatrix} B & C \\ B & C \end{bmatrix} \longrightarrow \{B, C\}.$$

Das ist das Prinzip der *Unabhängigkeit irrelevanter Alternativen*, dem wir schon vorher begegneten, nämlich als Bedingung 3 in 10.11.

Bedingung 4 stellt fest, daß die Präferenzordnung der Gruppe nicht aufgezwungen sein darf, d. h. nicht unabhängig von den individuellen Präferenzen sein darf.

Bedingung 5 postuliert: Es darf *keine Diktatur* geben, d. h. die Präferenzordnung der Gruppe darf nicht identisch mit der eines Individuums sein, ohne Rücksicht auf die Präferenzen der anderen Mitglieder.

Diese fünf Bedingungen scheinen zunächst eher schwach und durchaus vernünftig als „Minimalerfordernisse" einer Regel, die aussagt, wie Gruppen ihre Entscheidungen unter Berücksichtigung der Wünsche der einzelnen Mitglieder treffen sollten. Tatsächlich aber sind diese Bedingungen zu stark.

Das *Unmöglichkeitstheorem* von *Arrow* stellt fest, daß eine Regel, die den Bedingungen 1, 2 und 3 genügt, entweder aufgezwungen oder diktatorisch ist.

15.6

Diese 5 Bedingungen können, wie schon vorher erwähnt wurde, in verschiedener Form ausgedrückt werden. Bedingung P ist zum Beispiel aus den Bedingungen 1, 2, 3 und 4 leicht zu beweisen:

Bedingung P: Wenn alle Individuen dieselbe Präferenzordnung haben, dann ist diese auch die Präferenzordnung der Gruppe, also

$$\begin{bmatrix} A & C & B \\ A & C & B \\ A & C & B \end{bmatrix} \longrightarrow \{A, C, B\}.$$

Diese Bedingung könnte man das Prinzip der *Einstimmigkeit* oder der *Paretooptimalität* nennen. Sie scheint ohne weiteres annehmbar und einfacher als einige der anderen Bedingungen; und doch ist es möglich, das Unmöglichkeitstheorem aus den

Bedingungen 1, 3, 5 und P herzuleiten. Um die im wesentlichen kombinatorische Natur dieses Theorems zu erläutern, wollen wir eine Gruppe von zwei Personen betrachten, die zwischen zwei Kandidaten A und B zu wählen haben. Aus der Bedingung P folgt dann, daß

$$\begin{bmatrix} A & B \\ A & B \end{bmatrix} \longrightarrow \{A, B\}$$

und daß

$$\begin{bmatrix} A & B \\ B & A \end{bmatrix} \longrightarrow \{A, B\} \text{ oder } \{B, A\}.$$

Im ersten Fall ist Person 1 ein Diktator, im zweiten Person 2, da

$$\begin{bmatrix} B & A \\ B & A \end{bmatrix} \longrightarrow \{B, A\}.$$

Wir wollen nun den ersten Fall annehmen und versuchen, durch Vermehrung der Zahl der Kandidaten die sonst notwendige Diktatur zu umgehen. Man sieht sofort, daß

$$\begin{bmatrix} A & B & C \\ B & A & C \end{bmatrix} \longrightarrow \{A, B, C\}.$$

Beide Personen setzen C an die letzte Stelle, wobei die Existenz von C die Ordnung der Gruppe über A und B nicht ändert. Weiters ist klar, daß

$$\begin{bmatrix} A & B & C \\ B & C & A \end{bmatrix} \longrightarrow \{A, B, C\},$$

da beide Personen darüber einig sind, daß C nach B rangieren soll. Man erkennt auch ohne weiteres, daß

$$\begin{bmatrix} A & B & C \\ C & B & A \end{bmatrix} \longrightarrow \{A, B, C\}, \{A, C, B\} \text{ oder } \{C, A, B\}.$$

Im ersten dieser drei Fälle erkennt man, daß Person 1 ein Diktator ist, da seine Ordnung die herrschende ist, unabhängig von den Präferenzen der Person 2.

Die beiden letzten Fälle scheinen doch einen Weg zu zeigen, um eine Diktatur zu vermeiden. Wir wollen daher den zweiten Fall etwas näher untersuchen:

$$\begin{bmatrix} A & B & C \\ C & B & A \end{bmatrix} \longrightarrow \{A, C, B\}.$$

Durch Anwendung von Bedingung 3 erhalten wir

$$\begin{bmatrix} A & B \\ B & A \end{bmatrix} \longrightarrow \{A, B\},$$

$$\begin{bmatrix} A & C \\ C & A \end{bmatrix} \longrightarrow \{A, C\},$$

$$\begin{bmatrix} B & C \\ C & B \end{bmatrix} \longrightarrow \{C, B\}.$$

Das bedeutet, daß *Person 1* die Ordnung der Gruppe über die Paare (A, B) und (A, C), *Person 2* die Ordnung der Gruppe über das Paar (B, C) entscheidet. Dieser Ansatz scheint vielversprechend, da doch das Vorhandensein der Diktatur impliziert, daß eine Person allein die Ordnung der Gruppe über alle Paare bestimmen kann.

In unserem Beispiel kann Person 1 ihre Macht beispielsweise dazu verwenden, zu entscheiden, daß die Gruppe A vor B und C reiht, Person 2 kann dann die Reihung von B und C vornehmen. Das sieht ganz nach einem demokratischen Arrangement aus, aber es ist doch nur eine Illusion. Wenn nämlich Person 1 entscheidet, daß A nach B kommen soll, aber vor C, dann hat sie auch entschieden, daß B vor C kommt; dadurch wird aber das Recht von Person 2 wertlos. Als Alternativen bleiben dann: Diktatur durch Person 1 oder eine zirkuläre Ordnung der Gruppe.

Um einen vollständigen Beweis des Theorems zu liefern, müßten wir zeigen, daß die Ordnung der Gruppe $\{A, B, C\}$ ist, auch wenn Person 2 $\{C, A, B\}$, $\{A, C, B\}$ und $\{A, B, C\}$ ordnet, d. h. wenn sie ebenso wie Person 1 meint, daß A vor B kommen sollte. Das sollte jedoch nun unmittelbar einleuchtend sein.

15.7

Im letzten Abschnitt versuchten wir, die wichtigsten Gedanken zu skizzieren, auf denen das Unmöglichkeitstheorem von *Arrow* basiert. Es folgt nun ein kurzer Auszug eines allgemeinen Beweises.

1. Aus Bedingung 3 und *P* folgt: Wenn die Gruppe *A* dem *B* vorzieht, muß dies der Präferenzordnung mindestens eines Mitgliedes entsprechen. Die Menge der Mitglieder, die *A* vor *B* reihen, wollen wir die *Unterstützung* des geordneten Paares (*A*, *B*) in der Gruppenordnung nennen.
2. Angenommen, die Gruppe ziehe *A* dem *B* vor und (*A*, *B*) sei ein Paar in der Gruppenordnung, so daß kein anderes Paar eine kleinere Unterstützung hat; die Unterstützung von (*A*, *B*) bestehe aus a) Person 1 mit der Präferenzordnung (*A*, *B*, *C*), b) einer Menge *V* von Mitgliedern mit der Ordnung (*C*,*A*,*B*). Weiters soll *U* die Menge der Mitglieder sein, die (*A*,*B*) nicht unterstützen [wir nehmen an, daß alle dieselbe Präferenzordnung (*B*, *C*, *A*) haben]:
Dann muß die Gruppe *B* dem *C* vorziehen. [Wäre das nicht der Fall, dann hätte das geordnete Paar (*C*, *B*) in der Gruppenordnung allein die Unterstützung *V*, d. h. es hätte eine kleinere Unterstützung als (*A*, *B*), was aber unserer Annahme widerspricht.] Die Präferenzordnung der Gruppe muß demnach (*A*, *B*, *C*) sein.
3. Die Unterstützung von (*A*, *C*) besteht aber dann nur aus Spieler 1. Das ist jedoch weniger als die Unterstützung von (*A*,*B*), außer wenn die Menge *V* leer ist.
4. Wir haben nun bewiesen, daß Person 1 allein die Ordnung der Gruppe über jedes Paar der Art (*A*, *C*) entscheidet. Als Diktator müßte sie auch die Ordnung über die Paare der Art (*B*, *A*) und (*B*, *C*) bestimmen können.
Zunächst wollen wir annehmen, die Präferenzordnung der Person 1 sei (*B*, *A*, *C*) und die der Menge *U* sei (*C*, *B*, *A*).
Aus Bedingung *P* folgt, daß die Gruppe *B* vor *A* reiht, das wieder vor *C* rangiert (weil, wie schon bewiesen, Person 1 allein über die Ordnung unter *A* und *C* entscheidet).

Somit entscheidet Person 1 über die Ordnung der Gruppe zwischen B und C. — Nehmen wir nun an, die Präferenzordnung der Person 1 sei (B, C, A) und die Präferenzordnung der Menge U sei (C, A, B). Person 1 entscheidet, daß die Gruppe B vor C reiht, und C liegt wegen Bedingung P vor A. Daher reiht die Gruppe B vor A. Somit ist die von Person 1 aufgestellte Ordnung entscheidend. Daraus folgt, daß Person 1 ein Diktator ist, was der Bedingung 5 widerspricht und das Unmöglichkeitstheorem beweist.

15.8

Es ist einleuchtend, daß *Arrows* Theorem weitreichende Auswirkungen in den Sozialwissenschaften hat. Sie wurden relativ ausführlich von *Luce* und *Raiffa* [2] und anderen Autoren diskutiert. Wir wollen uns deshalb auf einige wenige Bemerkungen beschränken, um das Theorem mit den Problemen aus früheren Kapiteln in Beziehung zu setzen.

Wenn es ein hohes Maß an Übereinstimmung unter den Mitgliedern einer Gruppe gibt, dann ist es klar, daß die Gruppe ihre Entscheidungen mit einfacher Mehrheit treffen kann, ohne dabei auf irgendwelche Schwierigkeiten zu stoßen. Das bedeutet, daß wir in der Praxis oft die theoretische Unmöglichkeit eines perfekten demokratischen Vorgehens ignorieren können.

In *Arrows* Modell behandeln wir Präferenzen, ohne irgendwelche Annahmen über ihre Intensität zu machen. Das folgende Arrangement impliziert, daß Person 1 ein Diktator ist:

$$\begin{bmatrix} A & B & C \\ C & B & A \\ C & B & A \end{bmatrix} \longrightarrow \{A, B, C\}.$$

Dieses Arrangement ist dann vernünftig, wenn Person 2 und 3 den Kandidaten gegenüber praktisch indifferent sind und wenn Person 1 der Überzeugung ist, daß die Wahl von C eine Katastrophe wäre. Wenn eine Theorie auf der von unserem Beispiel angedeuteten Basis aufgebaut werden soll, dann muß die *inter-*

personelle Vergleichbarkeit von Nutzen eingeführt werden. Es handelt sich dabei um einen sehr verlockenden Notausgang, der vielleicht einmal begangen werden muß, um die Sozialwissenschaften vor logischer Inkonsistenz zu bewahren. Da wir diesen Ausweg aber bisher abgelehnt haben, wollen wir ihn auch jetzt nicht benutzen.

15.9

Wenn wir eine befriedigende Theorie für rationale Gruppenentscheidungen aufstellen wollen, müssen wir unbedingt einige der 5 Bedingungen aus 15.5 weniger genau nehmen oder überhaupt fallenlassen. Im Zusammenhang dieses Buches ist es vielleicht am meisten angebracht, Bedingung 1 fallenzulassen, die aussagt, daß individuelle Präferenzen die Präferenzordnung der Gruppe vollständig determinieren. In unserer Diskussion der Spieltheorie ergab sich, daß die vollständige Kenntnis der Spielregeln und der Ziele der Spieler im allgemeinen nur die Spezifikation einer Wahrscheinlichkeitsverteilung über die Ausgänge des Spieles ermöglicht. Daraus sollte man schließen, daß Gruppenentscheidungen und Präferenzen nur probabilistisch vorhergesagt werden können, auch wenn die individuellen Präferenzen vollkommen bekannt sind.

Dieser Schluß wird durch Beobachtungen in der Realität noch erhärtet. Wenn ein Entscheidungsproblem zu einem Unentschieden führt, dann wird gewöhnlich durch Los entschieden. Daraus ergibt sich aber keine eindeutige Lösung, denn das Los kann ja ganz verschieden fallen. Zur näheren Erläuterung wollen wir nochmals die Situation in 15.2 betrachten.

Wenn die drei Personen unserer Gruppe entdeckt haben, daß sie an einem toten Punkt sind, dann werden sie sich vielleicht darauf einigen, die Entscheidung dem Zufall zu überlassen; es gibt drei Möglichkeiten:

1. Sie können einen Kandidaten durch Los bestimmen. Diese Lösung wird vielleicht, da zu wenig raffiniert, abgelehnt. Sie kann auch ganz allgemein suboptimal sein. Wenn es eine ge-

wisse Übereinstimmung über die Kandidaten gibt — sei sie auch nicht vollständig —, dann scheint es nicht mehr richtig, jedem die gleiche Chance einzuräumen.

2. Die Mitglieder der Gruppe können durch Los einen Diktator aus ihrer Mitte bestimmen. Diese Lösung wird wahrscheinlich für gute Demokraten kaum akzeptabel sein, räumt sie doch einer Person mehr Macht ein, als notwendig ist.

3. Unsere Personen können auch mittels Los einen Vorsitzenden wählen, oder — realistischer — sich auf eine Rotation des Vorsitzes einigen. Dem Vorsitzenden wird es dann obliegen, die Tagesordnung vorzubereiten, d. h. den Wahlmodus festzulegen. Das sollte es der Gruppe ermöglichen, eine Entscheidung zu fällen (einen Kandidaten zu wählen oder eine Präferenzordnung zu bestimmen).

Wir wollen uns in diese Probleme nicht weiter vertiefen, da die Aufgabe der Entwicklung eines optimalen Wahlsystems ein Kapitel für sich ist. Zusammenfassend wollen wir nochmals feststellen, daß es einer Gruppe allgemein unmöglich ist, eine Entscheidung zu treffen, wenn die Meinungen der Mitglieder zu weit auseinandergehen. Um der Gruppe eine Entscheidung in allen Fällen zu ermöglichen, kann man ein Mitglied durch einen Zufallsmechanismus auswählen und es mit der nötigen Macht ausstatten, um bei Stimmengleichheit zu entscheiden. Unsere Aufgabe ist es dann, jenes Minimum an Macht zu bestimmen, das genügt, um diesem Mitglied die endgültige Entscheidung zu ermöglichen. Die Lösung wird dann vielleicht ein konstitutioneller Monarch sein, der nur in von der Verfassung nicht vorhergesehenen Situationen seine Macht ausübt.

15.10

Zum Abschluß dieses Kapitels wollen wir eine Gruppe von zwei Personen betrachten, die zwischen zwei Lotterien wählen soll, welche durch die Wahrscheinlichkeitsverteilungen $f(x)$ und $g(x)$ beschrieben werden. Wenn beide $f(x)$ der Lotterie $g(x)$ vorziehen, dann wird die Gruppe natürlich $f(x)$ wählen, d. h.

$$\begin{bmatrix} f(x) & g(x) \\ f(x) & g(x) \end{bmatrix} \longrightarrow \{f(x), g(x)\}.$$

Wenn wir eine Verbindung zwischen individuellen Präferenzen und denen der Gruppe herstellen wollen, dann müssen wir annehmen, daß sich die beiden Personen auf eine Regel zur Aufteilung des Gewinns geeinigt haben. Der Einfachheit halber setzen wir voraus, daß Person 1 einen Anteil t_1 und Person 2 einen Anteil $t_2 = 1 - t_1$ erhält.

$u_i(x)$ soll die Nutzenfunktion sein, die die Präferenzordnung der Person i darstellt. Unsere Annahme über individuelle Präferenzen impliziert

$$\Sigma u_i(x) f(x) > \Sigma u_i(x) g(x) \quad \text{für} \quad i = 1{,}2.$$

Man sieht ohne weiteres, daß unter gewissen Bedingungen Werte von t_1 und t_2 gefunden werden können, so daß gilt

$$\Sigma u_i(t_i x) g(x) > \Sigma u_i(t_i x) f(x).$$

Das bedeutet aber, daß sich beide Personen geeinigt haben, als Gruppe $g(x)$ zu wählen.

Als Beispiel wollen wir $u_i(x) = x - a_i x^2$ nehmen. Die beiden Ungleichungen werden dann zu

$$E_f - a_i E_f^2 - a_i V_f > E_g - a_i E_g^2 - a_i V_g$$

und

$$E_g - a_i t_i E_g^2 - a_i t_i V_g > E_f - a_i t_i E_f^2 - a_i t_i V_f.$$

Daraus erhalten wir die doppelte Ungleichung

$$t_i \{E_g^2 - E_f^2 + V_g - V_f\} < (1/a_i)(E_g - E_f) < E_g^2 - E_f^2 + \\ + V_g - V_f.$$

E_f, E_g, V_f und V_g sind die Mittelwerte und Varianzen der Gewinne aus den beiden Lotterien.

Für ein numerisches Beispiel wollen wir folgendes annehmen:

$$t_1 = t_2 = {}^1/_2,$$
$$E_f = 1 \text{ und } E_g = 2,$$
$$V_f = 1 \text{ und } V_g = 12.$$

Die doppelte Ungleichung reduziert sich dann zu

$$^1/_{14} < a_i < ^2/_{14}.$$

Für die von uns gewählten numerischen Werte können wir $f(x)$ und $g(x)$ als binäre Lotterien ($^1/_2$, 2) und ($^1/_4$, 8) annehmen. Wenn der „Koeffizient der Risikoscheu" a_i der doppelten Ungleichung für beide Personen genügt, dann ziehen beide ($^1/_2$, 2) dem Spiel ($^1/_4$, 8) vor. Sollten sie sich jedoch geeinigt haben, daß die Gewinne der Gruppe gleichmäßig geteilt werden sollen, dann zieht die Gruppe ($^1/_4$, 8) dem Spiel ($^1/_2$, 2) vor. Der Grund für diesen Widerspruch ist, daß beide Personen ($^1/_4$, 4) dem Spiel ($^1/_2$, 1) vorziehen.

15.11

Es wurde früher festgestellt, daß eine Diskussion von Gruppenentscheidungen dann nützlich wäre, wenn der Leser dadurch scheinbar irrationalem Verhalten gegenüber toleranter würde. Hoffentlich ist es durch die angeführten Beispiele gelungen, klarzumachen, daß nur sehr wenige Annahmen über Verhaltensweisen als „augenscheinlich rational" (in jedem Zusammenhang) gelten können.

Annahmen über die Rationalität eines einzelnen Entscheidungsträgers, die wir ohne weiteres akzeptieren, werden, angewandt auf eine Gruppe, nicht nur zweifelhaft oder unrealistisch, sondern sogar logisch unzulässig.

Es ergab sich weiters, daß sogar die Annahme des „Prinzips der Einstimmigkeit", die doch ein absolutes Minimalerfordernis eines demokratischen Verfahrens zu sein scheint, bei Einführung von Unsicherheit revidiert werden muß.

Der Wunsch nach größtmöglicher Toleranz sollte jedoch nicht dazu führen, jede mögliche Annahme zu akzeptieren. Wenn zwei Annahmen einander widersprechen, so muß wenigstens eine abgelehnt werden.

Es ist jedoch nicht immer ohne weiteres zu erkennen, wann ein Widerspruch zwischen beinahe vollständig voneinander unabhängigen Annahmen besteht. Die Theorie der Gruppenentscheidungen bietet einige sehr gute Beispiele dieser Art, wo man oft sehr tief schürfen muß, um den Widerspruch zu entdecken.

Bibliographie

[1] ***Arrow, K.J.:*** **Social Choice and Individual Values, Wiley, 1951, 2. Aufl., 1963.**

[2] ***Luce, R.D.,*** **und *H. Raiffa:* Games and Decisions, Wiley, 1957.**

Personen- und Sachregister

scientia nova

Richard C. JEFFREY

Logik der Entscheidungen

1967. 271 Seiten, 11 graphische Darstellungen, brosch. DM 24,—
Das amerikanische Original (2. Auflage) übersetzte Thomas Cornides.

Aus dem Inhalt: Das Bayes'sche Theorem — Probleme der Messung, Skalierung und geometrischen Darstellung — Ramsey's Theorem — Propositionenlogik — Zusammenhänge zwischen Präferenzen, Wahrscheinlichkeiten und Wünschbarkeiten — Kausalbeziehungen — Dynamik subjektiver Wahrscheinlichkeiten, Lernen aus der Erfahrung — Probleme der induktiven Logik — Wahrscheinlichkeiten von Hypothesen — objektive Wahrscheinlichkeiten.

Ausgehend von einer trivial einfachen und einleuchtenden Annahme — der Nutzen einer Handlung sei der Nutzen ihrer möglichen Folgen, gewogen mit deren Wahrscheinlichkeiten — entwickelt der Verfasser eine zusammenfassende, quantifizierte und keineswegs mehr triviale Theorie der subjektiven Wünschbarkeiten und Wahrscheinlichkeiten. Diese kann niemandem die Entscheidung abnehmen, welche Handlung er setzen oder welche Wahrscheinlichkeit er einer Annahme beimessen soll; sie zeigt jedoch logische Folgebeziehungen und Widersprüche zwischen solchen Entscheidungen. So wird dieses einzige bisher in deutscher Sprache erschienene Buch zur sogenannten "decision theory", das die bahnbrechenden Arbeiten von Ramsey, de Finetti, Savage, von Neumann, Morgenstern und Carnap verwertet und das von einfachen Optimierungsproblemen zu erkenntnistheoretisch bedeutsamen Analysen führt, mit Recht **Logik der Entscheidungen** genannt. — Zum Verständnis dieser Arbeit sind keine besonderen Kenntnisse notwendig, denn ihre logischen und semantischen Voraussetzungen und Techniken werden sorgfältig und eindringlich erklärt und gelegentlich auch durch graphische Darstellungen erläutert.

Prof. Dr. Richard C. Jeffrey arbeitete von 1952—1955 als Ingenieur und Logiker im Rechenzentrum des Massachusetts Institute of Technology (MIT). Er promovierte 1957 an der Princeton University zum Doktor der Philosophie. Nach einjähriger Forschungstätigkeit in Oxford (1957/1958) lehrte Jeffrey am MIT, in Stanford und in Princeton; er ist nun Professor der Philosophie an der City University of New York.

R. Oldenbourg Verlag - München und Wien